Helmut Schrey

Listen, Lasten, Lustbarkeiten

Helmut Schrey

Akademische
Listen, Lasten, Lustbarkeiten

In Literatursäure eingelegte Erfahrungen eines nicht immer ganz seriösen Professors und Gründungsrektors

Mit einem Nachwort von Ulrich Vormbaum
Vom Schreiben und vom Leben
Gedanken zur Autobiografie

Gilles & Francke Verlag

Umschlagsvignette: Prof. Martin Goppelsröder

geschrieben: 1998-2004

ISBN 3-925348-61-1

Bibliografische Information der Deutschen Bibliothek:
Die Deutsche Bibliothek verzeichnet diese Publikation in der Deutschen Nationalbibliografie; detaillierte bibliografische Daten sind im Internet über http://www.ddb.de abrufbar.

Allen akademischen und unakademischen Zeitgenossen gewidmet, die in den vergangenen fünfzig Jahren das tückische und unberechenbare Meer der deutschen Bildungs- und Hochschulpolitik zu befahren hatten.

He went like one that has been stunned,
And is of sense forlorn:
A sadder and a wiser man,
He rose the morrow morn.

S. T. Coleridge
(The Rime of the Ancient Mariner)

Inhalt

Seit Kindesbeinen
verwaltet er seinen
Konkurs.

Versuch einer Einleitung

Listen, Lasten, Lustbarkeiten: An derartiges erinnert man sich gern, wenn man mittlerweile so alt ist, dass man nur noch selten *List* ins Spiel bringt und noch seltener *Lasten* tragen muss, handele es sich auch nur um akademische Lasten. Was aber soll man von *Lustbarkeiten* halten? Muss man doch leider mit den wenigen noch verbliebenen Lebenskräften von Tag zu Tag, Woche zu Woche, Monat zu Monat pfleglicher, das heißt haushälterischer umgehen.

Trotzdem oder gerade deswegen: Wer vom unangenehm hohen Podest des Alters nach unten, zugleich aber nach hinten, also in die eigene Vergangenheit blickt, kann, zumindest wenn er ein nicht allzu seriöser (Literatur-) Professor und ehemaliger Gründungsrektor einer Hochschule ist, zurück- und nach unten blickend so manches Listige entdecken, aber auch so manche Last, die man seinerzeit tragen musste und die man glücklicherweise auch hatte tragen können, ohne sich allzu sehr daran zu verheben.

Was aber die Lustbarkeiten betrifft: Die tauchen mit Sicherheit in der Erinnerung ebenfalls auf, und sei es auch nur zögernd, wie aus dichten Nebeln, die sie bisher, um uns nicht allzu sehr zu beunruhigen, so gut wie verdeckt hatten.

Der nicht ganz seriöse Emeritus (und der nie ganz seriös gewesene aktive Professor, der nunmehr unbestreitbar der Vergangenheit angehört) leistet sich endlich einmal offene Worte. Eine Autobiografie hat er zwar schon hinter sich (*Abgesang. Lebens- und Wissenschaftsimpressionen eines altgewordenen Anglisten und Spät-Bildungsbürgers.* Duisburg 1994). Dieses Buch ließ er zu seinem 75. Geburtstag erscheinen. Damals aber konnte er noch nicht ahnen, dass er noch einige weitere Jahre werde zu erleben und zu überleben haben. Mittlerweile ist er über achtzig und dabei noch vergleichsweise munter. Auch List und (schwarzer) Humor sind ihm noch nicht ganz abhanden gekommen. Vielleicht kann das vorliegende Elaborat davon sogar Zeugnis ablegen.

Mag derjenige, der diese Worte schreibt, mittlerweile auch weit über achtzig sein. Mag er auch in den vergangenen Monaten ein so gut wie druckfertiges Typoskript (eher wohl eine Diskette) produziert haben, über den Zeitpunkt der wirklichen Publikation des Ganzen sagt das nichts. Der Autor hat diesmal mit der Drucklegung keine Eile. Ist doch das so entstandene Elaborat eher eine vornehme Abart, na ja, eines Sammelsuriums und folglich geeignet, im Laufe der vielleicht doch noch folgenden Jahre nahezu unbeschränkt viele zusätzliche Texte aufzunehmen. Was den Autor von der Mühe befreit, sich von Zeit zu Zeit um getrennte Publikationsarten kümmern zu müssen. In Zukunft wird folglich so gut wie gar nichts mehr ‚für die Katz' sein. Aber auch sein Verleger kann sich freuen, bleibt ihm doch auf diese Weise so manche Arbeit, vor allem aber so manches Risiko erspart.

Was der etwaige Leser darüber denkt, ist dem Autor mittlerweile so gut wie egal. Er legt seine Erfahrungen als Hochschullehrer und Gründungsrektor einer Hochschule vorsorglich (und durchaus nicht ohne List) in so etwas wie Literatursäure ein. Damit aber kann er sich des Vorteils erfreuen, sein hoffentlich hier und da mit einiger Wucht und Schärfe, jedenfalls aber ohne Rücksicht auf akademische Empfindlichkeiten vorgetragenes Erfahrungsmaterial nicht isoliert erscheinen zu lassen, sondern nunmehr ‚eingerahmt', von Literatursäure gleichsam durchtränkt. Mag der jeweilige Säure-Rahmen aus Poemata und Prosatexten dafür sorgen, auch vielleicht nur schwer Genießbares um einige Grade genießbarer, gelegentlich vielleicht sogar nahezu schmackhaft zu machen. In den Sachtexten wurden einige Wiederholungen bewusst in Kauf genommen, da schwerlich damit gerechnet werden kann, dass man das Buch in einem Zug liest.

Dass der Autor so manches, das ihn in seiner Hochschullehrer- ‚Laufbahn beschwert hat, auf möglichst ungeschminkte Weise endlich loswerden möchte, werden die meisten Leser vermutlich ohne weiteres verstehen. Mit absoluter Sicherheit verstehen es diejenigen, die ihn seit Jahren kennen. Dass er es nicht nur loswerden möchte, sondern tatsächlich auch loswerden *kann*, hat mit der auch heute noch hochgradigen Privilegierung deutscher Professoren zu tun. Der Autor ist sich dieses Privilegs immer dankbar bewusst gewesen. Vermutlich kann man das nicht von allzu vielen seiner (häufig klagenden, immer nur klagenden) Kollegen behaupten.

Texte verschiedenster Art, sozusagen als Literatursäurebad, auf die eigentlichen Texte einwirken lassen zu dürfen, ist ein weiteres Privileg. Mag immerhin sein, dass der eine oder andere der Säure-Texte, einige davon schon mehrfach gedruckt, sich letztlich als hinnehmbarer, vielleicht sogar als haltbarer erweist als jene Erfahrungs-Texte, die der Autor dem Literatur-Säurebad ausgesetzt hat. Ihn lässt das nunmehr vergleichsweise kalt. In seinem weit fortgeschrittenen (und vielleicht noch um einige wenige Jahre fortschreitenden) Alter kommt es ihm nur darauf an, das zu tun, was – aus seiner subjektiven Sicht – noch zu tun bleibt. Alles andere hat für sich selber zu sorgen.

Letzteres gilt vor allem auch dann, falls die Verhältnisse (und der immer älter werdende Autor) es darauf angelegt haben sollten, das hier vorliegende, sich hoffentlich noch um recht viele Texte anreichernde Material erst aus dem *Nachlass* publizieren zu lassen. Sehen wir zu.

Jedenfalls danke ich allen eventuellen Lesern und bitte sie, – falls es in dem einen oder anderen Fall nötig sein sollte, ausdrücklich – um Verzeihung.

H.S.

I

Nachdem wir uns nunmehr
endgültig
in der angemessenen
Horizontale befinden,
wissen wir wenigstens,
was wir hätten
unterlassen sollen,
was bedenken,
was sagen,
was tun,
so lange noch Zeit war,
vor allem aber,
was sein.
Bleibt zu hoffen, dass
unsere späte Erkenntnis
nicht ganz für
die Katz ist.

Akademische Anfänge

Der zukünftige Professor unterrichtete schon seit etwa zwei Jahren an einem Kölner Gymnasium. Dabei fühlte er sich ausnehmend wohl und an seinem richtigen Platz. Da wandte sich eines Tages, gänzlich unerwarteterweise, sein ehemaliger Anglistikprofessor, Helmut Papajewski, an ihn. Es stellte sich dabei heraus, dass der Kölner Anglistik eine zusätzliche hauptamtliche Lektorenstelle zugewiesen worden war. Da hatte sich Brülls ehemaliger Professor seiner entsonnen.

So ganz unverständlich war das keineswegs. Brüll hatte schon mit dem ersten Semester unmittelbar nach dem großen Krieg in Köln mit seinem Studium begonnen, hatte – wie das damals viele seiner Kommilitonen allein aus wirtschaftlichen Gründen taten – dafür gesorgt, schon mit der geforderten Mindestzahl an Semestern sein Erstes Staatsexamen abzulegen. Da Brüll aber schon vor dem Krieg, auch außerhalb der Schule, nämlich zu Hause, immer wieder mit der englischen Sprache in Berührung gekommen war, zudem als Schüler mehrere Ferienwochen und später als Student ein ganzes Studienjahr in England verbracht hatte, fiel es ihm nicht sonderlich schwer, mit der Mindeststudienzeit an der Kölner Universität auszukommen und zudem ein sehr gutes Examen abzulegen. Als sich sein Professor nun an ihn wandte, hatte er mittlerweile auch sein Zweites Staatsexamen, das Assessorexamen, abgelegt, und zwar nach einer wegen seiner langen, siebenjährigen (!) Soldatenzeit stark verkürzten Ausbildungsphase und ebenfalls mit überaus gutem Abschluss. Er konnte also damit rechnen, schon bald als Landesbeamter fest angestellt und mithin zum ‚Studienrat' ernannt zu werden, und zwar an eben der Schule, in der er ganz besonders gern tätig war.

Das Angebot seines ehemaligen Professors, die hauptamtliche Lektorenstelle am Englischen Seminar zu übernehmen, löste bei Brüll folglich zwiespältige Gefühle aus. Umso mehr, als sein ehemaliger Professor, vermutlich um etwaigen Hoffnungen von vornherein vorzubeugen, gleich sagte, dass er bereits einen Habilitanden habe. Der habe auf jeden Fall Vorrang. Im übrigen sei Brüll, falls er dann später einmal wider Erwarten doch an die Reihe käme, wohl schon zu alt. Was nicht ganz falsch war. Damals empfand man sich und andere schon als ‚alt', wenn man, wie Brüll, etwa 35 bis 40 Jahre auf dem kriegsgewohnten Buckel hatte. Man wollte (in der Terminologie dieser Jahre) möglichst bald ‚eine Familie gründen'. Da man viele überaus riskante Jahre hinter sich hatte, sehnte man sich nach Sicherheit. Die vergangenen Jahre in der Wehrmacht waren alles andere als ‚freie' Jahre gewesen. Endlich wollte man einmal jeglicher Hierarchien so gut wie ledig sein. Das Lehramt an einem (zudem renommierten) Gymnasium kam der ersehnten Freiheit recht nahe, während der

Eintritt ins Kollegium der Kölner Anglistik gleichzeitig die Einordnung in ein hierarchisch geschichtetes Anglistenteam bedeutet hätte, und zwar auf einer vergleichsweise niedrigen Stufe.

Brüll lehnte also ab. Hatte er jedoch befürchtet, damit die Verbindung zu seiner alten Universität endgültig gekappt zu haben (was ihm leid getan hätte), so hatte er sich geirrt. Sein ehemaliger Professor bot ihm nun nämlich die Wahrnehmung eines nebenamtlichen Lektorats an. Dieser großherzigen Geste konnte Brüll nicht widerstehen. Er nahm das Angebot also an, so dass er von nun an sowohl an seinem Gymnasium als auch an der Universität unterrichtete.

Später hat sich Professor Brüll dieser ersten Kölner Zeit immer wieder schmunzelnd erinnert. Das nebenamtliche Lektorat gab dem jungen und akademisch noch überaus unerfahrenen Brüll nämlich die Möglichkeit, die Lebensweise einer traditionellen Universität in einer Zeit ‚von Innen' kennen zu lernen, die noch (wenigstens äußerlich) recht unkritisch den altüberlieferten Gewohnheiten folgte. So manchen Zopf, den man mittlerweile abgeschnitten hat, gab es damals noch. So etwa das ‚Hörergeld'. Für jeden Teilnehmer (und selbstverständlich auch jede Teilnehmer*in*: terminologisch war man damals in dieser Beziehung noch unbefangen) stand einem der stolze Betrag von DM 2,50 pro Semester zu. Auf diese Weise war Brüll in einem seiner Semester erstaunlicherweise auf die Gesamtsumme von DM 247,50 gekommen. Hier hatte es sich aber um ein ausgesprochenes Ausnahmeergebnis gehandelt. Zumal Hörerzahl und mithin auch das erreichbare Hörergeld in hohem Maße davon abhängig waren, zu welcher Uhrzeit und in welchen Räumen die Universitätsverwaltung Brülls Lehrveranstaltung angesetzt hatte. In einem anderen Semester erreichte er beispielsweise nur DM 52,50. Auch das hatte man hinzunehmen.

So etwas wie eine Lektoren-‚Vergütung' in Form einer festen Summe stand ihm nicht zu. Es galt damals noch als eine hohe Ehre, überhaupt an einer Universität unterrichten, bzw. ‚lehren' zu dürfen. Für eine ‚Ehre' aber wurde man nicht bezahlt. Geben wir es nur ruhig zu: Auch der junge Brüll hat sich auf diese Weise eine Zeitlang ‚geehrt' gefühlt. Seltsam: In mannigfacher Hinsicht schien die Welt trotz aller Verwerfungen und Zerstörungen des großen Krieges noch so gut wie ‚in Ordnung' zu sein, jedenfalls in ihren eher bildungsbürgerlichen Sektoren. Auch die Tatsache, dass man in teilweise erbärmlichen Verhältnissen und inmitten von Trümmern zu leben hatte, tat dem sonderbarerweise keinen Eintrag.

Der junge Brüll allerdings hatte sich schon in seiner Studentenzeit mit einigen Kommilitonen zusammengetan und den Kölner Sektor des (ausgerechnet!) ‚Sozialistischen Deutschen Studentenbundes' mitgegründet. Das hatte ihn etwas weitsichtiger werden lassen. Blickt er als nunmehriger Greis auf diese Zeit zurück, so muss er trotzdem lächeln, war man doch damals (auch als ‚Sozialist') in einer Weise harmlos und gutgläubig, die man sich, zumindest seit der ideologischen Zeitenwende der 67/68er Jahre des vorigen Jahrhunderts nicht mehr vorstellen kann. Übrigens war einer der besonders tatkräftigen Mitbegründer des Kölner SDS ein schüchterner, bereits etwa zehn Jahre älterer Mann, der schon damals über sein Fach hinaus bekannte Assistent eines weithin renommierten Professors der Romanistik. Über ihn, den späteren Romanistikprofessor an der Freien Universität Berlin, und einige seiner Freunde lernte Brüll auch die – Quäker schon recht früh kennen. Ganz davon zu schweigen, dass die ausgehungerten Studenten damals Quäkerspeisung bekamen und eine Gruppe des *Friends' Relief Service* trotz des noch geltenden ‚Fraternisierungsverbots' wöchentlich den Englischkenntnissen der Kölner Anglistikstudenten aufhalf und mit ihnen – was ausgerechnet für Quäker damals alles andere als selbstverständlich war – Theater spielte.

Nein, so ganz gutgläubig und unbefangen war Brüll wohl doch nicht mehr. Jedenfalls nicht in damaliger Sicht. So hat ihn denn auch die Studenten- und Assistentenrevolte der Jahre ab 1967 nicht so sehr gewundert, geschweige denn bestürzt wie viele seiner Jahrgangsgenossen. Er war durchaus bereit zuzugeben, dass sie fällig war. Allerdings hätte er sich ihre Formen gelegentlich anders gewünscht.

Als nebenamtlicher Lektor machte er selbstverständlich auch Bekanntschaft mit so manchen akademischen Gepflogenheiten, die mit der Universitäts-Hierarchie-Pyramide zu tun hatten. Er bekam beispielsweise hin und wieder, wenngleich nur indirekt, zu spüren, auf welcher Stufe der Ordinarien-Hierarchie sein eigener Professor stand: nicht allzu weit oben. Wie denn auch, relativ unabhängig von den jeweiligen Lehrstuhlinhabern, die Romanistik über der Anglistik zu rangieren pflegte. Um von der Philosophie einmal ganz zu schweigen. Auch die Germanistik galt mehr. Was man allerdings von einer ‚Mutterland-Philologie' ohnedies erwarten kann. Sowohl die Germanistik wie auch die Anglistik galten damals (und gelten wohl auch heute noch) als wenig ‚harte', zugleich in hohem Maße auch als ‚Frauenfächer'. Letzteres gilt allerdings für die Gegenwart vergleichsweise stärker als für die Vergangenheit und ist unter anderem auch von der jeweiligen Arbeitsmarktlage abhängig.

Auch auf seiner vergleichsweise bescheidenen Ebene hatte Brüll mit derartigen Dingen zu tun. Er hatte beispielsweise zu lernen, dass ihm so manches nicht erlaubt war. Akademische Spielregeln, geschriebene und ungeschriebene, wollten gekannt und dann auch beachtet sein. Hatte er sich doch einmal dazu überreden lassen, selber am ‚Allgemeinen Schwarzen Brett' der Universität ‚anzukündigen', und das auch noch in seinem eigenen Namen. O weh! So etwas Verstiegenes hat er später nie mehr unternommen. Von nun an kündigte sein Professor ihn an. Das sah dann – wie man sich wohl noch erinnert – etwa so aus: Prof. NN *durch Brüll.*

Der junge Brüll machte sich allerdings so seine (damals noch höchst unangemessenen) Gedanken. Hätte ihm ‚sein' Professor nicht eigentlich für die in Wirklichkeit doch von seinem nebenamtlichen Lektor wahrgenommene Lehrverpflichtung ein, wenn gewiss auch nur kleines, Honorar zahlen sollen? Einige Jahre später wurden derartige Fragen endlich laut und vernehmbar gestellt.

Im übrigen verdankte Brüll seinem Lehrer Helmut Papajewski einen Anstoß, der seine spätere Einschätzung des Gesamtspektrums der Anglistik, vor allem aber auch seine sprachlichen Lektorenübungen, nachhaltig beeinflussen sollte. Eigentlich ist es kaum zu glauben, aber Papajewski machte seinen Lektor Brüll schon in den frühen 50er Jahren, in denen deutsche Universitätsanglisten in aller Regel weit davon entfernt waren, an derartiges auch nur zu denken, auf den taxonomischen Strukturalismus US-amerikanischer Prägung aufmerksam, insbesondere auf C. C. Fries, dessen Arbeiten sich tatsächlich in den Brüllschen Lehrveranstaltungen vorzüglich verwenden ließen. Brülls auf diese Weise schon unerhört früh gewonnener Kontakt zur synchronen Linguistik hat ihn später davor bewahrt, jene Arroganz zu teilen, die so mancher anglistische Literaturwissenschaftler seinen linguistischen Kollegen gegenüber glaubte schuldig zu sein, nachdem die synchrone Linguistik mit erheblicher Verzögerung letztlich doch von der deutschen Anglistik rezipiert worden war. Ganz davon zu schweigen, dass Brüll eine Zeit lang als anglistisch-didaktischer ‚Einmannbetrieb' auch den linguistischen Sektor mitzubetreuen hatte und – man fasst sich heute an den Kopf – sogar einmal (1970) einen Ruf auf eine linguistische Professur (in Trier) erhalten hat.

Ganz besonders schmunzelnd erinnert sich Professor Brüll der Schwierigkeiten, einen passenden Raum und, was noch viel wichtiger war, eine passende Zeit für seine Lehrveranstaltungen zugewiesen zu bekommen. Einmal fand er seine mittlerweile einzige Lehrveranstaltung auf die frühe Zeit von 8 Uhr morgens (und das auch noch an einem Montag!) angesetzt. Diese an sich gewiss unangenehme Tatsache sollte sich jedoch als eine seiner wenigen Sternstunden erweisen, zumindest in körperlich-ästhetischer Hinsicht. Verschaffte sie ihm doch insofern ein ungeahntes Vergnügen, als er sich, recht unvermutet, einer zwar kleinen, dafür aber körperlich höchst erlesenen Hörerschaft gegenüber sah, durchwegs in Trainingsanzügen und offensichtlich leicht erhitzt. So gut gebaute Männlein und Weiblein hatte er noch nie auf so engem Raum beisammen gesehen, geschweige denn in einem Raum, den man (ausgerechnet!) einem so wenig sportlichen Individuum wie Brüll zugeteilt hatte.

Es handelte sich denn auch, wie sich schon bald herausstellen sollte, um Studenten und (vor allem!) Studentinnen der benachbarten Sporthochschule Köln. Die hatten gerade ihren Morgen-Geländelauf im Raum Braunsfeld-Lindenthal beendet, um anschließend eben einmal, sozusagen nur im ‚Vorbeilaufen', an ihrem ‚Zweitfach', der Anglistik, zu schnuppern.

Wenn du morgens
aus dem tiefen See
deiner bunten Träume
auferstehst,
wenn du, trunken noch
zum Fenster gehst
und der neue Tag
von straffer Sehne springt:

Wirf dich in das Neue
froh hinein,
lass der Sonne
frühen Strahl dich küssen!
Herrlich ist's zu wachen
und zu wissen:
Dieser junge unverbrauchte
Tag ist dein!
(1943)

Diese Lehrveranstaltung wurde überaus vergnüglich, hat letztlich aber dazu beigetragen, dass Professor Brüll sich auch heute noch fragt, weshalb wohl sportliche Recken so gern ausgerechnet die Anglistik als Zweitfach wählen. Er glaubt es allerdings zu wissen, gilt doch die Anglistik gemeinhin nicht als allzu ‚hartes Fach', während das Sportstudium seinen Studenten, wenigstens körperlich, so einiges abverlangt. Hinzuzufügen wäre jedoch, dass diese (den Lektor) in körperlich-ästhetischer Hinsicht so außergewöhnlich ‚befriedigende' Lehrveranstaltung ausgerechnet diejenige war, die ihm leider den geringsten Semester- Hörergeld-Ertrag einbringen sollte, nämlich nur DM 52,50. Weshalb sollten aber auch nebenamtliche Lektoren für Darbietungen geballter Körperkraft, Eleganz und Schönheit so gut wie gar nichts bezahlen müssen? Wenn sich auch das ‚Eintrittsgeld' hier lediglich in Form eines ungewöhnlich geringen Hörergeld-Erwerbs ausdrückte. Man hatte also einen wohlverdienten ‚Abzug' hinzunehmen gehabt.

Der alt gewordene Professor Brüll weiß heute nicht mehr zu sagen, ob er sich damals vorwiegend darüber geärgert hat, dass ihm später nie mehr eine so frühe Zeit für seine Lektorenübung eingeräumt wurde, oder ob er sich nicht doch eher darüber gefreut hat. Allerdings war der Augengenuss junger Studierender der benachbarten Sporthochschule ganz offensichtlich nur in der frühen Morgenstunde möglich. Nur unter Einbeziehung des morgendlichen Gelände- und Waldlaufes schien man sich in eine anglistische Lehrveranstaltung verirren zu wollen. Der junge Brüll hat die ästhetisch-erotische Entziehungskur, der er fortan ausgesetzt war, damals gesund überstanden. Zu Hause wartete inzwischen seine Frau auf ihn. Die war in ihrer zarten Jugend auch einmal (nahezu) Leistungssportlerin gewesen und gab den Sporthochschul-Athleten auch in leiblich-ästhetischer Hinsicht nichts nach.

Hatte Brüll auch dem ersten Angebot seines Professors damals widerstanden: Dem Angebot, das ihn schon wenige Jahre danach von gänzlich anderer Seite erreichte, konnte er auch beim besten Willen nicht widerstehen. Zumal es nahezu die Verdoppelung seiner monatlichen Einkünfte mit sich brachte. Man bat ihn nämlich unvermittelt, in die Schulfunkredaktion des zuerst noch Nordwestdeutschen, dann schon bald Westdeutschen Rundfunks einzutreten. Die Funkhäuser Köln und Hamburg waren gerade eben dabei, organisatorisch von einander getrennt zu werden, was eine enge Kooperation allerdings nicht ausschließen sollte, zumal man die damals von der Militärregierung den deutschen Rundfunkanstalten nur höchst sparsam zugemessenen Frequenzen gemeinsam auszunutzen hatte. In Köln war eine eigene Schulfunkabteilung aufzubauen. Das bereits dort Vorhandene war beträchtlich auszuweiten. Dazu sollte Brüll beitragen.

Er nahm das Angebot also an und hatte sich mithin in einen gänzlich neuen Beruf einzuarbeiten. Der schloss sowohl redaktionelle als auch Regieaufgaben ein. So lange es etwas Neues zu lernen gab, hatte Brüll nichts gegen das Funkhaus in Köln und seine Besatzung einzuwenden. Man lernte interessante Leute kennen, hatte sich aber allmählich zu fragen, ob es sich dabei wirklich um jene Leute handelte, die man unbedingt kennen lernen sollte und wollte. Nach einiger Zeit neigte der nun nicht mehr ganz junge Brüll dazu, diese Frage eher mit einem entschiedenen ‚Nein' beantworten zu sollen.

Außerdem begann er langsam darunter zu leiden, dass sich wirklich Neues nur schwer verwirklichen ließ. Hinzu kam, dass zumindest damals, ein Funkhaus nicht unbedingt eine wirbelig kreative Einrichtung war. So wurden beispielsweise die Schulfunksendungen ausschließlich auf Tonband aufgenommen, anschließend im Schneideraum mit äußerster Akribie ‚geschnitten.' Dabei kam es unter anderem darauf an, die einem zustehende Sendezeit keinesfalls auch nur um eine Sekunde zu überschreiten. Das Produkt wurde dann, manchmal erst nach einigen Wochen, als Konserve gesendet. Einer der Vorteile dieses Verfahrens bestand zweifellos darin, das Rundfunkprogramm mit einem Maximum an Perfektion, aber auch Verlässlichkeit und Pünktlichkeit auszustatten. Das ging allerdings auf Kosten der Spontaneität. Gerade auch in dieser Beziehung hat sich inzwischen vieles gelockert, das meiste wohl zum Vorteil, einiges andere eher zum Nachteil. So kann beispielsweise von Pünktlichkeit und Verlässlichkeit heute leider nicht mehr die Rede sein.

Dem immer noch arg hierarchie-scheuen Brüll war die Rundfunkanstalt zudem allzu hierarchisch, nicht zuletzt aber viel zu bürokratisch angelegt. Er war einer intelligenten, darüber hinaus ungewöhnlich ansehnlichen Abteilungsleiterin zugeordnet, deren engeres Fach- und somit auch Aufnahmegebiet sich zu allem Überfluss auch noch exakt mit dem seinen deckte. Das alles wäre hinzunehmen gewesen, hätte die ansehnliche Dame nicht die Neigung gehabt, ihren unbestreitbaren weiblichen Charme in den dienstlichen Verkehr mit einzubeziehen. Das aber war auf die Dauer nicht auszuhalten. Vor allem dann nicht mehr, als sie ihren Kollegen Brüll zu beneiden anfing, da der sich einer jungen und unproblematischen Verlobungszeit hingeben durfte, während sie ...

Die Liebe
blieb ihm
im Halse
stecken,
sozusagen
auf Dauer.

Aber darüber sollte man nicht sprechen. Wenn auch nicht verschwiegen werden sollte, dass die ansehnliche, aber gegen Abend gelegentlich etwas wehleidige Chefin eines Nachts, nach einer recht turbulent verlaufenen alkoholhaltigen Sitzung mit Schulfunkbeiräten und Autoren, der Versuchung nicht ganz widerstehen konnte, ihren Schmerz an der leider nur schmalen Brust des jungen Brüll auszuweinen, allerdings auf hinnehmbar züchtige Weise. So blieb dem derart überrumpelten Funkredakteur Brüll, nachdem sie ihn wieder einmal nach Dienstschluss zu sich bestellt hatte, weil sie wusste, dass seine junge Ehefrau auf ihn wartete, nur noch das abrupt abbrechende ‚Dumme Gans!', ein Türenschlagen und – die Kündigung.

Allerdings hatte die schöne Chefin vorher schon wochenlang versucht, ein Zusammentreffen der Jungvermählten, die beide berufstätig waren und folglich jede freie Minute nutzen mussten, möglichst zu verhindern. Sie pflegte zu diesem Zweck regelmäßig zum jeweils richtigen Zeitpunkt den Kollegen Brüll zu sich zu bitten, um mit ihm die Auswahl der Fotos für das neu zu druckende Schulfunk-Beiheft zu besprechen. Dabei vergaß sie nie, ihn, den vor Wut nahezu Platzenden, mit süßem Konfekt zu füttern. So dass dessen „Dumme Gans!" – Explosion vermutlich nur allzu gut zu verstehen ist, obgleich sie mit dem späteren Verzicht auf Leckereien verbunden war.

Vorher hatte er allerdings noch auf kurze Zeit die Londoner BBC kennen lernen dürfen. Er konnte nun davon ausgehen, um einige gewichtige Erfahrungen reicher, wieder in den Schuldienst eintreten zu dürfen. Allerdings mit nur etwas mehr als dem halben bisherigen Gehalt. Seine Frau nahm es hin, konnte sie doch von nun an einen weit weniger strapazierten Lebenswandel ihres Mannes erwarten. Vor allem die vielen spätabendlichen und nächtlichen Aufnahmetermine im Hörspielstudio würden nun wegfallen, unter anderem mit der Folge, dass der Ehemann morgens leichter und vor allem früher aus dem Bett zu treiben war. Ein normales Familienleben schien endlich wieder möglich zu werden. Vormittags: Schulunterricht. Nachmittags: Spazierengehen und Korrigieren der Hefte. So sollte es denn auch werden, allerdings nur für kurze Zeit, wenngleich Brüll noch mehrere Jahre als freier Mitarbeiter des Kölner Funkhauses tätig sein durfte. Der geschröpften Haushaltskasse tat das nur gut.

Allerdings hatte dieser Ehemann inzwischen erleben müssen, dass ihm die Universität, an der er immer noch sporadisch lehrte, das einige Jahre währende Intermezzo im Rundfunk nie verziehen hat. Sie hat es offensichtlich für den Abstieg in eine Art – Bordell gehalten. Was ebenfalls für (oder vielleicht doch eher gegen) die damals sich noch ‚intakt' wähnende Universität spricht.

An eine Habilitation war nun erst recht nicht mehr zu denken. Schon bei der mehrere Jahre nach dem Ersten Staatsexamen durchgeführten Promotion hatte sich sein Professor nicht mehr wirklich interessiert gezeigt. Eine gute Note hatte man ihm zwar noch gegönnt. Aber das war es denn auch. Der junge Brüll verzichtete mithin auf seinen Lehrauftrag, als er nach zwei weiteren Jahren wider Erwarten ins Kultusministerium in Düsseldorf berufen wurde.

Damals hätte er sich nicht träumen lassen, später doch noch einmal in den Hochschuldienst geholt zu werden. Allerdings muss er, sozusagen im Unterbewusstsein, denn doch, wenn auch gewiss nur überaus vage, mit derartigem gerechnet haben: Er hat nämlich in den folgenden Jahren unverdrossen anglistisch und fachdidaktisch publiziert. Als es in der in den sechziger Jahren einsetzenden Hochschul-Ausweitungsphase wieder so weit war, konnte er jedenfalls eine beachtliche Publikationsliste vorweisen. Die wurde ihm wenig später denn auch als Habilitation angerechnet. Er konnte somit im Jahr 1965 wieder in den Hochschuldienst zurückkehren, nunmehr als zuerst außerordentlicher, dann schon nach wenigen Monaten ordentlicher Professor, wenngleich vorerst an einer Pädagogischen Hochschule. Das aber war ihm recht, sehr recht sogar.

Mit einer anderen Überraschung aber hatte Brüll noch weit weniger gerechnet. Er war sich seit Jahren darüber klar, dass sein akademischer Lehrer ihn nicht mehr in der (inoffiziellen) Liste ‚seiner Schüler' führte. Auch die Tatsache, dass er nunmehr selber ein Professor war, dürfte daran schwerlich etwas geändert haben, zumal der Abstand zwischen Universitäten und Pädagogischen Hochschulen damals nahezu unüberbrückbar war. Umso überraschter war Brüll, als sein ehemaliger Lehrer sich nach mehr als dreißig Jahren unvermittelt bei den beiden jungen Damen meldete, die gerade dabei waren, für Brüll anlässlich seiner Emeritierung eine Festschrift vorzubereiten. Irgend jemand muss das dem nun schon sehr alten und seit vielen Jahren emeritierten Kölner, inzwischen Bonner Professor mitgeteilt haben. Jedenfalls bot er den beiden Herausgeberinnen einen eigenen, übrigens vorzüglichen Aufsatz zur Aufnahme in die Brüll-Festschrift an. Die nahmen ihn selbstverständlich nur allzu gern an.

Als Professor Brüll das erfuhr, musste er zugeben, dass er es hier mit einem angesichts der gemeinsamen Kölner Vergangenheit ungemein hochherzigen Akt zu tun hatte. Es kam zu einem Briefwechsel, vor allem aber zu mehrfachen Telefonaten. Auch einen Besuch hatte Brüll seinem alten Lehrer versprochen. Dazu aber kam es leider nicht mehr. Der alte Herr kam ihm durch seinen plötzlichen Tod zuvor. Brüll kann sich bis heute nicht verzeihen, dass er allzu lange mit seinem Besuch gezögert hat. Je älter er selber wird, umso deutlicher wird ihm sein damaliges Versagen. Aber es gibt nun einmal menschliche Versäumnisse, die man nicht mehr gutmachen kann.

Er schloss die Augen
zur richtigen Zeit.
So kam er durchs
Leben.

Affenhäuser
ertrug er nur dann,
wenn sie keine
Menschen
enthielten.

II

Ilsebill und die Folgen

August Brüll, der Professor, hat vor vielen Jahren ein kleines Büchelchen geschrieben und auch selber, natürlich dilettantisch, illustriert: ‚Meine Frau die Ilsebill. Szenen aus einer glücklichen Ehe.' Der Untertitel mit dem Hinweis auf ‚eine glückliche Ehe' war ihm damals ernst. Auch heute, nach mittlerweile fast 50 Ehejahren, sieht Brüll es noch so. Im wesentlichen jedenfalls. Nur ganz selten gerät er ins Schwanken. Seine Frau Ilsebill ebenfalls. Wenn auch nicht zu exakt derselben Zeit und aus genau dem selben Anlass.

Da Professor August Brüll damals noch gelegentlich zu so etwas wie Selbstkritik fähig war, vor allem aber wohl auch deshalb, weil er wusste, dass ein jeder Professor, der etwas auf sich hält, zerstreut zu sein hat, enthält das kleine Buch unter anderem jene aufschlussreiche Szene, in der Brüll unter die häusliche Brause schreitet, nachdem er vorsichtshalber seine – Zahnprothese aus dem Mund genommen und, ordentlich wie er nun einmal war (und auch heute gelegentlich noch ist), auf die Ablage oberhalb des Waschbeckens gelegt, die Brille aber aufbehalten hatte. Die sollte nämlich keinesfalls nass werden.

An die Schilderung dieses für Männer, vielleicht aber auch nur für männliche Professoren charakteristischen Geschehens schloss sich selbstverständlich eine gründliche Erörterung dessen an, was man als männliche (ggf. auch nur professorale) Zerstreutheit zu betrachten hat und – natürlich davon grundverschieden – jene weit verbreitete weibliche Zerstreutheit, mit der wir Männer uns leider tagaus, tagein herum zu schlagen haben. Die im Büchlein enthaltenen Beispiele lassen wir auf sich beruhen. Jeder Leser kennt sie ohnehin. Man soll seine Leser nicht langweilen.

Die ungemeine, eigentlich gänzlich unverständliche Angst der lieben Ilsebill vor allem Geflügelten (außer man isst es), also allen großen und kleinen

Flügeltieren, einschließlich diverser flügelschlagender Windmühlen, wird im Buch ebenfalls mit hohem Ernst behandelt und gebührend ausführlich, auch bildlich, dargestellt. Ilsebills Sicherheit, ‚demnächst' das Grab ihres lieben August auf dem unermesslich großen städtischen Friedhof absolut sicher zu finden, wird ebenfalls mit hohem Ernst herausgestellt. Wo doch ihrer eigenen Mutter Entsprechendes absonderlicherweise nie gelungen ist. Überhaupt: Man kann davon ausgehen, dass Ilsebill in nahezu allen Bereichen ganz außergewöhnlich gut abschneidet. Jedenfalls dann, wenn man sie – wie es sich gehört – mit ihrem Ehemann, dem Professor Brüll, vergleicht. Wer wagt da zu lachen?

Es ist also nicht weiter verwunderlich, dass die ‚Ilsebill' das weitaus beliebteste Buch des Professors ist. Welches seiner vielen anderen Bücher hat auch nur annähernd so viele Leser gehabt? Von seinen wissenschaftlichen Werken einmal ganz zu schweigen. Die werden von den Studenten bestenfalls einmal in der Bibliothek entliehen und dann – kopiert.

Man sollte aber nicht nur an seine unmittelbaren Leser denken. Auch die eher mittelbaren sind schließlich der einen oder anderen Überlegung wert. So kann die echte (diesmal nicht die fiktive) Ilsebill sich immer dann besonders glücklich schätzen, wenn wieder einmal eine neue Auflage ‚ihres' Büchleins erschienen ist. Darf sie doch nun einige Tage lang anerkennende, wenngleich hier und da wohl eher amüsierte Blicke ihrer Nachbarn zur Kenntnis nehmen, Blicke, die sie, die liebe Ilsebill, mit dem Buchtext oder auch nur mit den dilettantischen Skizzen vergleichen, Skizzen, die auch im besten Fall eher unter die Rubrik ‚Karikatur' passen, einer literarischen Kategorie also, die meiner geliebten Ilsebill ganz und gar nicht entspricht, ihrem Ehemann dagegen weit eher. Der hat sie schließlich auch hergestellt. Im nahe gelegenen Supermarkt soll man mehrfach schon auf die reale, die leibliche Ilsebill laut hörbar hingewiesen haben. Sie nimmt es gern hin. Denn es stärkt ihr Selbstgefühl. Wenn man sie auch bisher noch nicht um ein Autogramm gebeten hat. Auch einen Signiertisch hat man nicht für sie aufgestellt. Der käme wohl auch eher ihrem schriftstellernden Mann zu. Etwa unmittelbar neben der Supermarkt-Kasse. Aber der kümmert sich nicht um dergleichen. Zumal er sich um etwas weit Wichtigeres, zugleich weit Gefährlicheres, sozusagen vorwegnehmend, zu kümmern hat. Was wird er nämlich tun, falls seine Frau das kleine Buch tatsächlich einmal selber liest? Von vorn bis hinten? Dann nämlich dürfte sie wohl bemerken, dass er unter dem Namen ‚Ilsebill' nicht nur sie, die Ehefrau, sondern auch so manche andere Frau untergebracht hat, auch seine eigene Mutter und eine ganz bestimmte Tante. Glücklicherweise liest Ilsebill nur selten ausgerechnet die Bücher ihres Mannes. Sie hat Besseres zu tun ...

Hätte Eva sich damals
ausschließlich
um Adamsäpfel
gekümmert,
Wir wären noch
heil.

Eheliche Unterstützung

Denkt der Professor zurück, so darf er dankbar zugeben, dass er der Unterstützung seiner Frau immer gewiss sein konnte. Sie liebt zwar nicht, was er schreibt, jedenfalls so lange es sich um Prosa handelt, aber sie lässt ihn nicht im Stich. Wenn er, was nicht allzu häufig vorkommt, den Mut verliert, macht sie ihm Mut. Vermutlich hätte er längst nicht alles das erreicht, was er vielleicht eben doch (wenngleich mit gewissen Einschränkungen) erreicht hat, hätte sie ihm nicht immer wieder den Rücken frei gehalten. So etwa in folgender reichlich verwickelten Situation.

Eines Tages wurde der zukünftige Professor, der damals noch ein reichlich junger Mann und Gymnasiallehrer war, ins Kultusministerium der Landeshauptstadt, das heißt ins von ihm nicht allzu sehr geliebte Düsseldorf bestellt. Im Kasino des Ministeriums machte ihm ein Ministerialrat, der ihn und seinen Vater noch aus der gemeinsamen Kölner Zeit kannte, einen überraschenden Vorschlag. Nach einer Landtagswahl hatte eine sozialliberale Koalition gänzlich unerwartet die Regierung gebildet, so dass auch das Kultusministerium personell umgestaltet werden musste, gewiss nur mit Maßen, das heißt nahezu gar nicht, immerhin aber doch so, dass es in Zukunft einige wenige sozialliberale Tupfer aufwies. Wobei man die liberalen Tupfer ganz entschieden vorzog.

Da der Ministerialrat, ein persönlich außergewöhnlich toleranter und liebenswerter Mann, mit Recht von des zukünftigen Professors Vater annahm, dass der den Liberalen nahestehe, vielleicht sogar der entsprechenden Partei, nämlich der FDP, angehöre (was nicht zutraf), glaubte er davon ausgehen zu dürfen, dass auch dessen Sohn, zumindest vage, in diese Richtung tendiere. Mit Sicherheit aber konnte wenigstens des jungen Mannes glücklicherweise gänzlich unschwarzes Gesangbuch zur Aufhellung des überlieferten Bildes beitragen, wich es doch ganz entschieden vom bisher Üblichen ab.

Der junge Mann konnte dem nicht widersprechen. Da er im Grunde so gut wie nach gar nichts gefragt wurde, antwortete er auch nicht. Stattdessen hörte er sich mit Interesse an, was der Ministerialrat ihm zu sagen hatte. Es handelte sich um Folgendes:

Ein neues Schulfinanzgesetz, das die alte Regierung noch beschlossen hatte, sah neuerdings eine hochgradige finanzielle Förderung auch jener Schulen vor, die sich in privater Trägerschaft befanden. Nach Lage der damaligen Dinge handelte es sich dabei nahezu ausschließlich um römisch-katholische Schulen. Nun aber war nicht mehr zu übersehen, dass es außer den staatlichen und städtischen auch andere Schulen in weltlicher Trägerschaft gab. Beispielsweise die Waldorfschulen. Deren gab es im Lande damals insgesamt vier. Da sich aber die finanziellen Mittel, die den privaten Schulen zugewiesen werden sollten, an den staatlichen Examensabschlüssen ihrer Lehrer zu orientieren hatten, wie das etwa auch bei Klosterschulen der Fall war, hatte man eine Regelung zu treffen, die der Tatsache Rechnung trug, dass ein erheblicher Teil der damaligen Waldorflehrer kein Staatsexamen abgelegt hatte, weder das erste noch das zweite. Diese häufig schon lange Zeit praktizierenden Lehrer hatten folglich auch kein Referendariat oder dergleichen hinter sich. Es war also auf irgendeine Weise dafür zu sorgen, dass zumindest vergleichbare, und zwar diesmal staatlich anerkannte und vom Staat abgenommene Ersatz-Abschlüsse ermöglicht wurden. Mochten die Waldorfschulen (ähnlich wie die Klosterschulen) auch eine interne Gehaltsregelung haben, die vorwiegend, wenn nicht gar ausschließlich innerschulischen, das heißt im Fall der Waldorfschulen sozialen Kriterien folgte, so hatte sich doch die globale Mittelzuweisung, über die sie dann nach eigenen Kriterien verfügen konnten, nach den üblichen staatlichen Gepflogenheiten zu richten. Die Waldorfschulen mussten also hochgradig daran interessiert sein, die nun von ihnen erwarteten Ersatz-Abschlüsse ihrer Lehrer möglichst bald realisiert zu sehen.

Die Rolle des jungen Mannes aber sollte darin bestehen, die notwendigen Prüfungsgespräche zu führen, Unterrichtsbesuche zu machen, den Unterricht zu bewerten, schließlich aber auch Hausarbeiten zu vergeben und als staatliche Prüfungsarbeiten, wenn es eben ging, auch anzuerkennen. Diese Aufgaben sagten dem jungen Mann zu, schienen sie ihn doch so gut wie unabhängig von den bürokratischen Strukturen des Ministeriums zu machen. Er sagte also spontan zu, zumal man ihm auch eine sofortige Beförderung versprochen hatte. Das war mutig, verstand er doch von der Waldorfpädagogik damals noch nicht allzu viel. Immerhin hatte er einige Schriften Rudolf Steiners gelesen. Vor allem aber hatte er einen Freund, der den Anthroposophen nahestand. Der würde ihm zur Not wohl helfen.

Aber der Ministerialrat sprach weiter. Was er sagte, war ungefähr dies: Die vier Waldorfschulen seien auch insofern den kirchlichen Schulen gleichzustellen, als man sie von dem misslichen Zustand befreien wolle, die Absolventen ihrer 13. Klassen, die im Grunde keine wirklichen Waldorfschulklassen mehr waren, sondern unmittelbar auf die staatliche Reifeprüfung bezogen sind, einem ausschließlich mit fremden Prüfern bestückten Externenabitur auszuliefern. Also müsse eine für Waldorfschüler geeignete Reifeprüfungsordnung erstellt werden, die möglichst einen halbexternen Status vorsehe, um auf diese Weise auch den Waldorflehrern ein Prüfungsrecht im Abschlussexamen zu gewähren. Auch die Erarbeitung dieser Ordnung werde in den Händen des jungen Mannes liegen.

Diesmal fiel dem die Zusage schon um einige Grade schwerer, ahnte er doch, dass er hier wohl nicht ganz auf die Mithilfe der Ministerialbürokratie werde verzichten können. Aber er sagte dennoch auch diesmal zu, glaubte er doch zu wissen, dass im Grunde niemand im Ministerium an der Waldorfpädagogik, ihren Schulen, Lehrern und Schülern wirklich interessiert sei. So war es denn auch. Den angestammten Beamten des Ministeriums waren diese Schulen, war vor allem auch die Anthroposophie selber, im Grunde eher suspekt.

Erst ganz am Ende tastete sich der Ministerialrat an den eher politischen Teil seines Auftrages heran. Der junge Mann musste ihm folglich mitteilen, dass er keineswegs der Freien Demokratischen Partei angehöre, noch nicht einmal mit ihr sympathisiere. Der Ministerialrat schien es gefasst hinzunehmen. Auch als der junge Mann ihm sagte, dass er seit einigen Jahren Sozialdemokrat, darüber hinaus sogar Gewerkschaftler sei, fiel er keineswegs in Ohnmacht. Etwas blass um den Mund wurde er allerdings. Da man aber beiderseits aus dem hilligen Kölle stammte und sich seit Jahren, wenn auch nicht besonders gut kannte, blieb es bei der Abmachung. Der junge Mann war sogar so mutig, darum zu bitten, ihm wöchentlich einige Unterrichtsstunden in einem der staatlichen Gymnasien der Stadt zu gewähren. Das aber hätte er gewiss nicht getan, hätte er damals schon die Folgen dieser Bitte ahnen können, Folgen, vor denen, wie sich zeigen sollte, nur seine Frau ihn letztlich bewahren konnte. Aber auch diese ungewöhnliche Bitte wurde ihm ohne weiteres gewährt, sah man doch ein, dass ein junger Mann, der demnächst andere Lehrer zu beurteilen hätte, keinesfalls ganz aus der Unterrichtspraxis herausfallen dürfe.

Als der nunmehr in eine höhere Gehaltsstufe beförderte junge Mann sich nach einigen Wochen in der ihm zugewiesenen Schule meldete, traf er auf eisiges Schweigen und unfreundliche Gesichter. Was kein Wunder war, nimmt man doch nicht gern frischbeförderte, dazu auch noch aufreizend junge Männer in sein Kollegium auf, vor allem dann nicht, wenn sie einem nicht nur vom Ministerium zugewiesen worden sind, sondern zu allem Überfluss auch noch hauptamtlich im Ministerium arbeiten. Mit seinen vorgesetzten Behörden hat man nun einmal nicht allzu gern zu tun. Verständlicherweise. So hatte der junge Mann eine Zeit lang mit Missachtung zu rechnen. Da er zudem wusste, dass Lehrer ihre Abneigungen mit Leichtigkeit an ihre Schüler delegieren können, so dass letztlich die Schüler als verlängerte Arme ihrer Lehrer tätig werden, und das nur allzu gern, wunderte er sich nicht über jene Disziplinschwierigkeiten, denen er sich nun zum ersten Mal in seinem Leben ausgesetzt sah.

Womit des jungen Mannes und zukünftigen Professors Ehefrau auf der Bildfläche erscheint. Hatte sie doch erfahren, dass das ihrem Mann so feindliche Lehrerkollegium einmal die Woche Volleyball in der Turnhalle spielte und dringend gute Spieler oder auch Spielerinnen suchte. Des jungen Mannes Frau aber war eine Sportlerin hohen Grades. Haarscharf war sie seinerzeit, von ihrem Vater aus pädagogischen Gründen so gerade eben noch gebremst, am offiziellen Leistungssport vorbeigeschrammt, während ihr Ehemann ein sportlicher Trottel war und bis ins hohe Alter bleiben sollte. Sie nahm fortan als stürmisch begrüßte, sowohl hochgradig volleyballkundige, als vor allem auch kumpelhaft kooperierende Kollegen-Ehefrau am wöchentlichen Spiel mit anschließendem Schwimmen und selbstverständlich ebenso anschließendem Besuch einer Pinte teil. Während ihr Ehemann gänzlich unsportlich die drei kleinen Kinder hütete. Von einem Tag auf den andern sah er sich nun voll ins Kollegium integriert. Auch die Schüler müssen davon erfahren haben. Von nun an machten sie ihm nämlich nicht mehr die geringsten Schwierigkeiten. So war er es schließlich von seinen früheren Schulen her gewohnt.

Hinzuzufügen wäre lediglich, dass der junge Mann seine Aufgaben im Ministerium ohne nennenswerte Schwierigkeiten löste, sogar einige freundschaftliche Kontakte zu Waldorflehrern herstellte, vor allem aber – das freilich erst nach einigen Jahren – ein Buch über die Waldorfpädagogik schreiben sollte, das auf seinen Hospitationserfahrungen beruhte. Es handelte sich um das erste Buch über den Binnenbereich der deutschen Waldorfschulen, das von einem Nicht-Anthroposophen geschrieben worden war. Damals hielten die Waldorfschulen nämlich noch einen vorsichtigen Abstand zum, wie sie es nannten, ‚Staatsschulwesen'. Sie waren noch weit davon entfernt, zu Schulen zu werden, die viele Eltern heute als dringend gewünschte Alternative zu den öffentlichen Schulen verstehen und die sich deshalb in einer Weise zahlenmäßig vermehrt haben, die zumindest den wirklichen Anthroposophen unter ihren Lehrern eigentlich unheimlich sein müsste und vermutlich auch unheimlich ist. Damals, in ihrer vornehmen Isolierung, waren sie über das Buch des jungen Mannes, der schließlich doch zu ihrer allgemeinen Anerkennung nicht unwesentlich beigetragen hatte, alles andere als glücklich. Sie nahmen das Buch aber hin. Was wäre ihnen auch anderes übrig geblieben? Inhaltlich hatten sie nämlich nur wenig auszusetzen. Außer dass es ausgerechnet von einem Nicht- Anthroposophen geschrieben worden war. Aber auch das sollte schon wenig später etwas eher Normales sein und kommentarlos hingenommen werden. Was aber den jungen Mann selber betrifft, so konnte der nach einigen Jahren befriedigt das Kultusministerium gegen eine Direktorstelle in einer benachbarten Großstadt eintauschen.

Die letzten Jahre hatte er übrigens in einem Ministerium verbracht, das nach einem weiteren Regierungswechsel wieder die gewohnte Grundfärbung aufwies und nun auf jenen außergewöhnlichen Farbtupfer, den er ihm eine Zeitlang aufgesetzt hatte, wieder verzichten konnte. Seine Ehefrau sollte zwar ihr Leben lang nie mehr einer Volleyball-Mannschaft angehören. Fortan hat sie ihren Mann aber in anderer Weise unterstützt. Sie war und ist fürwahr zu loben.

Aber schon vorher, nämlich in seinem letzten Jahr im Ministerium, hatte sie ihm nachdrücklich geholfen, diesmal allerdings ohne jede sportliche Anstrengung. Es sollte sich nämlich zeigen, dass sich die Schulaufsichtsbehörde so einiges einfallen ließ, um den damals immer noch jungen Mann seine neu erworbene Direktorstelle im roten Duisburg gar nicht erst antreten zu lassen. Der war nämlich auch damals schon zweifellos männlichen Geschlechts. Seine zukünftige Schule war aber eine Mädchenschule. In der Schulaufsichtsbehörde sah man folglich das damals noch geltende Frauenbildungsideal bedroht. Das aber befand sich zu dieser Zeit noch am extrem entgegengesetzten Ende des späteren Feminismus. Unfähigkeit konnte man dem jungen Mann zwar nicht vorwerfen, saß der doch ausgerechnet im Kultusministerium. Aber gerade seine immerhin zu vermutenden pädagogischen Fähigkeiten hätten die ohnedies schon mürbe gewordene Stabilität des arg veralteten Frauenbildungsideals zusätzlich gefährden können. So bot man ihm andere Direktorstellen in anderen Städten an. Aber der junge Mann fühlte sich der Stadt verpflichtet, die ihn einstimmig in ‚seine' Stelle gewählt hatte.

Als nun aber die zuständige Oberschulrätin, eine Frau von in jeder Beziehung gewichtigem Format, zu allem Überfluss auch noch versuchte, des zukünftigen Professors Ehefrau für ihre Pläne einzuspannen, indem sie gemeinsame Freunde und Freundinnen ins Feld führte, die sich Sorgen um deren Ehemann machten, um letztlich mit einer handfesten Drohung zu enden, legte die Ehefrau mit einem nicht allzu unterdrückten Fluch den Hörer auf die Gabel. Sie hatte genug.

Als ihr Mann dann nach einem geschlagenen Jahr letztlich doch die umstrittene Stelle antreten durfte, hatte ausgerechnet jene gewichtige Oberschulrätin ihn in sein neues Kollegium einzuführen. Sie tat das mit den nahezu unsterblichen Worten: „Das ist der schwerste Tag meines Lebens." Was gewiss ein Gipfel an Taktlosigkeit war. Das Kollegium, nahezu ausschließlich aus Frauen bestehend, musste inzwischen wohl festgestellt haben, dass der junge Mann gar nicht so arg bedrohlich aussah (ob sich das später ändern würde?). Jedenfalls tat er den Kolleginnen leid. Er hatte gewonnen.

Später sollte er erfahren, dass ‚sein' neues Kollegium einmal sogar eine offizielle Konferenz dazu benutzt hatte, darum zu beten (zu beten!), dass dieser schreckliche, ihr seit einem geschlagenen Jahr angedrohte neue Direktor, dieser „rote Kelch", doch an ihr vorübergehe. Man war damals ‚fromm', wenn auch auf eine recht verquere Art.

Als Brüll nach einigen weiteren Jahren dabei war, seine vorwiegend negativen Erfahrungen mit Hochschulen zu erneuern, und zwar ausgerechnet mit Hochschulen, die sich aus freien Stücken an ihn wegen einer möglichen Berufung gewandt hatten, dann aber nie mehr etwas von sich hören ließen, also selbst auf einen negativen Bescheid unhöflicherweise verzichteten, zeigte seine Ilsebill noch einmal, was in ihr steckte: Sie verhinderte in einem besonders unangenehmen Fall, dass er die ‚Flinte endgültig ins Korn' warf und trug auf diese Weise dazu bei, dass er letztlich doch den Weg zurück in die Hochschule fand. Sie ist wahrhaftig zu loben!

Ihr niedliches
Näschen
rümpfte sie nie.
Alleräußerstenfalls
scharrt sie mit
zierlichen
Hufen.

III

Seitdem die Trauben
niedriger hängen,
pflücken die Falschen
sie ab.

Klassengebundene Schwierigkeiten

Das wirtschaftskundliche Aufbaugymnasium in Duisburg-Meiderich war eine Neugründung der Stadt Duisburg. Das Kultusministerium in Düsseldorf hatte ihr von Anfang an erbitterten Widerstand entgegengesetzt, da sie gleich gegen zwei Tabus des damals noch christdemokratisch regierten Landes verstieß. Es stellte sich nämlich, erstens, als eine lateinlose Schule dar und war, zweitens, koedukativ angelegt. Auch der wirtschaftswissenschaftliche Schwerpunkt war dem Ministerium ein Dorn im Auge. Als allzu deutlich ausgeprägt sollte er sich dann, nach einigen Anfangsjahren, aber auch nicht erweisen. Ein Lateinkurs war inzwischen eingeführt worden. Er hatte sich als nötig erwiesen, um den Absolventen der Schule das Studium aller Fächer, etwa auch der philologischen, zu ermöglichen.

Gegen die systematische Anwerbung begabter Kinder, die bisher noch die Hauptschule besuchten, durch die Stadtschulräte, in besonders kritischen Fällen sogar mit (inoffiziellen städtischen) Stipendien garniert, war das Ministerium mit einiger Sicherheit auch. Es hielt sich jedoch zurück, da der Initiator des Ganzen, der städtische Schuldezernent Fritz Holthoff, damals gleichzeitig schul- und kulturpolitischer Sprecher der SPD im Landtag war. Der war dort hoch angesehen und stand zudem auch noch auf nahezu freundschaftlichem Fuße mit dem Kultusminister der CDU, Paul Mikat. Der wiederum war selber ein Reformer und hatte gegen Schulexperimente im Grunde nichts einzuwenden. Gelegentliche Konflikte mit den konservativeren Kräften seiner eigenen Partei scheute er nicht.

Nach einiger Zeit konnte das Meidericher Schulexperiment als einigermaßen gesichert gelten. Allerdings fehlte noch ein eigenes Schulgebäude. Man hatte sich zuerst einmal mit einigen allerdings gut ausgestatteten Baracken abzufinden. Sie wiesen sogar gegenüber konventionellen Schulgebäuden gewichtige Vorteile auf: Zu jeweils drei normalen Klassenzimmern gehörte eine Art Diele. Die war so geräumig, dass man zeitweise alle drei Klassen zusammenfassen konnte, wie denn überhaupt durch die gegebene Raumeinteilung viele verschiedene Unterrichtsvarianten möglich waren und denn auch genutzt wurden. Als die Schule nach drei Jahren ihren zwar großzügigen, aber in der Raumplanung konventionellen Neubau bezog, hatte man auf so manches zu verzichten, das man sich mehr oder weniger spontan an zwar Unüblichem, aber pädagogisch Wünschenswertem erarbeitet hatte. Es wurde somit deutlich, was leider normalerweise so gut wie vergessen wird, dass nämlich Schulexperimente in der Regel einer gewissen räumlichen Flexibilität bedürfen.

Ein weiterer Vorteil des Provisoriums bestand in der Tatsache, dass die jährlich um drei Klassen wachsende Schule von Anfang an die Gewissheit haben durfte, sich ohne allzu große Schwierigkeiten weiter ausdehnen zu können, standen doch vorläufig noch einige leere oder nahezu leere Baracken zur Verfügung. Weitere hätten unschwer errichtet werden können. Es gab sogar einen dritten Vorteil, den eine konventionellere Schule allerdings nicht als einen solchen betrachtet hätte: Der größere Teil der Baracken wurde durch die für den Ortsteil zuständige Hauptschule genutzt, der auch der einzige zentrale Raum zugeordnet war: eine provisorische Turnhalle, die auch als Aula benutzt werden konnte. Die beiden Schulen waren also auf eine enge Kooperation angewiesen. Die wurde denn auch praktiziert, vom ersten Leiter der Schule nur relativ zögernd, vom zweiten, unserem späteren Professor, jedoch sehr bewusst. Der hielt beispielsweise jede zweite Woche den evangelischen Schulgottesdienst beider Schulen selber ab. Bisher hatte es unbegreiflicherweise getrennte Schulgottesdienste gegeben. Jede zweite Woche amtierte auch weiterhin der zuständige Gemeindepfarrer, nun aber ebenfalls für beide Schulen. Auch gemeinsame Schulfeste konnten nun geplant werden.

Wie aber war ausgerechnet der zukünftige Professor Brüll an diese neue Aufgabe geraten? Er leitete doch schon eine Schule, das Mädchengymnasium im benachbarten Stadtteil, eine durchaus ‚normale' Schule, in der er es sogar – nach den bereits geschilderten Anfangsschwierigkeiten – ausnehmend gut hatte. Es verhielt sich damals folgendermaßen:

Der erste Leiter des Aufbaugymnasiums hatte sich bedauerlicherweise mit einer schon etwas überalterten Schülerin eingelassen, so dass sich ein Disziplinarverfahren nicht umgehen ließ. Der Vorfall hatte die noch in ihren Anfängen steckende Schule zutiefst getroffen, durchaus nicht nur deren Schülerinnen und Schüler, sondern auch das noch nicht sehr große Kollegium. Man kannte einander. Nichts ließ sich vertuschen, zumal die betroffene Schülerin Anstalten machte, in die Leitung der Schule indirekt einzugreifen. Hinzu kam, dass das Prestige der Schule begreiflicherweise nicht allzu hoch war. Neuartiges kommt in aller Regel nur mühsam voran, in einer im Schnitt sozialdemokratischen, gerade deshalb aber in der für das Ruhrgebiet charakteristischen Weise im Kern konservativen Arbeiterbevölkerung ganz besonders mühsam. Mindestens so wichtig aber war, dass eine gymnasiale Anstalt gemeinhin eigentlich erst nach ihrem sogenannten ‚Anerkennungsabitur' als vollgültig angesehen wird und einen ‚Oberstudiendirektor' planstellenmäßig als Leiter verträgt (weshalb der künftige Professor, zumindest formal, eine Zeitlang gleich zwei Gymnasien zu leiten hatte). Ein Anerkennungsabitur wird jedoch von einem staatlichen Prüfungskommissar abgenommen. Im gegebenen Fall war das gleich in drei Abschlussklassen der Fall, in deren einer die betreffende Schülerin saß, durchaus nicht zerknirscht, sondern auf Rache bedacht. Die sollte sie denn auch auszuüben versuchen, indem sie während der schriftlichen Prüfung in einer derart provozierenden Weise ‚pfuschte', dass es nicht zu übersehen war. Offenbar rechnete das (bereits gut ausgereifte) ‚Früchtchen' damit, man werde die Provokation aufgrund der guten und engen Beziehungen, die sie einmal gehabt hatte und vermutlich auch weiterhin pflegte, bewusst übersehen. Damit aber stellte sie zugleich den Amtsnachfolger ihres Liebhabers auf die Probe. Sie sollte sich irren und wurde folglich selber Gegenstand eines ‚Verfahrens'.

Es liegt auf der Hand, dass es nicht ganz einfach sein konnte, Lehrer für eine solche Schule zu gewinnen. Mit ganz wenigen Ausnahmen musste man denn auch auf junge Assessoren zurückgreifen, die gerade ihr Examen bestanden hatten. Die aber hatten damals, nämlich in einer Zeit, in der es noch keinen Lehrerüberfluss, sondern stattdessen einen Lehrermangel gab, das Recht, sich nach einem Jahr um eine andere Stelle zu bewerben. Viele taten es, obgleich das Unterrichten an dieser Meidericher Reformschule mit Sicherheit besonders interessant war, an einer Schule, die sich Jahr um Jahr um drei Klassen vergrößerte (eine davon eine Klasse von Realschulabsolventen, die zum gymnasialen Abitur geführt werden sollten). In dieser Lage erwies es sich als besonders erschwerend, dass die zuständige Schulaufsichtsbehörde die Schule nicht liebte. In einem Fall wies sie ihr, vermutlich sogar bewusst, einen psychisch gestörten, allerdings hoch intelligenten jungen Lehrer zu, der einen Schub seiner Krankheit an einer anderen Schule gerade hinter sich und nun in Meiderich einen zweiten zu überstehen hatte. Mit wiederum beträchtlichen Folgen für die Schule.

Glücklicherweise gab es wenigstens einen Oberschulrat, der der Schule gewogen war. So konnte der künftige Professor nach einem Jahr schließlich doch erreichen, dass man einige seiner Personalwünsche erfüllte. Dabei aber beging er einen eigentlich unverzeihlichen Fehler, der ihm letztlich eine wichtige Erfahrung eintrug. Die sollte ihm später manches Ungemach erklärlich machen, als er Gründungsrektor einer wiederum reformorientierten und mit einem deutlichen sozialen Akzent versehenen Hochschule werden sollte. Er nahm damals nämlich fälschlicherweise an, dass Lehrer, die selber aus beschränkteren sozialen Verhältnissen stammten, die eigentlich angemessenen Lehrer der Schüler (später dann der Studierenden) aus entsprechenden Verhältnissen sein müssten. Eigentlich mussten doch gerade diese Lehrer in der Lage sein, die besonderen Schwierigkeiten solcher Schüler (später dann Studierenden) zu erkennen und ihre Arbeit entsprechend auszurichten. Was ein krasser Fehlschluss war. Vermutlich wäre der zukünftige Professor ihm auch nicht erlegen, wäre er damals schon etwas älter und vor allem erfahrener gewesen. Liegt es doch auf der Hand, dass Lehrer (und Professoren) aus Arbeiter- und Kleinbürgerverhältnissen, nachdem sie sich mit Mühe aus eben diesen Verhältnissen herausgearbeitet haben, um fast alles in der Welt bestrebt sein müssen, fortan nach gutbürgerlicher Respektabilität und akademischem Prestige zu streben.

So kam es letztlich dazu, dass der zukünftige Professor nachträglich Nutzen und Vorteile des Bürgertums, vor allem wohl auch des Bildungsbürgertums zu würdigen lernte, aus dem er zwar selber kam, aber das er im Grunde gar nicht mehr allzu hoch einschätzte, hatte es ihm doch in der Nazizeit und im Krieg einige unangenehme Erfahrungen eingebracht. Er hat die Lehre später denn auch beherzigt und dabei (das sei nicht verschwiegen) immer wieder auch an sich selber gedacht.

Übrigens wurde das Aufbaugymnasium schon einige Jahre nach seinem endgültigen Ausbau in eine Gesamtschule umgewandelt. So ganz unsachgemäß war das nicht. Aber auch das Mädchengymnasium, das der zukünftige Professor, teils parallel mit dem Aufbaugymnasium, geleitet hatte, wurde schon wenig später in eine Gesamtschule umgewandelt. Da aber befand sich der ehemalige Direktor längst schon wieder, und zwar zum zweiten Mal in seinem Leben, im Hochschulbereich, nun allerdings als Professor.

Immer noch möglich?

Was mir immer
gelungen ist,
wie sollte es diesmal
misslingen?

Wo doch
Vergessenwerden
endgültiges
Freigesetztsein
bedeutet, abgehoben
von allem.

Du könntest endlich
wieder nach
Innen dich wenden,
so etwas wie
wesentlich werden.

Wie man am
Ur-Anfang,
falls wir uns
nicht allzu sehr irren,
schon einmal
nahezu wesentlich
war.

IV

Antwort

Gewaltig fällt
das Wort des Herrn
dich an.
Durch Mark und Bein
durchweht dich
frommer Schauer.
Du singst.
Doch was du singst,
sind Gassenhauer.

Thema: Fusionen

Es ist eigentlich nichts Besonderes, eher schon normal. Dass es zugleich banal ist, wird niemanden wundern. Nur wenige werden die Meldung überhaupt mitbekommen haben. Denn wer fühlt sich hier schon persönlich betroffen?

Handelt es sich doch lediglich um dies: Der global agierende AXY- Konzern hat gerade eine der kleineren protestantischen Landeskirchen in Deutschland wenn schon nicht mit Haut und Haar übernommen, so doch in sein kompliziertes Firmengeflecht eingegliedert. Man fängt eben vorsichtshalber klein an. Innerkirchliche Belange haben dabei unbedingt gewahrt zu bleiben. Mancher sonntägliche Kirchgänger wird so gut wie gar nichts bemerken, zumal das sonntägliche Glockengeläute unabgekürzt erhalten bleibt.

Lediglich jeder vierte im Gottesdienst verlesene Text soll in Zukunft der Werbung vorbehalten bleiben. Entsprechendes gilt für nur jede dritte gesungene Strophe eines Kirchenliedes. Noch großzügiger geht der Konzern mit der Predigt um. Nur jede fünfte Predigt soll von Anfang bis Ende der Werbung gewidmet sein, während in jeder zweiten Predigt bei wenigstens einem Fünftel der Predigtzeit auf eine gewisse auf den AXY-Konzern bezogene Werbewirksamkeit zu achten ist.

Zwar soll etwa ein Drittel der Kollekten zum Ankauf von konzernproduzierten Waren verwendet werden. Das fällt jedoch kaum negativ ins Gewicht, da der AXY-Konzern vor allem Medikamente und Waffen aller Art herstellt und vertreibt.

Lediglich ein Zehntel des kirchlichen Personals, selbstverständlich einschließlich der Pfarrer und Pfarrerinnen, wird in Zukunft vom Konzern selber eingestellt, beschäftigt und besoldet, was erfreulicherweise eine beträchtliche Reduktion des kirchlichen Personaletats bedeutet. Die vom Konzern eingestellten Mitarbeiter werden teils an einer von AXY entworfenen Werbeplakette, teils, insoweit sie Pfarrer oder Pfarrerinnen sind, an einem dreifarbig gehaltenen Aufnäher am Talar, etwa in der Größe 20 mal 20, zu erkennen sein. Eine Verwechslung mit originär kirchlichen Mitarbeitern ist also vorerst so gut wie ausgeschlossen. Allerdings ist damit zu rechnen, dass im Laufe der Jahre das gesamte Kirchenpersonal vom Konzern übernommen wird. Dann endlich wird man von einer Konzern-Kirche sprechen und damit rechnen können, dass sich auch die oben erwähnten Predigt-, Choral- und Lesungsanteile entsprechend zum Wirtschaftsgemäßen hin ändern. Es ist aber kaum anzunehmen, dass diese im Grunde nur graduelle Veränderung dann vom gewöhnlichen Kirchenbesucher noch wahrgenommen werden kann. Hat er sich doch mittlerweile an die wesentlichen Tendenzen des kirchlich-wirtschaftlichen Wandels gewöhnen können.

Offensichtlich handelt es sich bei der Teil-Übernahme der betreffenden Landeskirche vorerst nur um einen Pilot-Versuch. Man will einschlägige Erfahrungen sammeln. Schon im augenblicklichen Stadium geht man jedoch davon aus, dass sich eines nicht allzu fernen Tages sämtliche protestantische Landeskirchen in Deutschland, vor allem aber auch die römisch-katholische Kirche in den AXY-Konzern eingliedern lassen, zumal die römisch-katholische Kirche, eine ausgesprochene Weltkirche, hinsichtlich ihrer heute bereits gegebenen Globalität ohnedies auf derselben Stufe wie der AXY-Konzern agiert.

Im Augenblick sind Verhandlungen darüber im Gange, die eine Ausrichtung eines jeden zweiten sogenannten Heiligen Jahres in Rom durch den Konzern zum Ziel haben. Schwierigkeiten macht dabei nur die Frage, ob dem Konzern zu diesem Zweck auch ein eigenes Heiliges Tor zuzugestehen sei. Da aber Heilige Jahre nur in außergewöhnlich großen Abständen stattfinden, kommt diesem Vorhaben nur eine vergleichsweise geringe Bedeutung zu.

Als wichtiger, gleichzeitig auch ökonomisch auf die Dauer ergiebiger dürfte sich der vom Konzern geplante Vorstoß in die verschiedenen Missionsfelder grundsätzlich aller christlichen Kirchen erweisen, vor allem auch hinsichtlich der Waren, die der Konzern auf seiner Palette hat und folglich abgeben, das heißt, in Übersee verkaufen kann, vor allem also Medikamente und Waffen aller Art.

Im Unterschied zum Vorgehen des Konzerns gegenüber protestantischen Kirchen trägt man sich zusätzlich mit dem Gedanken, in absehbarer Zeit auch in die verschiedenen Ausbildungsstätten der römisch-katholischen Kirche einzudringen, wobei die Theologischen Fakultäten und entsprechende Einrichtungen als wenn auch nicht dogmenbildende, so doch zumindest dogmenverstärkende Institutionen begreiflicherweise im Vordergrund stehen. Aber auch an den Einstieg in Priesterseminare und Einrichtungen der katholischen Laienbildung ist gedacht. Entsprechendes ist bezüglich der Durchdringung Evangelischer Kirchentage vorgesehen.

Darüber hinaus bricht man sich in der Konzernleitung seit einigen Wochen darüber den Kopf, wie man sich einen zumindest anteilmäßigen Einfluss auf Synoden, vor allem aber auch auf das Kardinalskollegium sichern kann. Dabei geht man mit Recht davon aus, dass die römisch-katholische Kirche als Ganzes ein besonders harter Brocken ist, nicht zuletzt auch weil ihre Farb- und Bilderfreundlichkeit das optisch leicht erkennbare Hervortreten der konzerneigenen Werbemittel nachhaltig erschwert. Was sich auf einem schwarzen protestantischen Talar sichtbar und fröhlich bunt als konzernbezogenes Abzeichen abhebt, geht nämlich auf einem farbenprächtigen Messgewand nur allzu leicht unter. Entsprechendes dürfte auch auf akustische Merkmale zutreffen.

Andererseits kann die zentralistische Struktur der römischen Kirche, da sie nämlich autoritäre Verhaltensweisen begünstigt, dem Konzern Möglichkeiten eröffnen, die im protestantischen Raum nur schwer vorstellbar wären. Sollte es dem Konzern eines Tages gelingen, selbst den Papst anteilmäßig zu gewinnen, wäre schon mehr als die halbe Arbeit getan.

Allerdings sollte man sich auf beträchtliche Zeiträume einrichten und auf die Notwendigkeit einer sorgfältigen, alle aktuellen und zukünftigen Gegebenheiten exakt einkalkulierenden Generalstabsarbeit. Bekanntlich hat auch die römische Kirche, wie Kirchen überhaupt, einen langen Atem. Auch darin ist sie dem AXY-Konzern nicht unähnlich.

Gerade wird uns gemeldet, dass es zum ersten Mal gelungen ist, in einer niederbayerischen Pfarrkirche (natürlich einer katholischen) exakt die Hälfte der in Gebrauch befindlichen Beichtstühle für die Nutzung durch den Konzern zu erwerben. Allerdings ist die Gesamtzahl der dortigen Beichtstühle auf 2 (zwei) begrenzt. Es konnte also vorläufig nur ein einziger Beichtstuhl umgewidmet werden. Aber auch Kleinvieh macht Mist, wie man hierzulande sagt. Man kann mit einiger Sicherheit davon ausgehen, dass es schon bald zu größeren, vermutlich sogar zu außergewöhnlich großen Mistfuhren kommt, und zwar nicht nur in Niederbayern. Jedenfalls entspräche das dem augenblicklichen Wirtschafts- und Zeitgeist.

Am Ende dürfte dann eine Lage stehen, in der die Wirtschaft nicht mehr durch die Kirchen behindert wird, sei es auf dem Wege über Enzykliken, andere Verlautbarungen, Predigten oder Aktionen der verschiedensten Art. Das neoliberale Dogma vom Markt stünde endlich ungefährdet da.

Fromme Gesänge und Sittenstrolche

Das Siegerland ist eine bemerkenswerte, eine bemerkenswert seltsame Region. Hier kann man noch Dinge erleben, die anderswo so gut wie ausgestorben sind. So wurde der neu berufene Professor eines Tages auf seiner routinemäßigen Bahnfahrt nach Siegen Zeuge einer ungewöhnlichen Szene. Offensichtlich wurde eine Gruppe erwachsener Siegerländer von einer anderen an einem kleinen Bahnhof auf der Strecke verabschiedet. Die verabschiedende Gruppe sang, übrigens mehrstimmig, ein frommes Lied. Auf der ganzen noch verbleibenden Strecke bis zum Endbahnhof Siegen sang die andere, die reisende Gruppe, Männlein und Weiblein, die meisten mittleren bis fortgeschrittenen Alters, im Nachbarabteil, ebenfalls mehrstimmig, fromme Lieder, die der Professor schon bald als dem pietistischen Reichsliederbuch zugehörig identifizieren konnte. Derartiges war ihm in öffentlichen Verkehrsmitteln noch nie begegnet. Für das Siegerland schien es sich aber um etwas eher Normales zu handeln. Die (kleinen) Bahnhöfe, die man passierte nahmen es jedenfalls ohne besondere Gemütsregung hin. Allerdings blieb der fromme Gesang bis zum Endbahnhof Siegen auf das eine Abteil beschränkt. Weshalb wohl der restliche Zug nicht mit einstimmte?

Immerhin: alles andere als unbeeindruckt begab sich der Professor in das Hotel, in dem er damals noch wohnte. Es handelte sich um ein gutes Hotel, vermutlich um das ‚erste Haus am Platze', sieht man einmal von den auf Sommergäste eingestellten Hotels ab, die sich weit außerhalb jener Stadt der sieben Berge auf dem Scheitel der Bergkette befanden. Mit schönem Ausblick auf die Stadt Siegen, die Siegerländer Umgebung und die vielen für die Region charakteristischen ‚Hauwälder'. Die bestanden aus Bäumen, die man nicht hatte groß werden lassen, da man das Holz zum Abstützen der Erzbergwerksstollen brauchte, oder auch zum Erzeugen von Holzkohle. Beides lag nun schon einige Zeit zurück. Die Wälder waren also dabei, sich zu erholen. Allerdings dauert es lange, bis ein Siegerländer seine Gewohnheiten ablegt. Man konnte sie also wohl immer noch als ‚Hauwälder' bezeichnen.

Das Hotel befand sich in der Stadtmitte, bot also keinerlei Ausblicke. Normalerweise begab der Professor sich sofort auf sein vorbestelltes Zimmer, um seinen Lehrveranstaltungen den letzten Schliff zu geben. Das war nötig, hatte er es doch in diesen Lehrveranstaltungen mit Verhältnissen zu tun, die für normal gewachsene Hochschulen reichlich ungewöhnlich sind. Es gab verständlicherweise anfangs nur wenige Studierende. Brüll sollte nur allzu bald feststellen, dass das Unterrichten nur sehr weniger Individuen, anfangs bestenfalls fünf bis sechs an der Zahl, seine eigenen Tücken hat. Es ist nur dann wirklich sinnvoll, wenn man die Gelegenheit zu individueller Ansprache der Einzelnen, die in dieser Situation möglich ist, auch tatsächlich wahrnimmt. Das ist umso wichtiger, wenn die Betroffenen, wie im gegebenen Fall, durchaus nicht nur Anfänger sind. Manche waren von anderen Hochschulen nach Weidenau bei Siegen übergewechselt. Was selbstverständlich nicht ausschloss, das der Professor sich in erster Linie um die Anfänger zu kümmern hatte. Die im engeren Sinne sprachwissenschaftlichen, vor allem auch die sprachpraktischen Seiten der Lehre boten dabei die größten Schwierigkeiten, ist doch die sprachliche Ausgangsbasis der Siegerländer, wie auch die der Sauerländer und Hessen, dem Englischen alles andere als gewogen. Zwischen ‚t' und ‚d', stimmhaftem und stimmlosem ‚s' wird nicht unterschieden. Das ‚r' wird in einer Weise gerollt, die selbst einen Schotten in die Flucht treiben würde. Aber ein Schotte verirrte sich damals ebenso wenig leicht ins Siegerland, wie ein damaliger Siegerländer nach Schottland. Aber da mag der Professor sich irren.

Auch in den eher literaturwissenschaftlichen Sektoren des Faches hatte man einiges zu bedenken, waren doch die Siegerländer Studierenden nahezu alle sozusagen ‚erste akademische Generation'. Aus ihren Elternhäusern brachten sie (damals noch) vor allem wohl eine solide Bibelkenntnis mit. Und natürlich (siehe des Professors Erlebnis in der Eisenbahn) die Kenntnis zahlreicher Choräle. Allerdings hat der Professor in seinen Lehrveranstaltungen nie die Probe aufs Exempel gemacht. Also kann er sich auch hier irren. Jedenfalls aber galt es, die Studierenden an ausgesprochen weltliche Literatur, und dann auch noch an englischsprachige, allmählich zu gewöhnen. Zur ‚Motivation', wie man das damals, pädagogisch und didaktisch gestählt, nannte, musste man sich schon etwas einfallen lassen.

Zusätzlich war allerdings zu bedenken, dass Siegerländer dazu neigen, sowohl angemessen ernst als vor allem auch überdurchschnittlich fleißig zu sein. So ließ sich tatsächlich in kurzer Zeit ein gewaltiges Arbeitspensum bewältigen. Jedenfalls schien es dem Professor damals so. Es war also durchaus sinnvoll, die Lehrveranstaltungen nicht nur, sozusagen im allgemeinen Sinne, gut vorzubereiten, sondern auch in eher spezifischer Weise, nämlich konkret auf die (wenigen) Hörer zu beziehen.

Bei dieser wichtigen Arbeit im Hotelzimmer wurde der Professor charakteristischerweise mehrere Mal durch lauten Gesang (Männergesang) gestört. Im Siegerland singt man ungewöhnlich gern, auch dabei das ‚r' auf kernige Weise eindrucksvoll rollend. Der Professor sollte aber schon bald erfahren, dass siegerländisches Singen sich nicht auf fromme Lieder aus dem Kirchengesangbuch, geschweige denn dem pietistischen Reichsliederbuch beschränkt. Ganz im Gegenteil. Ausgerechnet am Nachmittag des frommen Eisenbahnerlebnisses dröhnte es Professor Brüll aus einem der Säle des Hotels ungemein lautstark und aggressiv entgegen: *„Der Karl, der ist ein Sittenstrolch, Sittenstrolch, Sittenstrolch…"* Die Strophe wurde gleich mehrmals wiederholt, wobei sich die Begeisterung, vermutlich durch eine nicht geringe Alkoholzufuhr, steigerte. Ob es sich um eine Geburtstagsfeier handelte? Der Professor hat sich nicht erkundigt. Er hat stattdessen seine Vorbereitungsarbeit unterbrochen und einen kleinen Spaziergang durch die ebenso kleine Stadt gemacht. Durch eine kleine Stadt, in der zuweilen fromme Reichslieder und Sittenstrolch-Gesänge hautnah beieinander liegen. Was nicht allzu verwunderlich ist.

Zeitgemäße Umbenennung

Wie wir aus zuverlässiger Quelle erfahren, hat die Kirchengemeinde X vorgestern beschlossen, sich in ein SOUL SEARCHING CENTER *umzubenennen. Auf diese Weise hofft sie, ihr Gemeindeleben angemessen zu aktivieren. Vor allem der Begriff* SOUL *scheint heutzutage überall Anklang zu finden, tragen sich doch zwei weitere Kirchengemeinden mit dem Gedanken, ihn ebenfalls in ihren Namen aufzunehmen. Zur Diskussion stehen vorerst die Bezeichnungen* SOUL REHABILITATION CENTER *und* SOUL RECONSTRUCTION CENTER. *Das läßt uns hoffen. In vielfältiger Hinsicht. Amen.*

Unter dem Galgen
lebt es sich
anders.

V

Morgendliche Besuche

Frühmorgens
im Dämmerschlaf
steigen sie auf
aus der Tiefe
die nicht zu Ende
Geliebten.
Die eine, die andere,
dann du.

Ich muss weinen,
muss weinen,
muss weinen.

Erst nach dem Rasieren
bin ich wieder
im Lot.

Bettenprobleme

Der Umgang mit Betten ist nicht immer ohne Probleme. Das trifft sowohl auf gefüllte, also bewohnte, als auch auf ungefüllte, also unbewohnte Betten zu. Vor allem dann, wenn es sich um sozusagen vorübergehende Betten handelt, auf die ein Professor angewiesen ist, wenn er eine Zeit lang fern des heimischen Ehebettes leben muss, wenn auch in aller Regel nur für drei oder vier Tage oder Nächte. (Vor einigen Jahren kam man noch mit zwei bis drei Tagen und zwei Nächten aus. Die Regeln für sogenannte ‚Spagatprofessoren' sind inzwischen strenger geworden. Mit gutem Grund.)

Des Professors erster ‚Lehrstuhl' stand in einer gerade eben neu gegründeten Hochschule, der damaligen Pädagogischen Hochschule Siegerland, die schon wenig später als Abteilung Siegen in die föderierte Pädagogische Hochschule Westfalen-Lippe eingebracht werden sollte, um nach einigen weiteren Jahren einer der sogenannten Gründungskerne der Gesamthochschule, später der Universität Gesamthochschule Siegen zu werden. Man sieht: In Zeiten der Schul- und Hochschulreformen pflegen die Verhältnisse verwickelt zu sein, vor allem aber ist so gut wie alles eine Zeit lang überaus fließend.

Dem Seiteneinsteiger in den Hochschulbereich konnte das nur recht sein, zumal er ein in gewisser Hinsicht einschlägiges Training als Oberstudiendirektor zweier Duisburger Gymnasien hinter sich hatte, von denen eines ein ausgesprochenes Reformgymnasium war. Ganz davon zu schweigen, dass er vor etwa zehn Jahren schon einmal als Hochschullehrer, allerdings nur nebenamtlich, gearbeitet hatte, nämlich am Englischen Seminar der Universität zu Köln (auf das Wörtchen ‚zu' legte und legt sie unbegreiflicherweise großen Wert). Er hatte seinerzeit den Kölner Universitätsstaub freiwillig von den Füßen geschüttelt und war zuerst zum Westdeutschen Rundfunk, dann ins Düsseldorfer Kultusministerium gegangen, um letztlich doch wieder in einem, nein in zwei Gymnasien zu landen, diesmal allerdings als Direktor.

Der Ruf nach Siegen, (nein, eigentlich nach Weidenau, dann Hüttental, dann erst, nach einer weiteren Eingemeindungsorgie, Siegen) hatte den Professor vergleichsweise überraschend getroffen. Damals gab es noch keine öffentlichen Ausschreibungen von Professorenstellen und folglich auch noch keine Möglichkeiten der Bewerbung. Er hatte allerdings noch als Gymnasialdirektor ein Semester lang eine Germanistikprofessorin der damaligen Pädagogischen Hochschule in Kettwig (das jetzt zu Essen gehört) vertreten Die Hochschule selber, mittlerweile ebenfalls als Hochschulabteilung in eine umfassendere Föderation, nämlich die Pädagogische Hochschule Ruhr eingebracht, wurde dann, im Herbst 1968, nach Duisburg verlegt, um dort nach einigen Jahren zu einem der Gründungskerne der Gesamthochschule, später Universität Gesamthochschule, noch später Gerhard-Mercator-Universität Duisburg zu werden. Deren Gründungsrektor wurde er dann. Man sieht, es handelte sich um eine recht verwickelte Geschichte.

Vorerst aber war der Professor nun einmal in Weidenau / Hüttental / Siegen. Einige Versuche, an anderen Hochschulen zu landen, waren gescheitert, und zwar aus ziemlich dubiosen Gründen. In allen Fällen hatte sich die jeweilige Hochschule von sich aus an ihn gewandt, hatte ihm auch einige Zeit konkrete Hoffnungen gemacht, um dann doch vor einer Berufung zurückzuschrecken, die ausgerechnet einen Sozialdemokraten und (was noch weit schlimmer war) Gewerkschaftler, zudem auch noch einen Evangelischen reformierter Prägung, betroffen hätte. Die für einen derartigen Menschen eher ‚passenden' Pädagogischen Hochschulen dagegen, die ohnedies in der Minderheit waren, hatten sich bisher noch nicht bei ihm gemeldet. Da konnten auch Brülls zahlreiche Veröffentlichungen nicht helfen. Das Land Nordrhein-Westfalen befand sich damals noch in seiner ‚schwarzen Phase', hatte jedoch seit kurzem einen Kultusminister, nämlich Paul Mikat, aufzuweisen, der sich mutig daran machte, den enormen Reformstau aufzubrechen und der, gerade auch in konfessioneller Hinsicht, ungewöhnlich tolerant war. Er hat denn auch den Namen des späteren Professors auf der Weidenauer / Hüttentaler / Siegener Berufungsliste angekreuzt. Das hatte er getan, obgleich ihm aus seiner Partei und seiner Kirche das Ankreuzen eines anderen Namens dringend angeraten worden war. Der zukünftige Professor erfuhr das verständlicherweise sofort, hatte er doch vor einigen Jahren selber noch dem Düsseldorfer Kultusministerium angehört. Paul Mikat, ein renommierter Bochumer Professor der Rechtswissenschaften, traf seine Entscheidung ganz offensichtlich auf Grund der vorliegenden (oder auch in einigen anderen Fällen eben nicht vorliegenden) Publikationen und der Tatsache, dass Brüll demzufolge an der ersten Stelle der Vorschlagsliste stand. Wie es sich schließlich gehört.

So war der Professor also nun in Weidenau / Hüttental / Siegen, einem Gemeinwesen, das damals von Düsseldorf, wo seine Familie noch wohnte, ungewöhnlich schwer zu erreichen war. Eine Autobahnverbindung gab es noch nicht. Die Zugverbindung war schlecht und mit Umsteigen verbunden, (entweder In Köln oder in Hagen, wo es sich allerdings nur darum handelte, dass der Zug etwa eine halbe Stunde stehen blieb, um fortan unter einer anderen Bezeichnung weiter zu fahren). Brüll brauchte also – ein Bett. Ein professorales Bett aber ist in einer kleinen Stadt, sieht man einmal von Hotelbetten ab, nicht leicht aufzutreiben, jedenfalls nicht in einer Stadt, die offensichtlich an derartiges im Laufe ihrer Geschichte noch nie gewöhnt worden war. Man lebte in kleinen Einfamilienhäusern, die kaum je so etwas wie unbewohnte Einliegerwohnungen aufwiesen. Ganz davon zu schweigen, dass der Professor damals Wert darauf legte, möglichst in der Nähe der noch arg provisorischen Hochschulbaracken unterzukommen, in denen seine Lehrveranstaltungen stattfinden sollten. War er doch mit der Eisenbahn aus Düsseldorf gekommen und folglich im außergewöhnlich langgestreckten Weidenau / Hüttental / Siegen gezwungenermaßen als Fußgänger zu betrachten.

Nach längerem Suchen fand er denn auch ein Bett. Nein, eigentlich fand er gleich zwei Betten, beziehungsweise ein – Ehebett, also Doppelbett. Womit die Schwierigkeiten oder eher doch wohl Ergötzlichkeiten begannen, Ergötzlichkeiten, die einem ‚deutschen Professor' eigentlich nicht angemessen sind, wie man später immer wieder bemerkt hat. Selbst der Gründungsrektor der kleinen Hochschule, der überaus tolerante Ernst Horst Schallenberger, war im Grunde dieser Meinung, musste er doch darauf Wert legen, dass in einer Stadt, die bisher noch reichlich hochschulungewohnt, zudem, da calvinistisch geprägt, ganz außergewöhnlich sittenstreng war, möglichst kein, wenn auch im gegebenen Fall falscher Eindruck allzu lockerer Sitten entstand. Man nahm sich in der kleinen Hochschule sehr ernst und wollte auch nach außen hin so seriös wie nur eben möglich wirken.

Glaube nur nicht,
du könntest dich
folgenlos aus deinen
Verflechtungen lösen,
in tropischen Regenwäldern,
ätherischen Zonen
verdampfen, in
Eismeerregionen
auf Tauchstation gehn.

Deine Spur
bleibt zurück
unverwischbar.
Die Wunde.
Die Narbe.
Der Schmerz.

So richtig seriös aber ist Professor Brüll in seinem ganzen Leben eigentlich nie gewesen. Der nun leider etwas bekümmerte Gründungsrektor konnte ihm aber keinesfalls gleichgültig sein. Zum einen schätzte er ihn als Menschen, später dann als Freund. Zum anderen aber hatte Schallenberger in seiner Zeit als Ministerialbeamter dafür gesorgt, dass die Siegener Hochschule sich des Kollegen Brüll annahm und dass dann auch das Ministerium, was vielleicht noch wichtiger war, sich letztlich für ihn entschied. War er ihm doch während dessen Gastsemester in Kettwig mehrfach begegnet. Denn dem Kettwiger Lehrkörper gehörte Schallenberger auch während seiner Zeit als Ministerialbeamter noch an. Unser damals noch zukünftiger Professor kann also damals in Kettwig keinen allzu schlechten Eindruck gemacht haben, zumal diese Hochschule ihn schon nach weiteren drei Jahren aus Siegen in ihren mittlerweile Duisburger Lehrkörper berief.

Aber zurück zum Ehebett, dessen absolut fehlende Unzüchtigkeit der nunmehrige Professor im spätabendlichen Kollegenkreise in irgendeiner Pinte verständlicherweise immer wieder betont hat. Mit Recht. Leider stand es in einem kleinen Eisenbahnerhäuschen, zu allem Überfluss auch noch unmittelbar neben einer sozusagen rund um die Uhr von langen Güterzügen befahreren Bahnlinie, und zwar, was das Fass voll macht, auf der ‚falschen Seite'. Professor Brüll hatte also die Bahnlinie zu kreuzen, wenn er zur Hochschule oder, was noch wichtiger war, morgens zum Bäcker wollte, um sich die Brötchen für sein Frühstück zu holen. Die Schranke war die weitaus meiste Zeit geschlossen. Weshalb übrigens Rektor Schallenberger, eine rheinische Frohnatur, die lediglich durch seine Vorliebe für den Reichsfreiherrn vom Stein auf nahezu preußische Weise gebändigt wurde, seinerzeit, als es um die Benennung der durch die Zusammenlegung der kleinen Städte Weidenau und Geisweid (welch herrliche Namen!) entstehenden neuen mittelgroßen Stadt Hüttental ging, für die Stadt den gewiss zutreffenden Namen ‚Schrankental' vorgeschlagen hat, der vermutlich auch auf so manche dogmatische Beschränktheit dieser liebenswerten Region hinweisen sollte. Selbstverständlich folgte man seinem Vorschlag nicht. Die neue Stadt hieß hinfort Hüttental, der Hüttenwerke wegen, die das Siegerland zieren.

Doch der neue Name sollte an ihr nicht lange haften bleiben. Schon nach wenigen Jahren wurde Hüttental an Siegen angeschlossen, so dass nunmehr eine (kleine) Großstadt entstand: Siegen. Die Bahnlinie und die nahezu immer geschlossenen Schranken blieben dem Stadtteil Hüttental der neuen Stadt Siegen jedoch erhalten. Aber da war der Professor schon längst an die Duisburger Hochschule berufen worden. Die Frühstücks-Besorgungs-Sorgen war er also endgültig los. Seine Familie hatte ihn (schrankenlos) wieder. Allerdings war er die einschlägigen Sorgen auch vorher schon losgeworden, nämlich noch im freundlichen, rüde durch eine Bahnlinie und fast immer geschlossene Schranken zerschnittenen Hüttental. Das aber hing mit besagtem Ehebett zusammen.

Als der Professor seinerzeit nach ewigem Suchen endlich ein (wie er damals noch meinte) Zimmer gefunden hatte und folglich die Modalitäten, Miete und dergleichen, abgemacht werden mussten, überraschte ihn die Vermieterin mit folgender Frage: „Haben Sie etwas dagegen, wenn ich auch die andere Hälfte des Ehebettes stehen lasse?" Nein, eigentlich fragte sie in der Aussageform, also etwa so: „Sie haben doch nichts dagegen, wenn ..." Was sollte der Professor aber schon dagegen haben? Zumal er so die Möglichkeit hatte, gelegentlich auch seine Ehefrau mit nach Hüttental zu bringen und dort im gemeinsamen Bett übernachten zu lassen, etwa spät nachts nach einem Hochschulball (der bei der noch sehr kleinen Hochschule allerdings vergleichsweise mickrig hätte ausfallen müssen). Er nahm die andere Hälfte des Ehebettes also hin. Auch als die Vermieterin ihn fragte, ob er etwas dagegen habe, dass etwa die Hälfte des Kleiderschrankes von ihrer, der Vermieterfamilie, weiter benutzt werde, fügte er sich. Spätestens an dieser Stelle hätte er hellhörig werden müssen. Aber ein Allzu-Hellhörig-Sein verbot sich in Hüttental schon allein der nahen Eisenbahnlinie wegen. Die nämlich führte unmittelbar hinter der anderen, zudem unbebauten Straßenseite, also exakt an ‚seinem' Zimmer, vorbei. Nein, Hellhörigkeit verbot sich ganz entschieden. Ob aber auch, wie hier, im eher übertragenen Sinne? Wie dem auch sei: Der Professor mietete das Zimmer.

Zeit zu lieben,
sagte er
und schrieb jene
Worte,
die damals
unsterblich waren.
Jetzt sind sie
vergessen.

Er sollte ‚seine Hälfte' des Ehebettes denn auch mehrere Monate lang bewohnen. In den gewünschten Tiefschlaf fand er, schon allein der während der ganzen Nacht an seinem Fenster vorbeidonnernden Erztransporte fast nie. Eben das aber gab ihm die Möglichkeit, eines Tages, oder eher wohl in einer Nacht, auch die Bettdecke der ihm benachbarten Betthälfte inspizierend zu lupfen. Er tat das mehrere Male, und zwar in angemessenen zeitlichen Abständen. Nein, es war nicht zu übersehen, dass sich die Betttücher der ‚anderen Hälfte' allmählich verfärbten. Zum Gelblichen hin. Woraus sich ergibt, dass auch die andere Ehebetthälfte bewohnt wurde. In jenen Nächten nämlich, in denen der Professor nicht in Hüttental war. Sein Dienstplan stand fest. Seine Vermieterin hatte den verständlicherweise ebenfalls im Kopf und schien sich danach zu richten.

Immer schon war dem Professor, wenigstens in Umrissen, bekannt gewesen, dass das bisher hochschulfremde, dafür aber hochgradig industrialisierte Siegerland von Menschen bewohnt wird, die das Leben (schon allein ihres von den Vätern ererbten Calvinismus wegen) äußerst ernst nahmen und irdischen Gütern, insoweit man sie ehrlich erwarb, nicht unbedingt abgeneigt waren. Seine Vermieter waren Eisenbahner, hatten vermutlich ihr Häuschen abzuzahlen, waren aber auf jeden Fall nicht allzu sehr mit irdischen Gütern gesegnet. Mit den unleidlichen Bahngeräuschen, die dabei waren, des Professors Nerven allmählich zugrunde zu richten, standen sie vermutlich auf eher freundschaftlichem Fuß. An eine eventuelle Wertminderung des ihm vermieteten Zimmers, sowohl durch Bahngeräusche als vor allem auch durch nächtlich mitbenutztes Halb-Ehebett, hatten sie vermutlich nie gedacht. Der Gedanke lag ja auch nicht allzu nahe.

Er suchte sie erst heim, nachdem der Professor beschlossen hatte, Hüttental, sein Zimmer und ‚sein' Bett einmal an einem bisher ungewohnten Abend, zudem auch noch zu ungewohnter Stunde, zu besuchen. Er hatte selbstverständlich einen Hausschlüssel. So war es ihm möglich, ohne weiteres Aufsehen in ‚sein' Zimmer zu gelangen. Die Enttäuschung war groß: Das Ehebett war leer. Er würde seine Erkundungsreise wohl noch einmal zu wiederholen haben. Immerhin musste man aber bemerkt haben, dass er diesmal zu einem ungewohnten Tag, eher wohl schon zu einer bisher ungewohnten Nacht in Hüttental zu Bett gegangen war. Man würde Konsequenzen zu ziehen haben. Wie aber würden diese Konsequenzen wohl aussehen? Würde man sich entschuldigen, vielleicht sogar ein neues, ganz besonders attraktives Mietangebot machen?

Die Konsequenzen sahen anders aus. Am nächsten Morgen, noch bevor der Professor seinen Weg über die Schienen, durch die Schranke hindurch begonnen hatte, um sich in der gegenüberliegenden Bäckerei seine Frühstücksbrötchen zu holen, klopfte es an die Tür. Auf sein „Herein!" betrat eine feierlich schwarz gekleidete Vermieterin das Zimmer. Sie hatte sich, was gänzlich ungewöhnlich war, sogar eine weiße Schürze vorgebunden. Mag sein, dass sie auch ein weißes Häubchen trug. Aber da mag des Professors manchmal galoppierende Fantasie ihm ein Schnippchen geschlagen haben. Sicher ist aber, dass sie ein umfangreiches Tablett balancierte. Auf dem befanden sich eine verführerisch duftende Kaffeekanne, ein Eierbecher, zwei weichgekochte Eier, eine reiche Auswahl an Aufschnitt, Butter und drei Arten fertig geschnittenes Brot.

„Sie haben doch sicher nichts gegen ein Frühstück?" fragte die Vermieterin. Wie sollte der Professor auch etwas gegen ein Frühstück haben, zumal er sich auf diese Weise den Weg über die Schienen und durch die immer wieder geschlossene Schranke ersparen konnte?

„Ihre Frau wird gewiss auch nichts gegen ein kleines Paket unserer guten Siegerländer Landbutter haben ...", fuhr die Vermieterin fort und produzierte ein gar nicht so kleines Päckchen, das offensichtlich für des Professors Familie im fernen Düsseldorf bestimmt war. Was konnte der Professor da sagen, geschweige denn tun? Zumal die feierliche Vermieterin etwa folgendermaßen fortfuhr: „Sie haben doch sicher auch an den anderen Tagen nichts gegen ein gutes Frühstück?" Sie fügte sogar hinzu: „... und gelegentlich auch ein kleines Päckchen Siegerländer Landbutter?" Der Professor brauchte nur anzudeuten, dass er nichts dagegen habe, seine Familie vermutlich auch nicht, und damit war die Sache auch schon erledigt. Das unrechtmäßig mitbenutzte Bett, der ebenfalls mitbenutzte Kleiderschrank, das mitbenutzte Zimmer, das eigentlich aufgrund des Mietvertrages doch ‚des Professors Zimmer' war, wurde nicht mit einem Wort erwähnt. Beide Parteien hatten ihr Gesicht gewahrt, mit der Folge, das hinfort die andere Hälfte des Ehebettes, samt Zimmerzubehör, auch offiziell mitbenutzt werden durfte, während der Professor auch in Zukunft in den Genuss eines umfangreiches Frühstücks kam. Und eines gelegentlichen Butterpakets.

Professor Brüll war zwar normalerweise nicht allzu neugierig. Man wird jedoch verstehen, dass er sich letztlich denn doch darum bemühte herauszubekommen, wer eigentlich sein Bettgenosse, seine heimliche Bettgenossin war. Falls die Vermieterin das Zimmer tatsächlich gleich zweimal vermietet haben sollte, müsste sie damit eigentlich ein gutes Geschäft gemacht haben. Die Höhe der (halben oder auch ganzen) Miete dürfte nämlich den Wert des zweimal oder auch dreimal wöchentlich servierten Frühstücks um einiges übertroffen haben. Nach dem nunmehr so erfreulich gelösten Frühstücksproblem hätte der Professor ihr sogar ein gehöriges Zubrot gegönnt. Aber es verhielt sich anders. In der zeitweise freien Betthälfte schlief lediglich (lediglich?) die siebzehnjährige Tochter des Hauses. Wo man das arme Mädchen wohl untergebracht hat, während der Professor in Hüttental war? Er hatte sie nur einmal gesehen, bezeichnenderweise auf beiden Beinen befindlich, also nicht im Bett. Man kann weder ihr noch ihm etwas auch nur von ferne Einschlägiges nachsagen. Auch ihren Eltern nicht. Wie hätte das auch im strenggläubigen Siegerland anders sein können?

– *Dinge gibt es, die gibt es eigentlich gar nicht. Da war doch voriges Jahr noch …*
– *Ich weiß. Ich weiß. Dass Sie mir aber die selben Dinge immer wieder erzählen müssen …*
– *Aber die gibt es doch wirklich. Wo es sie doch eigentlich gar nicht geben sollte …*
– *Man muss sie ganz einfach vergessen.*
– *Damit man endlich Ruhe hat? Dann fangen doch SIE damit an! Ich jedenfalls sage Ihnen, dass dann sofort andere Dinge da sein werden …*
– *… die es eigentlich nicht gibt, wollten Sie wohl hinzufügen.*
– *Ja. Aber weshalb lassen Sie mich eigentlich nicht ausreden?*
– *Weil es immer dasselbe ist.*
– *Aber ist es denn nicht tatsächlich immer dasselbe? Die Welt …*
– *Schweigen wir drüber.*

Da es sich bei der Pädagogischen Hochschule Siegerland um eine Neugründung handelte, waren ihre Professoren (und drei Professorinnen) sämtlich neu an diese Hochschule berufen worden. Man war durchweg fern der Familie, falls man eine hatte (die weitaus meisten hatten eine). Was sollte man mit den Abenden anfangen, obgleich die meisten Kollegen und Kolleginnen des Professors vermutlich ein gastlicheres Zimmer hatten, vor allem ein weniger eisenbahngestörtes. So ergab es sich von selber, dass man sich abends in der Regel in einer Hüttentaler Pinte traf. Das Siegerland ist nicht gerade ein Dorado der Gastlichkeit. Geschweige denn der ausgefeilt guten Küche. Hier geht es einfach und kernig zu. Wozu ja auch das kernig gerollte ‚rrr' des Siegerländers gehört.

Man war bescheiden. Hinzu kommt, dass der Professor die Siegerländer Art ganz ausnehmend gern mochte, stammte er doch aus einer nicht ganz unähnlichen Gegend, allerdings aus einer ohne eindrucksvoll gerolltem ‚rrr'. Verständlicherweise ging es unter den Neuberufenen, die alle noch vergleichsweise jung waren, recht ungezwungen und lustig zu. Der Gipfel der Lustigkeit wurde jedoch immer dann erklommen, wenn der Professor von ‚seinem' Zimmer, ‚seinem Bett', ‚seinem Kleiderschrank' aber auch – seinem Frühstück und den Butterpäckchen erzählte. Wobei nicht verschwiegen sei, dass zumindest zwei Kollegen und eine Kollegin einige Mühe hatten, sich am fälligen Gelächter zu beteiligen. Sie hatten zuerst nämlich ihre Stirn in tadelnde Furchen zu legen. Und sie taten vermutlich sogar recht damit: Ein deutscher Professor darf derartiges nämlich nicht hinnehmen. Er hat seriös zu sein. Selbst und gerade dann, wenn das bedeutet, dass er ohne ein umfangreiches Frühstück und ein ihm gelegentlich zugeschobenes Butterpäckchen auskommen muss. Professor Brüll geht zu seinen Gunsten davon aus, dass er in den folgenden Jahren um einige (wenige) Grade seriöser aufgetreten ist, beziehungsweise seriöser in seinen diversen Betten gelegen hat. Das kann ihm auch nicht allzu schwer gefallen sein, hatte er es doch nicht mehr mit dem von ihm durchaus geliebten Siegerland zu tun.

Er sollte allerdings abschließend feststellen, dass auch seine Frau die andere Hälfte des Ehebettes einmal benutzt hat. Anlässlich einer Hochschulfeier oder dergleichen. Man hat ihr sogar ebenfalls ein Frühstück serviert, ganz davon zu schweigen, dass man ihr blütenfrisches Bettzeug gegönnt hat. Sage mir niemand etwas gegen die Gastfreundlichkeit und vor allen die Großzügigkeit Geisweids, Weidenaus, Hüttentals, Siegens und des gesamten unerhört arbeitsfreudigen und sittenstrengen Siegerlandes!

In ihrem
Ehebett
fühlt sie sich
mehr als
verlassen.

Bevor sie sich
schlafen legt,
ordnet sie ihre
Gebeine.

Leidenschaftlicher
liebte er sie,
wenn sie sich
spröder mitteilte.

Seine Hände wusch er in
Unschuld.
Sein Gesicht
benetzte er nie.

Zögernder, letztlich aber doch funktionierender Amor

Auf grüner Wiese Amor sitzt,
gelangweilt seine Pfeile spitzt,
obgleich ich ihm zu Füßen liege,
vor Liebesgier die Krätze kriege
und warte, dass sein Pfeil mich ritzt.

Da, endlich kommt er in Bewegung,
spannt lässig seinen Bogen, prüft ihn. Pahhh!
Er hat sich's anders überlegt, und da
döst er schon wieder, müde, ohne Regung.

O Amor, Amor, höre doch mein Klagen,
mein Wimmern, Seufzen, Ächzen, Barmen,
hilf einer liebesücht'gen Armen,
auf dass sie langentbehrte Brünste,
vorsorglich antrainierte Liebeskünste
mit dir und möglichst vielen anderen teile.
Doch wie es scheint, hat Amor keine Eile,

Soll ich etwa zerknirscht auf allen Vieren
vor Geilheit hechelnd wie ein Hundevieh
in seine Arme kriechen, fallen auf die Knie
und würdelos nach seinen Pfeilen gieren?

Doch nein! Nun endlich scheint er sich zu rühren.
Gemächlich legt er seinen Bogen an,
Pfeil aufgelegt, die Sehne spannen dann.
Bei mir stehn alle Poren, Sinne offen,
des Amor-Pfeils gewärtig. Ahhhh!
Er hat getroffen!

Den Liebesansatzpunkt der Knirps gleich findet,
was in ekstatisches Gestöhn einmündet,
in Gieren, Ächzen, Seufzen, Schmatzen, Lallen.
Man fühlt sich in die tiefsten Tiefen fallen,
ins Innerste des Seins. Uhhhh! Dann geht's weiter
auf atonaler Emotions-Tonleiter,
bis jäh die Liebesfeuersbrunst erlischt.

„Genug für's Erste. Amor, kannst dich trollen!
Bis übermorgen. Dann geht's in die Vollen."

VI

1. Mai in Prag

Im Frühjahr 1967 fuhr Professor Brüll mit einer Siegener Studierendengruppe auf einige Tage nach Prag. Ihm selber war die Stadt nicht ganz unbekannt, war er doch schon vor einigen Jahren in Prag gewesen, damals noch als Mitglied einer Delegation des Bundesjugendringes, in der er, durchaus nicht mehr in der frühen Blüte seiner Jugend befindlich, mit einigen Freunden die evangelische Jugend zu vertreten hatte, damals allerdings noch in einer politisch reichlich gespannten Atmosphäre und – ‚offiziell', mit allen angenehmen und unangenehmen Folgen, die sich aus diesem Status nun einmal ergeben.

Diesmal lagen die Dinge anders. Alles war entspannt. Man genoss die schöne Stadt. Die Studenten und Studentinnen hatten schon bald vergessen, dass sie sich im Ausland befanden, damals noch in einem für deutsche Besucher nicht unproblematischen Ausland. Da es sich aber um siegerländer junge Leute handelte, brauchte man nicht zu befürchten, dass das Ganze aus dem Ruder lief. Wäre da nicht der 1. Mai gewesen.

Damals gab es in Prag noch die gewohnte große Mai-Kundgebung und den dazugehörigen martialischen Mai-Aufmarsch, an dem alle arbeitenden Menschen, ganz gewiss aber alle Angehörigen der öffentlichen Institutionen und der sozialisierten Betriebe, teilzunehmen hatten. Es ist verständlich, dass unsere Studenten den Mai-Aufmarsch unbedingt miterleben wollten. So etwas Großes, geschweige denn Martialisches, gab es im Siegerland nicht. Da das Hotel am Rand der Stadt lag, ließen sich die Siegerländer samt ihren drei Professoren mit dem angemieteten, ebenfalls aus Siegen stammenden Bus in eine der Hauptstraßen fahren, die der Zug passieren sollte. Man kann nicht gerade behaupten, dass allzu viele Menschen am Straßenrand gestanden hätten, um wie die siegerländer Busbesatzung, den Zug zu erleben. So gelang es dem Busfahrer, sein Fahrzeug unmittelbar am Rand der Aufmarschstraße zu parken. Da den Wartenden die Zeit lang wurde, ließ er ein Tonband laufen, natürlich eines mit deutschen Schlagern.

Als der Zug endlich herannahte, öffnete er zudem die Wagentür, denn er wollte ebenfalls nahe an den nun zu erwartenden Dingen sein. Es ist immerhin möglich, dass er dabei gleichzeitig auch die Lautstärke des Autoradios aufgedreht hat. Jedenfalls dröhnte dem nun an uns vorbeimarschierenden feierlichen Zug ein eigentlich schon längst überlebter, nämlich vermutlich aus den späten 20er Jahren stammender, durchaus nicht besonders geistreicher Schlager entgegen: „*Tante Anna, Tante Anna, du bist die schönste Frau der Welt ...*"

Man kann davon ausgehen, dass die begleitenden Professoren sich dabei alles andere als wohl fühlten. Wie würden die Mai-Marschierer auf die Tante Anna reagieren? Obgleich sie doch die schönste Frau der Welt war, oder gerade deswegen. Dass es sich hier nicht um einen der politischen Lage angemessenen revolutionären Gesang handelte, war leicht zu erkennen, und dann auch noch ausgerechnet in deutscher Sprache! Die Professoren bemühten sich denn auch gestikulierend, – denn der Schlagerlärm war zu stark, um sich mit Worten verständlich zu machen, – dem Fahrer zu signalisieren, er möge die Lautstärke doch bitte drosseln, zumindest aber die Tür des Wagens schließen. Er reagierte nicht, schien sich über die Wirkung des mittelbar von ihm erzeugten Musik-Lärms eher zu freuen. Studenten und Studentinnen freuten sich ebenfalls. Sie fingen sogar an, sich im Rhythmus der Musik schunkelnd zu bewegen. Schließlich ist das Siegerland eben doch nicht allzu weit vom schunkelfreudigen Rheinland entfernt. Einige von ihnen hatten sich zu diesem Zweck inzwischen untergehakt.

Was der Mensch nicht sehen will, sieht er nicht. Was er nicht gesehen hat, braucht er nicht zu verdrängen. So darf er entrüstet reagieren, wenn ihm spätere Generationen Verdrängung vorwerfen. Denn man kann nicht verdrängen, was man gar nicht erst gesehen, gerochen, gehört, also wahrgenommen hat. Wer nicht sieht, bleibt folglich unschuldig, bleibt ein weißes Blatt.

Es sei denn. Es sei denn ...

Vorgestern wurde Herr Buckow von einem Linienbus überfahren. Er hatte ihn nicht gesehen. Auf die Dauer wird Eingeübtes eben zur Gewohnheit. Darauf kann man sich verlassen. Herr Buckow braucht nichts zu verdrängen. Er ist tot.

Den Professoren war klar, dass man das Verhalten der deutschen (und dann auch noch siegerländer!) Busbesatzung sehr wohl als eine gezielte konterrevolutionäre Kundgebung hätte betrachten können. Obgleich die Wirkung auf die Marschierenden zwar erkennbar, aber nicht allzu deutlich erkennbar war. In der Kolonne geriet zwar das eine oder andere in eine bisher ungewohnte Bewegung. Aber das war es auch schon. Auch nur annähernd diszipliniert und auf bewusste Weise ‚revolutionär' hatte sich der Mai-Umzug auch vorher nicht dargestellt. Man marschierte weniger als dass man spazierte. Dabei unterhielt man sich ganz ungezwungen. Im Augenblick unterhielt man sich vermutlich über die ungewohnte musikalische Untermalung, die den weniger freiwillig als pflichtschuldigst Marschierenden durch die deutsche ‚Tante Anna' gänzlich unerwartet zuteil wurde. Es kann zwar nicht die Rede davon sein, dass die Siegerländer gemeinsam mit ‚ihrer Tante' den gesamten Mai-Umzug ‚umfunktioniert' hätten. Das wäre ohnedies schwierig gewesen, schien doch dieser Zug zum damaligen Zeitpunkt ohnedies keine wirklich von seinen Teilnehmern akzeptierte politische Funktion mehr zu haben. Die schöne Tante Anna hatte bestenfalls die bereits vorhandene Auflockerung um einige Grade verstärken helfen.

Übrigens ist Vilém Fried, der wenige Jahre später in Duisburg Professor werden sollte, seinerzeit im Zug an uns vorbeigezogen. Es stellte sich später heraus, dass auch er sich an ‚Tante Anna' dunkel erinnerte. Selbstverständlich hat keiner der Beteiligten damals geahnt, dass der politische Prager Frühling unmittelbar bevorstand. Auch Vilém Fried nicht. ‚Tante Anna' hat ihn wohl schwerlich mit veranlasst, obgleich sie für kurze Zeit eine nur wenig systemkonforme Unruhe gestiftet haben mag. Gegen einen Sozialismus mit menschlichem Antlitz hätte die schöne Tante vermutlich gar nicht einmal etwas einzuwenden gehabt. Unser Professor auch nicht.

Schwarze Kassen

„Was ziehen Sie da eigentlich hinter sich her, Herr Kollege?"

„Meine Schwarze Kasse natürlich."

„Wie bitte?"

„Sie haben recht gehört. Es handelt sich, wie Sie sehen, um eine Schwarze Kasse auf Rädern. Umständliche Reisen in die Schweiz oder nach Liechtenstein kann man sich nun sparen. Noch nicht einmal einen Koffer braucht man. Das praktische Ding folgt einem auf dem Fuß. Es rollt und rollt. Schön schwarz ist es auch. Schwarz wie die Nacht. Was wollen Sie mehr?"

„Aber fällt man damit denn nicht auf?"

„Wie sollte man auffallen? Jeder zieht doch ein solches Fahrzeug hinter sich her. Jeder zieht schwarz. Da guckt man besser nicht hin."

„Na ja ...."

„Seit voriger Woche sind übrigens doppelt bis dreimal so große Geräte im Angebot. Notfalls leicht zu erweitern und als rollende Särge verwendbar."

„Wie soll ich das verstehen?"

„So wie es gemeint ist. Machen wir uns doch nichts vor. Als Politiker hinterlassen wir nur wenig Substanz, hat man uns einmal die Luft abgelassen. Dann sind wir ungemein raumsparend unterzubringen. Geradezu spielend passen wir dann in alles hinein."

„Aber wer zieht uns dann noch hinter sich her?"

„Darüber arbeitet gerade der zuständige Parlamentarische Untersuchungsausschuss. Sein Abschlussbericht wird frühestens Ende nächsten Jahres vorliegen. Bis dahin glücklichen Geldtransport, Herr Kollege!

Verwandlung

Martialische
Marschkolonne:
Stiefelknallende
Eindeutigkeit.

Selbst Politiker
verstehen zuweilen
ihr Handwerk.

Und doch:
Mit Liebe, Geschicklichkeit,
Ausdauer, List
mag man ihr,
möglicherweise
nahezu Dreivierteltakt –
Walzergemäßes
entlocken.

VII

Seine Rundherum-
Schwäche
kompensierte er
listenreich durch
Literatur.

Versteckte Bücher

Als der Professor schon auf dem Sprung von Siegen nach Duisburg war, entdeckte er unerwarteterweise eine verlockende Möglichkeit. Auf einer Fachtagung war er einer jungen Frau begegnet, die im Institut für Fernstudien der Universität Tübingen arbeitete. Dort aber hatte man gerade ein Fernstudienprogramm für Englischlehrer an Hauptschulen fertig gestellt. Dieses Programm stellte sie auf der Tagung vor. Sie tat dies in ungemein verlockender Weise.

Der Professor musste daran denken, dass man in seinem Bundesland gerade den Englischunterricht an den Hauptschulen eingeführt hatte. Um von Anfang an unumstößliche Fakten zu schaffen, hatte man das getan, obgleich es so gut wie keine ausgebildeten Englischlehrer für diese damals noch neue Schulart gab. Sollte sich da nicht die Übernahme des Tübinger Materials anbieten? Es zeigte sich, dass man in Tübingen darüber alles andere als unglücklich war. Schließlich war Nordrhein-Westfalen ein großes Flächenland. Das Fernstudienprogramm konnte auf diese Weise einen erheblichen Sprung nach vorn, nämlich in eine breit angelegte Praxis machen.

Der Professor griff also zu. Er entwarf einen Plan für sein Ministerium. Verblüffenderweise griff man dort ebenfalls sofort ohne Wenn und Aber zu. Gänzlich unbürokratisch. Man war, unter dem Kultusminister Fritz Holthoff, noch mitten in einer Phase der Schulreform, einer glücklicherweise gänzlich undogmatischen Phase, in der man auch bisher noch nicht Erprobtes gern aufgriff. Ausschlaggebend jedoch war ein Ministerialrat, der sich von Anfang an hochgradig für die Sache interessierte, gleichzeitig wohl auch in ihrer Förderung eine Chance sah, sich im noch relativ ‚neuen' Ministerium zu profilieren. Schon nach wenigen Wochen war das Kultusministerium mit der Universität Tübingen und deren Fernstudieninstitut handelseinig. Das Fernstudienmaterial samt den zahlreichen zu seiner Durchführung nötigen Kassettenrecordern wurde rechtzeitig zur Verfügung gestellt. Man erfüllte ohne Umschweife die Forderung der Tübinger, im ganzen Land Studienschwerpunkte einzurichten, so dass in angemessenen zeitlichen Abständen auch die nötigen Direktseminare abgehalten werden konnten. Die nötigen Studienleiter und Korrektoren wurden eingestellt und in die Duisburger Hochschulabteilung und deren Englisches Seminar eingebunden. Da dieses Seminar von nun an vorläufig als Zentrale aller Fernstudienbemühungen des Landes gelten konnte, wurde ihm auch eine zusätzliche, eigens vom Kultusministerium finanzierte Fachbibliothek angegliedert, die in die vom Wissenschaftsministerium finanzierte eigentliche Seminarbibliothek integriert werden konnte.

Professor Brüll, der gerade aus Siegen nach Kettwig / Duisburg berufen worden war, und – glückliches Zusammentreffen! – schon in wenigen Wochen in brandneue Räume in ein ebenso brandneues und geräumiges, zudem auch noch schönes und zweckmäßiges Gebäude einziehen sollte, konnte nun also auch mit einer ungewöhnlich guten Ausstattung rechnen. Es gelang ihm, die Versandbuchhandlung, die vor einigen Jahren noch, sozusagen aus dem Stand, seine Siegener Seminarbibliothek hatte aufbauen helfen, noch einmal einzuspannen. Die Siegener Bestelllisten waren noch vorhanden, so dass in kürzester Zeit, wiederum so gut wie aus dem Stand, auch für Duisburg eine Seminarbibliothek beschafft werden konnte, die mit der Siegener zuerst einmal identisch war. Zu diesem aus dem Hochschuletat beschafften Bibliotheksteil trat nunmehr die neue Fernstudienbibliothek, die mit Geldern des Kultusministeriums beschafft wurde. Hinzu kamen die nicht ganz unbeträchtlichen Berufungsmittel, die der Professor hatte einwerben können. So weit, so gut. Der Professor würde also in Duisburg aus dem Vollen schöpfen können.

Die Bücher trafen denn auch rechtzeitig ein, mussten allerdings zuerst einmal nach Kettwig dirigiert werden. Da nämlich befand sich die Hochschule damals noch, auf ihren Umzug ins neue Duisburger Gebäude wartend. Der Raum in Kettwig war beengt. Deutsche und englische Fachdidaktik hatten sich einen Seminarraum zu teilen. An weiteren Arbeitsräumen fehlte es. Wo sollte man da die Bücher aufstellen? Man hätte es im Seminarraum versuchen können. Denn auch für die Beschaffung zusätzlicher Gestelle konnte man vorläufig aus dem Vollen schöpfen.

Aber da gab es ein gewichtiges Problem. Die germanistische Professorin, mit der unser neuberufener Professor den Seminarraum zu teilen hatte, war über dessen Berufung, vor allem aber über die Anreicherung ‚ihres' Seminars durch die Anglistik von Anfang an alles andere als glücklich gewesen. Man musste sie schonen, wollte man Streit vermeiden. Sie hatte zwar ihrerseits eine erträglich große Bibliothek aufbauen können, hatte das aber ohne zusätzliche Berufungsmittel, ohne die Hilfe der Haushalte gleich zweier Ministerien tun müssen. Außerdem war sie der Meinung, dass ihr Fach das weit wichtigere Fach sei. Womit sie – jedenfalls bezogen auf eine Pädagogische Hochschule – zweifellos recht hatte. Sie hätte sich also von einer gänzlich ungewohnten Flut vorwiegend englischsprachiger Literatur so gut wie überrollt fühlen müssen.

Das aber wollte unser Professor, der zumindest zeitweilig nahezu feinfühlig war, unbedingt vermeiden. Er bat also die Kollegen der anderen Fächer, seinen Büchersegen in ihren Seminaren, aber auch in ihren Diensträumen vorläufig, nämlich bis zum Umzug nach Duisburg, stapeln zu dürfen. Man sah die Notwendigkeit ein, denn man kannte die germanistische Kollegin, eine zweifellos achtunggebietende Frau. So stimmte man zu. Mit der Folge, dass das neu einzurichtende anglistisch-fachdidaktische Seminar eine Zeitlang nahezu das ganze Gebäude, wenngleich jeweils nur in möglichst unaufdringlichen Büchermengen, beherrschte: Die germanistische Kollegin bemerkte nichts. Schließlich stand ja der Umzug nach Duisburg bevor. Sie war folglich mit sich selber und ihrem Fach reichlich beschäftigt.

Sie sollte erst etwas bemerken, nachdem die gesamte Pädagogische Hochschule tatsächlich nach Duisburg ins neue Gebäude umgezogen war, nunmehr als ‚Abteilung Duisburg der Pädagogischen Hochschule Ruhr', und über großzügige Möglichkeiten verfügte, vor allem aber über getrennte (und glücklicherweise gleich große) Seminarräume für die germanistische und die anglistische Fachdidaktik. Die ungewöhnlich gute bibliothekarische Bestückung des Englischen Seminars kann der Professorin zwar trotzdem nicht ganz entgangen sein. Nun aber, da es sich für sie um so etwas wie einen ‚fremden Raum' handelte, war es immerhin zu ertragen.

Das strategisch-taktische Manöver hatte sich also gelohnt. Man kam hinfort auf kollegiale Weise miteinander aus. Auch über die ungewöhnlich gute Personalausstattung ihres fachlichen Nachbarn konnte sie neidlos hinwegsehen. War doch deutlich sichtbar, dass ihr anglistischer Kollege neben seiner normalen Arbeit noch ‚etwas anderes' zu tun hatte. Er hatte nämlich mit seinem Team, das vor allem ein Korrektoren-Team war, dafür zu sorgen, dass die von den schon bald zahlreichen Fernstudenten besprochenen Tonbänder abgehört und korrigiert wurden, ganz davon zu schweigen, dass er sich gelegentlich auch um jene über das ganze Land verstreuten Außenstellen zu kümmern hatte, an denen jene Direktseminare stattfanden, auf die auch ein Fernstudium nicht ganz verzichten kann. Von den externen Staatexamina ganz zu schweigen, die nach einiger Zeit für das ganze Land zentral in Duisburg abzuhalten waren. Wo so verschiedenartige, eigentlich ungewöhnliche Dinge stattfinden, und auch noch mit technischem Gerät, mit dem die germanistische Kollegin im Grunde ohnehin nichts zu tun haben wollte, konnte man wohl über die unziemlich gute Ausstattung mit anglistischen Büchern letztlich hinwegsehen, mochte sie sich wohl sagen. Professor Brüll war es zufrieden.

Untaugliches Lebensmittel

‚Nichts für mich',
sagte der Holzwurm,
als er,
hindurchgefressen,
wieder zum Vorschein kam
am hinteren Ende der
Weltliteratur.
‚Nichts für mich.
Nur mit Mühe
genießbar.'

Akademieflüchtling

‚Ätsch', sagte der
Schmetterling,
spießte sich ab
und flog aus der
Sammlung.

VIII

Da er
Wissenschaft
trieb,
blieb ihm
Leben
verborgen.

„Ich bin stolz auf Ihnen!"

Etwa eineinhalb Jahre nach des Professors Berufung aus Siegen nach Duisburg wählte man ihn dort zum Dekan. Fast gleichzeitig hatte er einen Ruf an die in Gründung befindliche Universität Trier-Kaiserslautern erhalten, diesmal nicht auf eine fachdidaktische Professur. Nach Verhandlungen sowohl im Mainzer Kultusministerium, das für die neue Universität zuständig war, als auch in ‚seinem' Düsseldorfer Ministerium, das ihm bereits recht vertraut war, lehnte er den Trierer Ruf letztlich ab. Er tat das, obgleich die Verhandlungen in Mainz ungewöhnlich gut verlaufen waren und in ein Angebot gipfelten, das so großzügig war, dass man in Düsseldorf nicht bis zum letzten Tüpfelchen darauf eingehen konnte. Stattdessen wurde ihm die, wenngleich unverbindliche, Zusicherung gemacht, „man habe in Duisburg in einigen Jahren noch etwas für ihn."

Die Verhandlungen in Mainz, bei einer Flasche Wein geführt, hatten dem Professor auf erfreuliche, zugleich aber auch drastische Weise den Unterschied zwischen dem kleinen Land Rheinland-Pfalz und dem ungleich größeren Nordrhein-Westfalen verdeutlicht, vor allem aber auch die Tatsache, dass man in Mainz mit einem Ministerium verhandelte, das zwar über sozusagen staatliche Weine zu verfügen schien, aber damals nur eine bereits bestehende und eine weitere noch in der Gründung befindliche Universität aufwies. Mittlerweile hat sich das geändert. Aus der Universität Trier-Kaiserslautern haben sich zwei selbständige Universitäten entwickelt. Die Universität Koblenz, aus einer Pädagogischen Hochschule entstanden und mit einer Außenstelle, Landau, versehen, die man ebenfalls aus einer Pädagogischen Hochschule heraus entwickelt hat, ist inzwischen hinzugetreten. So ist immerhin denkbar, dass die Mainzer Hochschulabteilung des Kultusministeriums nicht mehr gar so heimelig und – weinfreudig ist wie damals. Obgleich der Professor den Ruf letztlich abgelehnt hat, bleibt sie bei ihm in guter Erinnerung. Nicht nur der Weine wegen.

Es versteht sich, dass die Ablehnung eines Rufes aus einer Pädagogischen Hochschule an eine Universität seiner Position, gerade auch der als neu gewählter Dekan, in Duisburg, aber auch darüber hinaus, vor allem im Bereich jener Hochschul-Föderation, der die Duisburger Hochschulabteilung angehörte, sehr zuträglich war. Umso mehr, als es damals als eigentlich ‚ungehörig' galt, einen Ruf an eine Universität abzulehnen. Trotzdem war des Professors Einstand als Dekan riskant. Vollzog er sich doch exakt auf dem Höhepunkt der Studenten- und Assistentenunruhen, die in Duisburg damals mit einer gewissen Verspätung eingesetzt hatten. Der Dekan hatte also damit zu rechnen, dass man ihn als den ‚neuen Mann' auf seine hochschulpolitische Position, aber vor allem auch auf seine allgemeine Standfestigkeit hin testen werde.

Der Test fand an einem Abend statt, an dem die Mitglieder des Fördervereins zu einem Vortrag ins Auditorium Maximum eingeladen worden waren. Es war dem neuen Dekan zwar rechtzeitig zu Ohren gekommen, dass die Studentenschaft diese Veranstaltung stören werde. Aber er erfuhr das zu spät, um mit ihren Vertretern noch verhandeln zu können. Sein Vorgänger riet ihm dringend, die Veranstaltung abzublasen. Bis zu einem gewissen Grade war das verständlich, wollte er doch vermeiden, dass ausgerechnet die gutbürgerlichen Förderer durch die nun wohl zu erwartenden tumultartigen Szenen abgeschreckt würden. Er wusste zudem, dass die Studenten schon eine halbe Stunde vor Veranstaltungsbeginn das Audimax besetzen würden.

Der neue Mann hatte sich also zu entscheiden. Er entschied sich zwar für die Auseinandersetzung, ließ sich aber, wie er fälschlich meinte, eine Hintertür offen, indem er den Hausmeister anwies, im Vorraum des Geschehens eine große Tafel aufzustellen, welche die Förderer in einen anderen Raum auf einer oberen Etage dirigierte. Natürlich konnte das nicht gut gehen, zumal der Hausmeister die Anordnung gar nicht erst befolgte. Nicht nur der Dekan, sondern auch der Redner des Abends, einer seiner germanistischen Kollegen, hatten es also mit einer über die Maßen gemischten Hörerschaft zu tun. Weit mehr als die Hälfte des Auditoriums bestand aus Studierenden. Alle dem Dekan bereits einschlägig bekannten studentischen Gesichter waren vertreten. Selbstverständlich war auch jenes Handwerkszeug vorhanden, das Studenten, die randalieren wollen, normalerweise mit sich führen. Außerdem sah der Dekan natürlich einige arg irritierte Gesichter unter den Förderern, die ihm ebenfalls persönlich bekannt waren. Deren Unverständnis für die gegebene Lage, vor allem aber auch für das, was sich zwar bereits leise angekündigt hatte, mit einiger Sicherheit aber in ein tumultuöses Theater einzumünden versprach, konnte er sich vorstellen. Man irritiert seine Förderer nicht allzu gern. Hier aber war es nicht zu vermeiden.

Es kam so, wie es kommen musste. Der Abend wurde, jedenfalls für Duisburger Verhältnisse, ganz außergewöhnlich turbulent. Der Dekan wurde mit jenem Vokabular überschüttet, das damals üblich war, das er aber ohnedies bereits gut kannte, hatte er doch auch einige entsprechende Veranstaltungen in anderen Universitäten, und zwar als Gast, miterlebt. Vor allem aber war er in seiner eigenen Studentenzeit eine Zeitlang Mitglied des Sozialistischen deutschen Studentenbundes (SDS) gewesen, hatte sogar in Köln zu dessen Gründungsmitgliedern gehört. Es konnte ihm also nicht allzu schwer fallen, Marxistisches von Pseudo-Marxistischem und lediglich Modischem zu trennen. Ersteres konnte er ernst nehmen, alles andere wenigstens verzeihen, wenngleich mit zusammengebissenen Zähnen. Jedenfalls fiel es dem neuen Dekan nicht allzu schwer, sich in der hitzigen, zeitweise auch aberwitzigen Diskussion zu behaupten. Dabei wurde dann allerdings immer klarer, dass es den jungen Leuten überhaupt nicht um eine wirkliche Diskussion zu tun war. Ihnen kam es im Grunde nur auf jenen hohen Grad an Turbulenz und Unruhe an, den sie ja tatsächlich bereits erfolgreich erzeugt hatten und der mit einiger Leichtigkeit über mehrere Stunden durchzuhalten war. Allerdings haben nur wenige der Förderer so lange durchgehalten.

Es ist anzunehmen, dass einige von ihnen mit dem Dekan unzufrieden waren, hatte er sich doch auf eine für sie gänzlich unsinnige Auseinandersetzung eingelassen. Hätte er nicht stattdessen – die Polizei holen und den Saal leeren lassen können?

Es gelang auf die Dauer sogar, auch dem germanistischen Redner, wenigstens zeitweise, Gehör zu verschaffen. Glücklicherweise erwies der sich als diskussionsfähig und standfest, ohne dabei sein eigentliches Thema aus den Augen zu verlieren. So konnte sogar sein Vortrag, wenn auch mit Zwischenrufen und anderem Getön unterlegt und zeitlich außerordentlich ausgelängt, vonstatten gehen.

Als sich endlich der Saal leerte, ließ er verständlicherweise ungewöhnlich ermüdete Zuhörer zurück. Unter ihnen war die Ehefrau eines amerikanischen Gastprofessors, die, da sie einige amerikanische Universitäten gut kannte, vermutlich über zahlreiche einschlägige Erfahrungen verfügte. Sie hatte zudem eine laute und kräftige Stimme und einige Deutschkenntnisse. Quer durch das mittlerweile halbgeleerte Auditorium trompetete sie, an den Dekan gewendet: *„Herr Brüll, ich bin stolz auf Ihnen!"*. Was hätte dem ebenfalls ermüdeten Dekan, der damals schon nicht mehr so ganz jung war, Besseres widerfahren können?

Er zeigte sich
über die Maßen
erfreut,
als er die
Blutlache
sah.
Gekonnt ist gekonnt,
sagte er und
das wär's.

Eines steht jedenfalls fest: Sein Einstand als neuer Dekan hatte ihm Achtung verschafft. Nicht zuletzt auch bei den Studierenden und deren offizieller Vertretung, dem ASTA. Als er nur wenig später jene strukturellen Reformen durchführte, über die noch zu sprechen sein wird, festigte sich sein im Grunde von Anfang an vergleichsweise unproblematisches Verhältnis zur Studentenschaft. Schließlich sahen die strukturellen Neuerungen ja auch die Einführung der damals von der studentischen Basis bundesweit geforderten Drittelparität vor, das heißt eine vollgültige Beteiligung der Studentenschaft an der Selbstverwaltung der Hochschule. Dass die folgenden Jahre trotzdem nicht ruhig waren, liegt auf der Hand. Die Duisburger Hochschule befand sich schließlich nicht auf einer Insel. Ganz davon zu schweigen, dass sie selber auch nach der ‚Reform' noch über ein zureichendes Konfliktpotential verfügte, um nicht hochschulpolitisch gänzlich einzuschlafen. Aber von nun an sprachen die einzelnen Parteien wenigstens wieder miteinander, wenngleich manchmal auch noch auf dem Umweg über – Sprechtüten und ähnlichem Gerät. Gelegentlich wurden auch jetzt noch Räume besetzt, Lehrveranstaltungen gestört. Grundsätzlich aber begann man zu wissen, dass Probleme durch Verhandeln lösbar sind.

Die meisten konnten denn auch tatsächlich in wechselseitigem Einvernehmen gelöst werden. Allerdings war Professor Brüll sich immer darüber im Klaren, dass man ihn damals bestenfalls als einen ‚Scheißliberalen' (nach dem damaligen Sprachgebrauch) eingeschätzt hat. Mehr und anderes wäre ihm schon allein aufgrund seines fortgeschrittenen Alters trotz, ja gerade auch wegen seiner frühen studentischen Erfahrungen im damals noch zahmen, gleichzeitig aber marxistisch dogmatischen Sozialistischen Deutschen Studentenbund nicht möglich gewesen. Er war nun einmal kein 68er.

Das zeigte sich auch darin, dass er ernst nahm und selber zu praktizieren versuchte, was der größere Teil der sich marxistisch-maoistisch gebärdenden Studenten lediglich lautstark und provozierend von sich gab. Die weitaus härtesten Auseinandersetzungen hat Dekan Brüll denn auch immer dann mit seinen Studenten gehabt, wenn sie nach turbulenten Sit-Ins, vor allem aber auch nach wilden Fêten, wie selbstverständlich davon ausgingen, dass der unweigerlich zurückgelassene Unrat von den (wenigen) Putzfrauen klaglos weggeräumt würde. Es spricht allerdings für die Studierenden, zumindest für ihre Hauptakteure, dass sie sich in derartigen Fällen tatsächlich von Brüll ins Gewissen reden ließen, wenn er sie auf den in ihrem Verhalten sich spiegelnden Gegensatz von Theorie und Praxis des Sozialismus aufmerksam machte. Mag immerhin sein, dass sie gelegentlich sogar zugeben mussten, dass er etwas anderes als lediglich ein ‚Scheißliberaler' war. Immerhin, viele der Duisburger Studierenden waren Arbeiterkinder und auf diese Weise vermutlich um einige Grade stärker ‚basis-verhaftet' als Bürger- und Mittelstandskinder in Heidelberg, Frankfurt, München oder Bonn.

Manchmal kam es auch zu eher ergötzlichen Situationen. Eine Studentin, die pünktlich zum mündlichen Examen in Anglistik erschien, war derart beeindruckt von dem, was sie nun leider hören musste, nachdem sie das Prüfungszimmer betreten hatte, dass sie entsetzt auf dem Absatz kehrt machte. „Wie, wird hier etwa Englisch gesprochen?" waren die letzten Worte, die Brüll (natürlich auf Deutsch) von ihr hörte. In seinen Lehrveranstaltungen, geschweige denn in einem Prüfungsgespräch sollte er ihr fortan nicht mehr begegnen, stattdessen aber als einer der Betreuerinnen der (damals eigentlich verbotenen, aber immer wieder geduldeten) Büchertische voller marxistischer Raubdrucke im Vorraum der Mensa. Zuerst tat man so, als sähe man einander nicht. Später aber nickte man sich freundlich zu. Füllte die damals so arg geschockte Studentin nun doch wenigstens einen (wenn auch illegitimen) Platz in der Hochschul-Gesellschaft aus, einen Platz, an dem (normalerweise) kein Englisch gesprochen wurde.

Übrigens mag der ältere Teil des Lehrkörpers die ihm zugedachte Bezeichnung ‚scheißliberal' damals voll geteilt haben, vermutlich sogar mit Betonung auf der ersten Silbe. Unüberwindbare Schwierigkeiten aber haben auch diese Kollegen ihm nicht gemacht. Schließlich konnten auch konservativere Kollegen nicht unbedingt etwas gegen die nunmehr ruhigere, jedenfalls aber vernunftbestimmtere Gangart der hochschulpolitischen Dinge einzuwenden haben. Für die allgemeine Fairness im damals arg strapazierten Lehrkörper ist der Professor auch heute noch dankbar. Über die vom Dekan getroffenen, im damals gegebenen allgemeinen Hochschulrahmen allerdings recht unüblichen Maßnahmen zur Befriedung der (relativ milde) revoltierenden Studenten- und Assistentenschaft wird noch ausführlicher zu sprechen sein, dann allerdings vor allem unter dem Stichwort ‚Trainingsprogramm'. Befand sich die Duisburger Hochschule damals doch in einer ausgesprochenen Übergangssituation, einer Lage also, in der die Fähigkeit zu selbständigem, zur Not auch unkonventionellem Handeln und ein hohes Maß an Flexibilität dringend erwünscht waren.

Gefahren der Mustergültigkeit

Der Bodo war ein Exemplar,
das jederzeit zu loben war.
Problemlos wurde er geboren.
Problemlos wetzte er die Sporen
als Musterknabe, Jüngling, Mann,
als Freund, Kollege. Niemand kann
ihn tadeln. Weit perfekter als normal
war dieser Bodo. Doch das ist fatal.
Vorbildlichkeit zu Nacht-und Tageszeit
erweckt zwangsläufig Missgunst, fördert Neid.
War er doch fleckenlos wie Adam war,
bevor er an die eitle Eva kam
und mit ihr tief in Sündenpfühle fiel.

Sündhaft zu sein war leider Bodos Ziel
mitnichten. Hätt' er doch bedacht,
dass man gewöhnlich Kompromisse macht.
Wie es bekanntlich üblich ist auf Erden.
Wer da nicht mitmacht, kann nichts Rechtes werden.

Bodo, da eva-los, bleibt unbefleckt und bieder.
Drum setzt man tausend Bildungsinstitute
auf Bodo an, umgarnt in ihm das Gute,
das sich verwandelt sieht in bloßes Können, Wissen.
Wer von uns Irdischen will das schon missen?
Wer von uns kann das Schöne ignorieren,
und mag's auch schnurstracks in die Hölle führen?
Nach Jahren weltlich zäher Übung
erreicht man so Bewusstseinstrübung.

Am Ende langer Studienserien
macht selbst ein Bodo freudig Ferien
von Makellosigkeit und Tugend,
ergibt sich schwerelos den jugend-
lich lockenden Weltkünsten, Erdenlüsten.

Darob wir alle lauthals weinen müssten.
So kläglich wird ein Mensch zuschanden!
So kommt ihm Tugend ganz abhanden!
Oh Bodo, Bodo, muss das sein?
So schluchzen wir in uns hinein.
Wir werden ewig schluchzen müssen,
denn was geschah, das konnt' man vorher wissen.

Die unruhige Zeit brachte auch unkonventionelle Lehrveranstaltungen mit sich, wie man sich denn überhaupt, damals stärker als bisher, an den Wünschen der Studierenden orientierte, jedenfalls ab und zu. Dabei konnte es zu originellen Konstellationen kommen, die dem Dozenten zwar gelegentlich eine bisher eher ungewohnte Stellung zuwiesen. Was nicht ausschloss, dass ausgerechnet auf diese Weise wertvolle Ergebnisse zustande kommen konnten, sowohl im engeren Sinne fachliche als vor allem auch pädagogische. Nicht zuletzt auch auf letztere kommt es aber in einem Studium an, das in den Lehrerberuf führen soll.

So hatten die Studierenden ihren Professor Brüll einmal eindringlich darum gebeten, die *Beatles*, die damals gerade auf ihrem Höhepunkt waren, zum Gegenstand eines Seminars zu machen. Brüll sagte gern zu, hatte er doch ebenfalls gerade (man hat nicht umsonst mehrere Kinder) die *Beatles* entdeckt. Auch ihre Texte sagten ihm zu. Ihre Analyse im Seminar konnte, wenn man sie mit dem sozialen Umfeld ihrer Entstehung im Professor Brüll gut bekannten Liverpool, vor allem aber mit der Vertonung, und der Darbietung in Verbindung brachte, auch in literarischer Hinsicht reizvoll sein. Bezogen auf die musikalische Seite hatten sich gleich vier Studenten als „Fachleute" zur Verfügung gestellt und Brüll stolz mitgeteilt, dass sie selber in *Bands* spielten.

Professor Brüll ging also in der ruhigen Gewissheit in ein (allerdings ungewöhnlich überfülltes) Seminar, nicht alles selber tun zu müssen, sondern über fachkundige Mitarbeiter zu verfügen. Es sollte sich jedoch zeigen, dass dem ganz und gar nicht so war. Die „Fachleute" erwiesen sich nämlich als blutige Dilettanten. Bisher hatten sie zwar in einer *Band* musiziert, jetzt ging es aber um die Analyse musikalischer Strukturen und deren Beziehung zur Struktur literarischer Texte. Es war ganz offensichtlich, dass Brüll den „Fachleuten" selbst in musikalischer Hinsicht deutlich überlegen war.

Trotzdem hielt er es für ratsam, eine musikwissenschaftliche Kollegin, die später überregional und übernational bekannt gewordene Duisburger „Jazzprofessorin" Ilse Storb hinzuzubitten. Zwar ist die Musik der Beatles kein „Jazz". Aber eine dem Jazz zugeneigte Kollegin müsste den Anforderungen des Seminars eigentlich gut entsprechen. Sie tat es denn auch. Brüll arbeitete mit ihr ganz vorzüglich zusammen. Das Seminar erwies sich folglich als ungewöhnlich ertragreich. Aber charakteristischerweise nicht nur in musikalischer und literarischer Hinsicht. Der Hauptertrag dürfte vielmehr ein eher pädagogischer gewesen sein: Laienmusiker, die sich für „Fachleute" hielten, sahen unversehens ihre Qualifikationen kritisch überprüft, obgleich weder die Kollegin, noch Brüll selber auch nur eine einzige kritische Bemerkung dazu gemacht hatte. Die Pseudo-Fachleute dürften für die Zukunft wissen, dass (Mit-) Spielen und Analysieren mit dem Ziel des Verstehens zwei verschiedene Dinge sind. Gerade auch zukünftige Lehrer aber sollten das im Laufe ihrer Ausbildung wenigstens an einigen Stellen und Gegenständen lernen. Im übrigen war das Seminar, das so gut wie keinen Studenten- ‚Schwund' aufwies, obgleich ein großer Teil der Studierenden auf dem Boden hocken musste, auch in anderer Hinsicht ein voller Erfolg. Keiner schien eingeschlafen zu sein. Auch einige brauchbare Semesterarbeiten kamen zustande. Sogar eine ‚sehr gute' war darunter.

IX

Angesichts der
politischen
Großwetterlage
fasste er sich
an den Kopf.
Der, in der Tat,
war noch
dran.

Hochschulpolitisches Trainingsprogramm

Als Dekan der Abteilung Duisburg der Pädagogischen Hochschule Ruhr hatte Professor Brüll einen Ruf an die neugegründete Universität Trier-Kaiserslautern abgelehnt. Es war damals gänzlich unüblich, als Professor an einer Pädagogischen Hochschule einen Ruf an eine Universität abzulehnen. Er hatte es trotzdem getan und sich damit einen ungewöhnlich großen Freiraum an seiner eigenen Hochschule, aber auch darüber hinaus verschafft. Allerdings hatte er dabei auch das erstaunte Schütteln vieler Köpfe hinzunehmen.

Was die Kopfschüttler damals nicht wussten, war der Umstand, dass das heimische Kultusministerium dem Professor bei seinen Bleibeverhandlungen unmissvertändlich angedeutet hatte, man habe im Lande, ja sogar in Duisburg, in ein bis zwei Jahren eine besondere Aufgabe für ihn. Wie diese besondere Aufgabe beschaffen sein werde, wusste er zwar noch nicht. Da aber die Gründung neuer Universitäten seit einiger Zeit diskutiert wurde, konnte er sich immerhin eine ungefähre Vorstellung machen. Damals ging man übrigens noch davon aus, dass einige der neu zu gründenden Universitäten aus bereits bestehenden Pädagogischen Hochschulabteilungen heraus entstehen und den neuartigen Charakter der ‚Universitäten mit erziehungswissenschaftlichem Schwerpunkt' (Kurzbezeichnung: Erziehungswissenschaftliche Universitäten) haben sollten. Die gesamte Lehrerausbildung, also auch die der Gymnasiallehrer, sollte an diesen neuen Universitäten konzentriert werden. Aber das war Zukunftsmusik.

Im Laufe der folgenden zwei Jahre entwickelte sich die allgemeine hochschulpolitische Diskussion, und zwar sowohl auf Landes-, als auch auf Bundesebene auf die ‚Integrierte Gesamthochschule' zu. Aber auch diese neuen Integrierten Gesamthochschulen sollten aus bereits vorhandenen ‚Gründungskernen' heraus entstehen, handele es sich dabei nun um bereits vorhandene Universitäten, Pädagogische Hochschulen oder Fachhochschulen. Die Zukunftsprognose, die man dem Professor im Ministerium seinerzeit gestellt hatte, konnte grundsätzlich auch auf die neuen Intentionen bezogen werden, zumal Stadt und Region Duisburg als Ort einer geplanten Neugründung so gut wie fest standen.

Verständlicherweise hatte der Professor seinerzeit die zwar rechtlich unverbindliche, andererseits aber deutliche und deshalb glaubhafte Zusicherung des Kultusministeriums für sich behalten. Nur gegenüber seiner Frau hatte er sie erwähnt. Die war froh, dass man nach menschlichem Ermessen weiterhin in Duisburg wohnen bleiben konnte. War man doch erst vor wenigen Jahren nach Duisburg umgezogen. Vorher hatte der Professor nacheinander in Köln, Düsseldorf und Siegen seinen Beruf ausgeübt. Bei einem Dreikinder-Haushalt war damals ein jeder Umzug ein nicht geringes Problem. Es war schwer genug gewesen und hatte mannigfacher Hilfe von außen bedurft, in Duisburg endlich doch einen Hauseigentümer zu finden, der bereit war, die recht quirlige Professorenfamilie aufzunehmen. Bezeichnenderweise gelang es erst, als der Hausbesitzer, ein Arzt, nachdrücklich darauf hingewiesen worden war, dass des Professors Frau eine Kollegin, nämlich Ärztin sei.

Es hätte also vorläufig alles beim Alten bleiben können, wenn nicht, jedenfalls aus des Professors persönlicher Sicht, die sich wiederum aus der ihm gegebenen Zukunftprognose ergab, die Notwendigkeit bestanden hätte, die im Laufe der Jahre in hochschulpolitischer Hinsicht recht selbstgenügsam gewordene Duisburger Hochschulabteilung einem, sagen wir einmal, hochschulpolitischen Leistungstraining zu unterziehen, um sie für das ‚fit' zu machen, das so ganz offensichtlich auf sie zukam. Tiefgreifende strukturelle Veränderungen standen an. Man hatte sie rechtzeitig, und zwar möglichst noch vor der endgültigen Gründung der neuen Hochschule, vorzunehmen. Das hatte zu geschehen, obgleich die Duisburger Hochschulabteilung noch Teil einer Hochschul-Föderation war, die auswärts, nämlich in Dortmund, ihren Senat und Schwerpunkt, aber auch Rektor und Hochschulverwaltung samt Kanzler hatte. Selbstverständlich gab es darüber hinaus eine vom Senat der Föderation erlassene und vom Ministerium genehmigte Hochschulordnung, es gab Prüfungs-, Promotions- und Habilitationsordnungen, die für alle Abteilungen der Föderation rechtlich verbindlich waren. Aber auch die Binnenstruktur der einzelnen Abteilungen war verbindlich geregelt, nämlich in der Hochschulordnung. Wie aber sollten sich vor diesem Hintergrund die notwendigen Veränderungen erreichen lassen, Veränderungen, die möglichst auch die (technische) Fachhochschulabteilung am Ort mit einbeziehen sollten, wenn auch gewiss nur inoffiziell, denn die Fachhochschulabteilung traute der Duisburger Abteilung der Pädagogischen Hochschule Ruhr nicht über den Weg? Man sah sich als Konkurrenten, zumindest aber hielt man einander für ‚etwas grundlegend Verschiedenes', zu dem man möglichst einen sichernden Abstand halten sollte.

Allerdings hatte man damals allerorten mit den Auswirkungen jener Studenten- und Assistentenrevolte zu rechnen, die mit einiger Verspätung auch ins Ruhrgebiet hineingeschwappt war. Wobei allerdings zu bedenken ist, dass die Studentenunruhen an den Fachhochschulen und ihren Vorgängern, den Höheren Technischen oder auch Sozialwissenschaftlichen und Wirtschaftswissenschaftlichen Schulen, im Grunde weit eher Dozentenunruhen, zumindest aber dozentengeleitete Unruhen waren. Man strebte nämlich den Status des Fachhochschulprofessors an. Als das aber erreicht war, widersetzte man sich der Integration in die nun zur Gründung anstehenden neuen Gesamthochschulen. Man wollte unter sich bleiben. Verständlicherweise.

Für des Professors Vorhaben konnte die allseitige, wenngleich überaus verschiedenartig motivierte Unruhe nur günstig sein, zumal die vergleichsweise kleine Duisburger Höhere Technische Lehranstalt mit Ihren Bauräten und Oberbauräten im Zuge der vor Kurzem erst erfolgten Fachhochschulgründungen der benachbarten, weit größeren Fachhochschule Düsseldorf einverleibt worden war. Im zeitlichen Vorfeld der Gründung der neuen Duisburger Gesamthochschule hatte man deshalb auf politischen Wegen zu versuchen, sie wieder selbständig zu machen, so dass auch in Duisburg ein zweiter ‚Gründungskern' vorhanden war, der dann allerdings möglichst bald seine neu erworbene Selbständigkeit wieder verlieren sollte. Ein zweiter Gründungskern nämlich war im Gründungsgesetz, das im Landtag in Vorbereitung war, zwingend vorgeschrieben. Eine entsprechende Hilfe der Duisburger Abteilung der Pädagogischen Hochschule und ihres mittlerweile im politischen Umfeld nicht mehr ganz unbekannten Dekans, konnte den Bauräten, Oberbauräten und ihren Studenten, die nach Unabhängigkeit strebten, nur recht sein. Als die Landesregierung dazu die nötigen Vorbereitungen traf und in Duisburg einen Gründungsausschuss für die nunmehr wieder aus dem Düsseldorfer Verbund zu lösende alt-neue Fachhochschule Duisburg einsetzte, sorgte man im Ministerium denn auch dafür, dass der Professor und Dekan ihm angehörte. Eine gewisse, wenn auch lediglich personelle Verbindung zwischen den beiden Gründungskernen war also nun gegeben.

Allerdings war Professor Brüll von Anfang an klar, dass die neue, mit Ach und Krach wieder selbständig gemachte Fachhochschule Duisburg lediglich auf weitere Unabhängigkeit bedacht war. Als ‚Gründungskern' einer neu zu gründenden Gesamthochschule betrachtete sie sich ganz und gar nicht. Auch der eigentlich doch dankenswerte Umstand, dass man ihr, um sie etwas größer und mithin gründungskernfähiger zu machen, nunmehr eine wirtschaftswissenschaftliche Abteilung angliederte, konnte sie der Gesamthochschul-Gründung nicht gewogener stimmen. Im Gegenteil: man wollte unter sich, wollte ganz entschieden eine ‚Hüttenschule' bleiben. Glücklicherweise war wenigstens der Vorsitzende des Fachhochschul-Gründungsausschusses kein ‚Hüttenmann', sondern ein Elektrotechniker, ein nicht nur toleranter, sondern auch intelligenter und Zukunftsprojekten zugewandter Dozent. Er arbeitete dem Professor in die Hand, wo immer es möglich war. Es war nur folgerichtig, dass er schon unmittelbar nach der Etablierung der neuen Gesamthochschule deren Rektorat als Konrektor angehörte. Er hat in dieser Position so manches für die möglichst friedliche Lösung aller jener Probleme getan, die in den ersten Jahren der neuen Hochschule zwangsläufig anfielen.

Aber Professor Brüll wollte doch eigentlich vom Trainingsprogramm sprechen, das die Pädagogische Hochschulabteilung integrationsfähig machen sollte. Integrationsfähig hieß damals vor allem auch selbstverwaltungsfähig, und das in einer Phase, die durch Studenten- und Assistentenunruhen geprägt war. Dabei war Professor Brüll klar, dass sie, die Selbstverwaltungsfähigkeit, nur dann erreicht werden konnte, wenn man Assistenten, Studenten, aber auch nichtwissenschaftliche Mitarbeiter mit einbeschloss, also deren an allen Universitäten und Hochschulen, also auch in Duisburg, lautstark und wirkungsvoll vorgetragene Forderung nach ‚Drittelparität' erfüllte. Dazu aber war zuerst einmal die Einrichtung von Fachbereichen notwendig. Denn die Abteilungskonferenz der Duisburger Hochschule, die bisher die Selbstverwaltung der Duisburger Abteilung unterhalb der eigentlichen Selbstverwaltungsebene des in Dortmund tagenden Senats besorgte, war zu groß. Vor allem dann aber wäre sie zu groß gewesen, wenn man auch diese Abteilungskonferenz, die damals sämtliche Professoren und Dozenten, darüber hinaus zwei Assistenten und Studenten umfasste, einer Drittelparität unterworfen hätte. Im übrigen war sie, da sie schon seit vielen Jahren bestand, nicht sehr beweglich. Sie wies zudem einen harten konservativen Kern auf, der zwar nie die Mehrheit bildete, immer aber doch einen beträchtlichen, und zwar alle vorwärtsweisende Entwicklungen hemmenden Einfluss ausübte.

Die Gliederung in vier Fachbereiche mit jeweils einem eigenen Fachbereichsdekan und einem eigenen Fachbereichsrat, nunmehr drittelparitätisch besetzt, entsprach einerseits den Forderungen der unruhig gewordenen Assistenten und Studenten, die in der alten Abteilungskonferenz nur symbolisch vertreten gewesen waren. Sie verlagerte andererseits alle jene natürlich auch in der neuen Gliederung noch auftretenden Gegensätze in die einzelnen Fachbereichsräte. Professor Brüll als Abteilungsdekan auf der darüberliegenden Ebene hatte es nun mit keinerlei Beschluss-Gremium, etwa einem ‚Abteilungs-Rat', zu tun, sondern lediglich mit der gelegentlich, und zwar auf Antrag der Abteilungsdekane, stattfindenden Dekanskonferenz, in der er dann als Vorsitzender fungierte.

Es liegt auf der Hand, dass die neue Struktur eine weit größere Anzahl von Hochschulangehörigen als bisher in jeweils neuen und mithin ungewohnten Strukturen dazu zwang, sich, so oder so, zusammenzuraufen. Die Mitglieder der vier Fachbereichsräte sahen sich tatsächlich einem anstrengenden, letztlich aber, auf die anzustrebende weit größere und kompliziertere Gesamthochschule bezogen, dringend nötigen Selbstverwaltungs-Trainingsprogramm ausgesetzt. Während Professor Brüll als Abteilungsdekan so gut wie ungestört die organisatorischen, regional- und lokalpolitischen Vorbereitungen zur Gründung treffen konnte.

Wie sehr er die alltäglichen Kleinprobleme auf diese Weise von sich nach weiter unten gedrängt hatte, wurde ihm erst klar, als einer der neuen Abteilungsdekane, ein erst vor kurzem nach Duisburg berufener junger Kollege, ihm zorngeschwellt die Situation darstellte. Der nämlich fühlte sich und ‚seine Ebene‘ missbraucht. Ganz unrecht hatte er nicht, konnte aber nicht wissen, wie dringend nötig dem Professor die von tagespolitischem Kleinkram möglichst ungestörte Arbeitsmöglichkeit war. Im übrigen handelte es sich bei diesem jungen Mann ausgerechnet, aber typischerweise, um einen seiner ehemaligen Kölner Schüler. Er sieht ihn heute noch als ungewöhnlich ehrgeizigen, aber auch entsprechend intelligenten Schüler in der – Untertertia des Friedrich-Wilhelm-Gymnasiums sitzen. Dieser junge Fachbereichsdekan hatte damals zweifellos sowohl Recht als Unrecht. Auch ein gewisser Neid mag mitgespielt haben. Man hat als nunmehr Erwachsener nicht gern ausgerechnet einen ehemaligen Lehrer ‚über sich‘. So kam es denn auch dazu, dass dieser inzwischen immerhin etwas älter gewordene Kollege dem Kollegen Brüll nach Ablauf von dessen Zeit als Gründungsrektor der späteren Gesamthochschule sichtlich erleichtert etwa Folgendes mitteilte: „Jetzt befinden wir uns glücklicherweise endlich einmal auf der gleichen Ebene.“ Er muss in der Untertertia wohl sehr unter seinem Lehrer gelitten haben. Es sei allerdings nicht verschwiegen, dass er seinem ehemaligen Lehrer, als dieser 70 Jahre alt wurde, eine treffliche Laudatio gehalten hat, in der des Lehrers Stärken und Schwächen exakt, aber taktvoll aufgewiesen wurden.

Erst viele Jahre später, als Brüll sich an die Aufarbeitung jener zweifellos sowohl schwierigen als im Grunde auch fruchtbaren Zeit des deutschen Universitätswesens machte, wurde ihm klar, wie sehr die von ihm in Duisburg angewandte Taktik der des damaligen Rektors, späteren Generalsekretärs der CDU und dann Ministerpräsidenten des Freistaates Sachsen, Kurt Biedenkopf, glich. Eine unmittelbare Beeinflussung hat es nicht gegeben, obgleich Professor Brüll damals häufig in der Ruhr-Universität Bochum zu tun hatte. Zudem waren die Größen-, aber auch die Schwierigkeitsverhältnisse unvergleichbar. Das Biedenkopfsche System war zudem komplizierter, vermutlich auch raffinierter, jedenfalls bewusster angelegt. Hatte Biedenkopf es doch, willentlich oder eher unwillentlich wie Brüll, fertig gebracht, eine Hochschulverfassung und mithin Selbstverwaltung zu etablieren, die den Forderungen der Studenten und Assistenten nach weitgehender Mitwirkung vollgültig zu entsprechen schien, die eigentlich entscheidende Führungsebene und deren Spitze, den Rektor, also ihn selber, davon aber so gut wie gänzlich ausnahm. Die Ruhr-Universität konnte nicht zuletzt auch deshalb eine zwar bewegte, aber eben doch im wesentlich stabile Hochschule bleiben. Wozu allerdings auch die Neigung ihrer Studierenden beigetragen haben mag, die weithin aus der konservativ-sozialdemokratisch bestimmten Ruhrgebietsregion stammten. Mit der aber konnte man auch in Duisburg rechnen.

Selbstkritisch sollte Professor Brüll aber feststellen, dass das, was Biedenkopf mit seiner Mannschaft in Bochum, souverän und vermutlich sogar bis in alle Einzelzüge hinein bewusst, realisiert hat, durch ihn selber eher zufällig entstanden war. Ihm nämlich ging es anfangs ausschließlich um ein Training in Selbstverwaltung einerseits, um die zeitweise Ruhigstellung der Studenten und Assistenten, indem er ihre politischen Wünsche (scheinbar) erfüllte, andererseits. Dass der Professor und Dekan auf diese Weise freie Hand bekam, hat ihn anfangs eher überrascht, dann allerdings – er gibt es unumwunden zu – gefreut. Er konnte die ‚freie Hand' damals nämlich gut gebrauchen. War doch die Duisburger Situation wesentlich schwieriger, als sie auf den ersten, aber auch auf den zweiten Blick zu sein schien, nicht zuletzt auch in regionaler Hinsicht und hinsichtlich der Stadt, die mit dem von ihr dem Land angebotenen Grundstück für den Hochschulbau nicht zurecht kam.

Der Professor und Dekan erfuhr das als bürgerschaftliches Mitglied (SPD) im zuständigen Ausschuss des Rates der Stadt schon relativ bald. Im übrigen aber blieb es weithin verborgen. Dazu, dass es vorläufig noch verborgen blieb, hat Professor Brüll persönlich beigetragen. Wie aber hätte er die fatale Situation irgendwelchen Hochschulgremien vermitteln können, ohne – Mutlosigkeit zu erzeugen, und das ausgerechnet in einem Augenblick, in dem alle an der Gesamthochschulgründung und ihrer längerfristigen Durchführung Beteiligten ohnedies vor einem Berg von Problemen standen? Nein, er brauchte unbedingt die ‚freie Hand', hat sie dann aber auch frohgemut ausgenutzt.

Auf die nun bald anstehende überaus große Anstrengung der Neugründung eines bislang noch gänzlich unerprobten Hochschultyps war man in Duisburg nunmehr so gut vorbereitet, wie das nur eben möglich war. Die spezifisch Duisburger Schwierigkeiten der nun folgenden Jahre hatten denn auch nichts mit der neuen Hochschule als solcher zu tun, sondern damit, dass das von der Stadt Duisburg eigentlich vorgesehene Baugelände auf Jahre hin nicht verfügbar war. Aber davon sollten wir zuerst einmal schweigen.

Mit großem Dank gilt es hier stattdessen festzustellen, dass alle in Duisburg durchgeführten Trainingsmaßnahmen, obgleich sie nicht der geltenden Hochschulsatzung entsprachen, also im Grunde illegal waren, vom Dortmunder Senat, vor allem aber von den beiden in der kritischen Zeit aufeinander folgenden Rektoren, Ulrich Freyhoff und Rudolf Schridde, mitgetragen worden sind. Selbst der damalige Kanzler brachte es nicht über sein Juristenherz, den Duisburgern rechtliche Knüppel zwischen die Beine zu werfen. Zumal er wissen mochte, dass die politische Spitze im Düsseldorfer Ministerium vermutlich mit ihnen recht zufrieden war. Hinzu kam allerdings ein Umstand, der sowohl dem Ministerium als auch der Hochschulleitung nur recht sein konnte: Wäre das Duisburger Trainingsexperiment, vor allem aber das Experiment mit der Drittelparität, wider Erwarten aus dem Ruder gelaufen, hätte man die Duisburger ohne weiteres an die ‚Rechtslage', das heißt, an die immer noch gültige und selbstverständlich verbindliche Hochschulordnung der Föderation erinnern können. Man hätte sich dann in die alten Strukturen zurückbegeben müssen.

Aber dazu kam es nicht. Ganz im Gegenteil: die eigentlich unerlaubte Struktur führte vielmehr dazu, dass der Lehrbetrieb in Duisburg um etliche Grade ungestörter vor sich gehen konnte als andernorts, nicht zuletzt auch in den anderen Abteilung der Föderation. Das schließt allerdings nicht aus, dass Professor Brüll sich gelegentlich, wenn das Ganze wieder einmal auf der Kippe stand, gefragt hat, ob er nicht vielleicht selber die Sicherheitsleine ziehen und somit unter Berufung auf die noch gültige Hochschulordnung der Föderation den alten Zustand wieder herstellen solle. Es kann sich dabei aber nur um kurze und bald vorübergehende Sicherheitsanwandlungen gehandelt haben. Professor Brüll ist glücklicherweise kein Mensch, der allzu ruhige Gewässer liebt.

Seitdem er die
Zügel anzieht,
fehlt ihm das
Pferd.

Als er um
ihre Hand anhielt,
war ihm der Rest
längst geläufig.

X

Hochschulsenate

Der Professor hat im Laufe seines Lebens so manchem Hochschul-Senat angehört. Einmal war er als Rektor zugleich Vorsitzender eines Senats. Senate können recht eigenwillig sein. Die Hochschulordnungen wollen es so. Glücklicherweise. Was aber die faktischen Befugnisse der einzelnen

Senate betrifft, so gibt und gab es beträchtliche Unterschiede. Die hängen von den verschiedenen Hochschulgesetzen der Länder ab, die wiederum (wenn auch mit erheblichen Freizonen) vom Hochschulrahmengesetz des Bundes abhängen. Da dem so ist, lassen sich am Grad ihrer Befugnisse die allgemeinen Freiräume ablesen, die der Staat seinen Hochschulen jeweils zubilligt.

Professor Brüll hat überaus verschiedene Verhältnisse erlebt, gerade auch bezüglich der Freiheiten, die der Staat der Selbstverwaltung seiner Hochschulen einzuräumen bereit war. Man kann hier geradezu von überdimensionalen Pendelausschlägen sprechen, allesamt politisch bedingt. Als der Professor schon seit fünfzehn Jahren emeritiert war, zog man die bisherigen freiheitlichen Selbstverwaltungszügel wieder einmal straff. Die Senate hatten von nun an nur noch geringe Befugnisse.

Als er in seine erste Hochschule berufen wurde, war dem jedoch noch grundlegend anders, zumal diese Hochschule zumindest ein Teil dessen war, was die damals protestierenden Studenten und Assistenten eine ‚Ordinarienuniversität' nannten. Von seiner Lektorenzeit an der Kölner Universität ganz zu schweigen. Der Professor selber hat damals zur Ausweitung der Selbstverwaltung, vor allem auch der Senate, kräftig mit beigetragen. Später hat er mithin auch das mitzuverantworten gehabt, was man eine Zeitlang eine ‚Gruppenuniversität' nannte und für allzu wenig effektiv hielt. Er kann nur hoffen, dass die Hochschulpolitik eines nicht allzu fernen Tages in ein vernünftiges Gleichgewicht findet, das allzu heftige Pendelausschläge hinfort unnötig macht, die Hochschulselbstverwaltung jedoch entgegen dem heutigen Zustand wieder kräftigt. Zur ‚Ordinarienuniversität' braucht das keineswegs zurückzuführen, auch nicht zur Ineffektivität.

Wenn man aber zu Senaten im besonderen etwas sagen möchte, fällt dem Professor unverzüglich der Senat der damaligen Pädagogischen Hochschule Ruhr ein, einer Föderation, die aus Abteilungen in Dortmund (einer ungewöhnlich großen Abteilung), Duisburg, Essen (mittelgroßen Abteilungen), Hagen und Hamm (zwei außergewöhnlich kleinen Abteilungen) bestand. Als der Professor dem Dortmunder Senat angehörte, und zwar in seiner Eigenschaft als Dekan der Abteilung Duisburg, war die kleine Abteilung Hamm bereits in die Abteilung Dortmund aufgegangen, die mithin nunmehr noch größer geworden war. Er sollte es erleben, dass auch die nicht ganz so kleine Abteilung Hagen in die Abteilung Dortmund aufging, so dass neben dieser nunmehr ganz außerordentlich großen Abteilung mit entsprechend personenstarkem Lehrkörper, nur noch die mittelgroßen Abteilungen Duisburg und Essen übrig blieben. Schon allein daraus ist zu entnehmen, dass die Föderation und mithin auch ihr Senat von Anfang an alles andere als stabil war. Die Föderation war wohl auch eher als eine Art Übergangslösung gedacht, als eine Übergangslösung, die den Pädagogischen Hochschulen letztlich zum lange ersehnten Status wissenschaftlicher Hochschulen mit Promotions- und Habilitationsrecht verhalf.

Hier wächst bald
kein Gras
mehr.
Es sei denn,
wir ändern uns.
Aber was soll
man mit
Gras?

Mit der fehlenden Stabilität fanden sich die einzelnen Abteilungen und ihre Mitglieder auf höchst unterschiedliche Weise ab. Jeder konnte zwar wissen, dass die Entwicklung irgendwie weitergehen werde. Auch die allgemeine Richtung der weiteren Entwicklung konnte man zumindest ahnen, war doch die Gründung neuer Universitäten, zuerst, wenngleich nur für eine kurze Zeit, als ‚Universitäten mit erziehungswissenschaftlichem Schwerpunkt', dann aber schon wesentlich verbindlicher in der Form von ‚Integrierten Gesamthochschulen' geplant. Das aber bedeutete, dass eine jede der seinerzeit in die Föderation eingebrachten Hochschulabteilungen damit rechnen musste, oder auch – je nach hochschulpolitischer Einstellung – damit rechnen durfte, zu gegebener Zeit als Kern einer solchen Neugründung ausersehen zu sein, zumindest aber in eine größere Einheit eingebunden zu werden. Diese größere Einheit würde dann allerdings keine Föderation mehr sein. Damit aber kamen regionale Gesichtspunkte mit ins Spiel, zumal die Hochschulneugründungen des Landes Nordrhein-Westfalen ohnedies stark unter regionalpolitischen Aspekten vor sich gehen sollten.

Es liegt auf der Hand, dass sich eine jede Abteilung innerhalb der Föderation über ihre jeweilige Abteilungskonferenz, und ihren Dekan mit den in ihrer jeweiligen Region gegebenen Verhältnissen und Möglichkeiten zu befassen hatte. Das aber brachte die möglichen anderen ‚Gründungskerne' am Ort ins Spiel, die nach menschlichem Ermessen in die neuen Gesamthochschulen mit eingebracht werden sollten. Die einzelnen regionalen Verhältnisse, nicht zuletzt auch das Vorhandensein oder Nichtvorhandensein weiterer möglicher ‚Gründungskerne', war von Ort zu Ort überaus verschieden. Die Zukunftsaussichten der einzelnen Abteilungen der noch bestehenden Föderation ebenfalls. Das musste sich zwangsläufig in deren vorläufig noch gemeinsamem Senat niederschlagen.

Nur eines schien absolut sicher zu sein: Der Senat selber, Rektor und Kanzler samt der Hochschulverwaltung der föderierten Hochschule, sahen in absehbarer Zeit ihrer Auflösung entgegen. Dieser Umstand mag mit dazu beigetragen haben, dass die beiden in diesem Zeitraum amtierenden Rektoren, Ulrich Freyhoff und Rolf Schridde, von Anfang an bereit waren, den auseinanderstrebenden Intentionen ‚ihrer' föderierten Abteilungen freien Lauf zu lassen. Dabei gingen sie so weit, eigentlich (noch) verbindliche Regelungen der noch geltenden Hochschulordnung auf souveräne Weise zu übersehen, immer dann nämlich, wenn das den Intentionen der einzelnen Abteilungen nützte. Es hatte sich glücklicherweise so ergeben, dass die beiden Rektoren überaus verständnisvolle und vor allem tolerante Kollegen waren, aber energisch genug, um auch den verständlicherweise eher widerstrebenden Kanzler, der schließlich Jurist, folglich von Amts wegen gesetzeskundig und gesetzeshörig war, wenigstens partiell auf ihre Seite zu ziehen.

Es versteht sich, dass dieser ‚Senat auf Abbruch' zwangsläufig ein ganz besonders listiger und lustiger Senat war. Er hatte sozusagen mit allem zu rechnen. Am stärksten trat das wohl auf seine Duisburger Mitglieder zu. Die Dortmunder konnten nämlich darauf zählen, dass sie als ungewöhnlich große Einheit als ein unübersehbar solider Bestandteil in die schon vor einigen Jahren gegründete Universität Dortmund (in diesem Fall nicht in eine Gesamthochschule) einbezogen würden, in eine Technische Universität, die bereits über ein nicht geringes wissenschaftliches Prestige verfügte. Für die Dortmunder Abteilung kam es also darauf an, ihr Gewicht im kritischen Augenblick nach Kräften zur Geltung zu bringen. Das ist ihr denn auch gelungen, und zwar mit der Folge, dass der letzte Rektor der ehemals föderierten Pädagogischen Hochschule Ruhr zu gegebener Zeit als Prorektor in das bereits bestehende Rektorat der Dortmunder Universität einzog.

In Essen sahen die Dinge anders aus. Dort gab es nämlich eine in sich stark differenzierte Hochschullandschaft, unter anderem ein voll ausgebautes Universitätsklinikum, das seit einigen Jahren organisatorisch zur Ruhr-Universität Bochum gehörte, vorher aber das Klinikum II der Universität Münster gewesen war. Man musste also damit rechnen, dass dieses Klinikum sich bis zum äußersten gegen eine Vereinnahmung durch die in Essen neu zu gründende Gesamthochschule sperren werde, zumal der von der Stadt berufene, zwar lediglich inoffizielle und vom Wissenschaftsministerium mit kritischen Augen beobachtete Gründungsausschuss zu Vorschlägen kam, die alles andere als ideologiefrei, zudem ganz ungewöhnlich blauäugig waren. Sie sahen beispielsweise die Einbeziehung der städtischen Volkshochschule in die Neugründung vor. Dem konnte das Wissenschaftsministerium schwerlich zustimmen, zumal damit seine Kompetenzgrenzen zum Kultusministerium hin überschritten worden wären.

Hinzu kam, dass die Essener Abteilung der Pädagogischen Hochschule Ruhr zwar keine Gründung des seinerzeit neu etablierten römisch katholischen Ruhrbistums war, sich nichtsdestoweniger als dezidiert katholische Hochschulabteilung (derartiges gab es damals noch!) und unter dem Schirm des Bischofs befindlich verstand, eines überaus konservativen Bischofs, der nichts von Gesamthochschulen hielt. Was blieb ihr also anderes übrig, als sich wie ein eingeschüchtertes Kaninchen möglichst unauffällig zu verhalten.

In Duisburg lagen die Dinge grundlegend anders. Die Abteilung war zwar (noch) als evangelisch ausgewiesen, strebte aber danach, dieses Etikett loszuwerden. Die Kirchenleitung der Rheinischen Landeskirche hinderte sie nicht daran. Eher im Gegenteil. In Duisburg war auch nicht mit einer erdrückend mächtigen Hochschullandschaft zu rechnen. Es gab nur eine vergleichsweise kleine Fachhochschule am Ort, die zu allem Überfluss auch noch vor Kurzem als Abteilung an die weitaus größere Fachhochschule Düsseldorf angeschlossen worden war. So musste sie im Vorfeld der Duisburger Gesamthochschulgründung eigens neu gegründet werden.

Eine prestigehaltige Medizinische Fakultät fehlte glücklicherweise in Duisburg. Von dieser Seite war also kein Widerstand zu gewärtigen. Ganz im Gegenteil: zwei in Duisburg befindliche akademische Lehrkrankenhäuser sollten sich später von sich aus um die zusätzliche Gründung einer Medizinischen Fakultät innerhalb der Gesamthochschule bemühen. Allerdings ohne Erfolg. So blieb die Essener Gesamthochschule denn auch die einzige der fünf zum etwa gleichen Zeitpunkt durch das Land gegründeten Gesamthochschulen, die später eine medizinische Fakultät aufwies, übrigens mit der Folge, dass die Ruhr-Universität Bochum von nun an ohne ein eigenes Klinikum auskommen musste. Sie musste sich stattdessen für den klinischen und Krankenversorgungsbereich mit bereits vorhandenen, teils städtischen, teils kirchlichen akademischen Lehrkrankenhäusern am Ort und in der Region abfinden. Deren Qualität war aber auch entsprechend gut.

Die Ausgangsvoraussetzungen für die Gründung der Duisburger Gesamthochschule schienen also ganz besonders günstig zu sein. Wäre da nicht das leidige Fehlen eines bebaubaren Grundstückes gewesen. Die (vorläufige) bauliche Fertigstellung dieser Hochschule sollte sich denn auch um etwa zehn Jahre verzögern. Aber das gehört nicht in diesen Zusammenhang. Professor Brüll, der fest damit rechnen konnte, schon bald zum Gründungsrektor der Duisburger Neugründung ernannt zu werden, konnte sich also unbeschwert ‚nach Innen‘ wenden, mit jenen organisatorischen Folgen, über die schon berichtet worden ist.

Was aber den Dortmunder ‚Senat auf Abbruch‘ angeht, so erwies sich der nicht nur in allen Etappen des schwierigen Übergangsunternehmens als ungewöhnlich tolerant. Nein, mehr noch: Er verfolgte das unkonventionelle, im Grunde ja auch ungesetzliche Geschehen in Duisburg mit Spannung und Zustimmung, mag dabei auch so mancher konservativ gestrickte Senator insgeheim die Hände über dem Kopf zusammengeschlagen haben. Die beiden in der fraglichen Vorbereitungszeit amtierenden Rektoren waren, zeitweise wohl eher amüsierte, immer aber fördernde Beobachter des Geschehens. Der Kanzler machte eher widerwillig mit. Es ist denn auch kein Wunder, dass dem Professor Brüll der Dortmunder ‚Senat auf Abbau' heute noch gelegentlich im Traum erscheint. Es handelt sich immer um einen ausnehmend ‚schönen Traum'.

Der Senat der im Juni 1972 gegründeten Gesamthochschule Duisburg dagegen, dem der Professor nunmehr als Gründungsrektor vorsaß, war durchaus kein ‚Senat auf Abbruch' mehr. Er war vielmehr als ‚Senat des Aufbaus' vorgesehen und hat sich denn auch als ein solcher bewährt. In unglaublich kurzer Zeit wurden die zusätzlich einzustellenden Professoren und deren Mitarbeiter berufen, beziehungsweise eingestellt, wurden Studien-, Prüfungs-, Promotions- und Habilitationsordnungen beschlossen und dem Ministerium zur Genehmigung eingereicht.

Auch dieser Senat erscheint dem Professor gelegentlich im Traum. Und auch in diesem Fall handelt es sich dann um einen einschränkungslos ‚guten Traum'. Wenngleich dieser Senat in der ersten Zeit wöchentlich gleich mehrere Male zu tagen hatte, jeweils vom Morgen bis zum Abend. Aber auch harte Arbeit kann Freude machen und letztlich ‚gute Träume' erzeugen, vor allem dann, wenn sie sichtbarlich zu einem Erfolg, zumindest aber zu feststellbaren Fortschritten führt.

Möge jener Mathematiker in unser aller Erinnerung bleiben, der sich, feuchter Füße halber, in jeder Sitzung des Gründungssenats die Schuhe auszog. Die wanderten dann stundenlang unter den in Hufeisenform aufgestellten Tischen hin und her, um sich seltsamerweise gegen Ende der Sitzungen, also absolut pünktlich, wieder neben den Füßen ihres Besitzers einzufinden. So war wenigstens für die sportliche Betätigung der hart arbeitenden Senatoren immer gesorgt, jedenfalls für das, was sich von ihnen unterhalb der Tischplatte befand. Während der ausnehmend unsportliche Rektor sich damit zu begnügen hatte, an der Übersetzung jenes Verses seines ‚Alten Seemannes' (von S.T.Coleridge) zu arbeiten, den er sich für die betreffende Sitzung vorgenommen hatte. Ebenfalls unter der Tischplatte und meistens ohne ganz zufriedenstellendes Ergebnis. Fuß-, beziehungsweise Schuhballer haben es leichter.

Lebensverkürzung

„Es ist schon ein Kreuz mit der Werbung ...“

„Wie meinen Sie das?“

„Wo immer wir sind, welchen Kanal man auch immer einschaltet: überall Werbung, nichts als Werbung. Auch der schönste Film wird einem zerhackt. Von politischen Reportagen und dergleichen ganz zu schweigen.“

„Als wenn das schon alles wäre. Da werden sie sich aber noch wundern ...“

„Weshalb und worüber?“

„Seit vorgestern weiß ich, und zwar aus sicheren Quellen, dass ab übermorgen die Fernseh- und Internetwerbung auch in unser allerprivatestes Leben hinein manipuliert wird, in unser aktives, unser reales Leben, nicht nur, wie bisher, ins virtuelle ...“

„???????“

„Wie ich das meine? Ganz einfach. Ab übermorgen wird schrittweise, etwa je zwanzig Minuten pro Tag, unser reales Leben durch virtuelles ersetzt. Flächendeckend. Selbstverständlich mit Werbung garniert. Wer wird anfangs schon merken, dass sich sein reales Leben auf diese Weise verkürzt? Von Tag zu Tag schmilzt es dahin. Wenn ich richtig unterrichtet bin, soll in der Endphase von einem auf, sagen wir mal, achtzig Jahre bemessenen Leben nur etwa ein Vierteljahr als reales menschliches Leben übrig bleiben. Das allerdings ohne jegliche Werbung.“

„Was Sie nicht sagen. Wie aber kann man dieser Manipulation entgehen, diesem, sagen wir es ruhig, überaus unanständigen, geradezu abgefeimten - Lebensraub?“

„Gewisse Erfahrungen liegen glücklicherweise schon vor. Repräsentativ kann man sie aber nicht unbedingt nennen, handelt es sich doch lediglich um die Ergebnisse eines Probelaufs ausgerechnet in South Carolina.“

„Immerhin. Nicht ganz repräsentative Erfahrungen sind schließlich besser als gar keine ...“

„Zumal das eine oder andere Individuum in South Carolina tatsächlich versucht haben soll, alle virtuellen Lebensbestandteile, vor allem aber die vielen Werbespots, so gut es eben ging, nahezu absolut auszublenden und sich auf sein reales Leben zu beschränken. Sogar mit gewissem Erfolg.“

„Das lässt immerhin hoffen. Wie aber hat man sich diesen Erfolg vorzustellen?“

„Nun, es handelte sich um eben jenen Erfolg, der ohnehin logisch zu erwarten war. Indem nämlich die virtuellen Passagen endgültig ausgeblendet waren, verkürzte sich die der jeweiligen Versuchsperson noch verbliebene reale Lebenszeit, und zwar auf überaus drastische Weise.“

„Die Versuchsperson wurde also nicht etwa achtzig, sondern nur, sagen wir mal, ein Vierteljahr alt?“

„So ungefähr. Man kann es aber auch etwas weniger exakt und mithin allgemeingültiger ausdrücken. Etwa so: ihr Tod traf schon nach unerwartet kurzer Zeit ein. In aller Regel hatte sie nur noch einige wenige Lebenssekunden vor sich.“

„Wie bitte?“

„Die Betreffenden hatten nämlich zum Zeitpunkt ihrer Manipulation die verkürzte Lebenszeit, die ihnen nach den neuen Berechnungen noch zustand, im Grunde schon um viele Jahre überschritten. Manche schon um einige Jahrzehnte Aber wer rechnet da schon so genau? In einigen besonders krassen Fällen könnte man wohl von so etwas wie einer verspätet eingetretenen Säuglingssterblichkeit sprechen, vom Tod im Mutterleib einmal ganz zu schweigen. Menschen sind nun einmal leichtsinnig. Und undankbar. Wo sie doch ein so schönes, ungestört langes, virtuelles und durch bunte Werbung verziertes Leben hätten haben können!“

„Welche Folgerungen aber wären aus dem Probelauf in South Carolina zu ziehen?“

„Das dürfte individuell verschieden sein, je nach persönlicher Lebensplanung etwa.“

„Vor allem aber sollte man sich wohl wieder etwas stärker um die Grundrechenarten kümmern. Damit man nicht eines Tages allzu sehr überrascht wird.“

„Und als verspätetes Baby stirbt.“

XI

„He, Sie da! Das ist MEIN Platz!"
„Na und ..."
„Das ist MEIN Platz!"
„Na und ..."
„Sagen Sie mal, fehlt Ihnen etwas?"
„Natürlich. Ihr Platz."

Illusionen perdu

Bevor sich die Leitvorstellung ‚Integrierte Gesamthochschule' durchsetzte, war im Land Nordrhein-Westfalen die Gründung einiger neuen Universitäten vorgesehen, die sich schwerpunktmäßig der Ausbildung von Lehrern annehmen sollten. Dabei wurde vor allem an den weiteren Ausbau der schon vorhandenen Pädagogischen Hochschulen gedacht. In denen aber konnte man sich bisher lediglich als Lehrer an Grund- und Hauptschulen, in Ausnahmefällen, nämlich über besondere Zusatzkurse, auch zum Realschullehrer ausbilden lassen. An den nun neu geplanten ‚Universitäten mit erziehungswissenschaftlichem Schwerpunkt' sollte jedoch die Lehrerausbildung für sämtliche Schularten ihren Platz finden.

Das aber schien zu Problemen führen zu wollen. Die neuen Universitäten waren zwar nach dem Willen des damaligen Kultusministers Fritz Holthoff als die dritte bisher noch fehlende Säule des Universitätswesens geplant. Sie sollten gleichberechtigt neben den bereits bestehenden Universitäten und den Technischen Hochschulen ihren Platz haben. Absolut utopisch war das nicht, fielen doch auch die bereits bestehenden Pädagogischen Hochschulen in ihrer relativ neuen föderativen Gestalt schon in die Rubrik ‚wissenschaftliche Hochschulen', hatten folglich Promotions- und Habilitationsrecht.

Das Kultusministerium des Landes verfügte damals über zwei Staatssekretäre. Der eine war für den Bereich des Schulwesens, der andere für den der Hochschulen zuständig und war (beurlaubter) ordentlicher Professor der Ruhr-Universität Bochum, um wenig später schon an die damals vorwiegend als Forschungsuniversität konzipierte Universität Bielefeld berufen zu werden, einige Jahre später dann an die Universität Zürich. Woraus sich ergibt, dass dieser Professor der Philosophie schon damals ein hochrenommierter Mann war.

Professor Brüll, der ihn schon im Beratungsstab des späteren Kultusministers näher kennen gelernt hatte, wurde denn auch im Vorfeld der schon bald anstehenden Regierungsneubildung von diesem Philosophieprofessor gefragt, was es denn nun eigentlich mit den Pädagogischen Hochschulen auf sich habe, vor allem aber auch mit den vom nunmehr sein Amt antretenden Minister Holthoff so hoch favorisierten Erziehungswissenschaftlichen Universitäten, die letztlich ja aus einigen der bereits bestehenden Pädagogischen Hochschulen entwickelt werden sollten. Es war ganz offenkundig: in den höheren und vermutlich dünneren Sphären der deutschen Universität, zumindest aber deren Philosophischen Fakultäten, ganz zu schweigen vom illustren Fach Philosophie, schien man die eher wohl dubiose Institution ‚Pädagogische Hochschule' nicht zu kennen. Professor Brüll wurde also um Nachhilfeunterricht gebeten. Dabei wurde er, wie er deutlich zu bemerken glaubte, sogar auch wissenschaftlich nahezu ernstgenommen. Immerhin hatte er gerade einen Ruf an eine Universität erhalten und war dabei – was allerdings so gut wie unverzeihlich war – sich zu überlegen, ob er ihn auch tatsächlich annehmen solle.

Nach vollzogener Regierungsbildung berief der professorale Staatssekretär, der nunmehr, wie er vermutlich glaubte, mit dem nötigen Grundwissen über Pädagogische Hochschulen ausgerüstet war, eine beratende Kommission, die aus Angehörigen der Landesuniversitäten, Technischen und Pädagogischen Hochschulen des Landes bestand. Diese Kommission sollte eine sinnvolle Grenzziehung zwischen den bereits bestehenden Universitäten und den geplanten erziehungswissenschaftlichen Universitäts-Neugründungen vorschlagen. Verständlicherweise wurde auch Professor Brüll, der schließlich seinerseits den Staatssekretär-Professor in den für schwierig gehaltenen Bereich der Pädagogischen Hochschulen in einer Art Schnellkurs eingeführt hatte, in die Kommission berufen. Die war glücklicherweise klein und mithin überschaubar. Eigentlich hätte sie in der Lage sein müssen, schon nach verhältnismäßig kurzer Zeit ein brauchbares Konzept vorzulegen. Allerdings waren die Vertreter der Universitäten weit in der Überzahl. Dass sie auch die Über*macht* hatten, sollte sich schon bald zeigen. Ihre deutlich spürbare Übermacht hing mit ihrer weitaus besseren Ausstattung zusammen. Hatten die Vertreter der Universitäten doch die Möglichkeit, in kritischen Situationen ganze Geschwader von Wissenschaftlern, nicht zuletzt auch Statistikern, als Gutachter für sich arbeiten zu lassen. Die drei Vertreter der ‚anderen Seite' hatten dem nichts Vergleichbares entgegen zu setzen. Es sollte sich zeigen, dass gerade auch Statistiken bei den Beratungen eine entscheidende, gleichzeitig aber auch unheilvolle Rolle spielten. Statistiken sind nicht nur manipulierbar. Sie lassen sich auch auf höchst unterschiedliche Weise interpretieren.

Unser Professor war zwar durchaus kein Kommissions-Greenhorn. Eher im Gegenteil. Er war schon von verschiedenen Ministern in Kommissionen berufen worden, immer dann nämlich, wenn es um das Anstoßen von Reformen ging, in denen die Lehrerausbildung im allerweitesten Sinne tangiert war. Vor Jahren einmal hatte er in einer Kommission gesessen, die der im Lande bis dahin tabuisierten koedukativen Erziehung den Weg ebnen sollte. Mit einigem Grausen erinnert er sich vor allem an seine Mitarbeit in einer Kommission zur Vorbereitung von Kollegschulen. Damals versuchte deren Vorsitzender, ein Pädagogikprofessor im Mao-Look, aber beträchtlichen modisch-fachlichen Ansehens, ein überaus ideologisch geprägtes, zudem undurchschaubar kompliziertes Curriculum für diese Schulen durchzudrücken. Mit erheblichem (Anfangs-) Erfolg.

In der Rückschau will es Professor Brüll so scheinen, als habe er damals schon jene Strategie vorbereitet, die er nun auch in dem neuen Ausschuss wählen sollte. Auch damals nämlich hatte er, als es intellektuell verstiegen und unerträglich ideologisch wurde, unter gut dosiertem, anschließend schriftlich begründetem Protest die Kommission verlassen, allerdings ohne jene durchschlagende Wirkung zu erzielen, die ihm im neuen Ausschuss letztlich vergönnt war. Kein Wunder, hatte er doch seine Strategie (und

Taktik) mittlerweile verfeinern können. Im Zuge dieses Verfeinerungsprozesses schien er sogar den Grund dafür gefunden zu haben, weshalb man ihn so gern in kritische Ausschüsse berief.

Er war zwar immer als eine Art ‚Reform-Speerspitze' vorgesehen, zugleich aber als jemand, der mit Sicherheit kein Ideologe, geschweige denn ein Radikalinski war. Die ihm bisher zugewiesene Rolle mochte ihm wohl auch in der neuen Kommission zugedacht sein. Darin schien er sich diesmal aber geirrt zu haben, ging es doch hier offensichtlich weit weniger um Ideologien im zeitgeist-gewohnten Sinne als um die Wahrung von traditionsgeheiligten Besitzständen. Nicht auch nur von ferne hätte der Professor mit dem gerechnet, was ihm nun bevorstand. Mochten in dieser Kommission auch keine Ideologen, sondern Fachwissenschaftler, und zwar zum größeren Teil überaus angesehene, sitzen. Das schloss jedoch nicht aus, dass die Universitätsvertreter unter ihnen durchweg von jener spezifischen Universitäts-Ideologie geprägt waren, die Professor Brüll vor einigen Tagen noch dazu bewogen hatte, den Ruf an die Universität Trier-Kaiserslautern abzulehnen und seiner Pädagogischen Hochschule treu zu bleiben. Er hatte sich also auf einiges gefasst zu machen.

Am Anfang war das Verhandlungsklima noch kollegial. Es war sogar ganz ausgesprochen freundlich. Kein Wunder, denn zuerst einmal schienen die Universitätsvertreter im neuen Ausschuss froh zu sein, das, was sie ohnedies eher als einen ihre Forschung hindernden Ballast betrachteten, an die neu zu gründenden Institutionen abgeben zu dürfen. In allererster Linie handelte es sich dabei um die Realschullehrerausbildung. Auch einen Teil der Gymnasiallehrerausbildung, etwa die in den Nebenfächern, wäre man offensichtlich gern losgeworden. Die Vertreter der ‚anderen Seite', also auch Professor Brüll, konnten also zufrieden sein. Die angestrebte Grenzziehung schien einigermaßen problemlos zu gelingen. So konnte man denn auch nach den ersten Sitzungen freundschaftlich auseinandergehen.

Die andere Seite
der Münze:
Was geht sie
uns an?

Nun aber griff die Statistik ein. Sie machte den freundschaftlich-kollegialen Umgang miteinander fortan so gut wie unmöglich. Hatten die Universitätsvertreter nämlich bisher damit argumentiert, dass sie alle weniger forschungsintensiven Studiengänge (wie sie es sahen) bereitwillig abgeben könnten, so hatte die Statistik ihnen nun schlagartig klar gemacht, dass einige ihrer Disziplinen, ja gerade auch die sogenannten ‚großen Fächer', wie etwa die Germanistik, aber auch die Anglistik, in etwa auch die Geschichtswissenschaft, beinahe zur Hälfte ausgerechnet mit jenen Studierenden zu tun hatten, die man bisher so gern hatte loswerden wollen. So studierten damals an einer der betroffenen Universitäten etwa 60% der Studierenden dieser Fächer ausschließlich mit dem Ziel des Lehramtes an einer Realschule. Man hätte also mit einem gehörigen, einem nicht hinnehmbaren Studentenschwund zu rechnen, mithin aber auch mit der Gefährdung nicht weniger Planstellen für Professoren, Dozenten, Akademische Räte und Assistenten. Was aber sollte dann aus dem akademischen Nachwuchs werden? Sollte der sich etwa in die neuen Universitäten begeben, die man selbstverständlich nicht für gleichrangig hielt?

Sozusagen von einem Tag auf den anderen erwiesen sich alle bisher einvernehmlich erarbeiteten Pläne als Makulatur. Die Tatsache, dass sie wissenschaftlich sauber, von ganzen Geschwadern universitärer Hilfskräfte außerhalb der Kommission unterstützt, erarbeitet worden waren, spielte keine Rolle mehr. Nun kamen andere, nämlich gegenteilige Papiere auf den Tisch. Man drehte die Argumentation, ebenfalls wieder wissenschaftlich sauber und von universitären Hilfskräftegeschwadern unterstützt, radikal um. Ohne auch die geringsten Anzeichen von Scham, so als handele es sich um die selbstverständlichste Sache der Welt. Erhärtet wurde das Ganze durch Statistiken. Hätte man wenigstens den wahren Grund der Wende genannt! Selbst ‚die andere Seite' hätte den Argumentationswandel zur Not verstanden, wenngleich gewiss nicht gebilligt. Was aber kann man gegen eine breit angelegte, in sich schlüssige, scheinbar wissenschaftliche Argumentation ausrichten, die nun unter anderem gerade die umstrittene Realschullehrerausbildung als für die Universität, vor allem auch deren Forschung, als unverzichtbar darstellt?

Macht fast gar nichts,
sagte er endlich,
es war nur mein
Genick.

Die Universitätsvertreter setzten von nun an verständlicherweise alles daran, die Arbeit der Kommission so schnell wie nur eben möglich zum gewünschten Abschluss zu bringen. Man schien sich unverzüglich an die Abfassung des Kommissionsberichtes machen zu wollen. Auf Gegenargumente hörte man nicht mehr, wagte es sogar, die Fachkompetenz eines der Vertreter der ‚anderen Seite', wenn auch nur leicht verblümt, anzuzweifeln. Der war leider – was an den damaligen Pädagogischen Hochschulen gelegentlich noch vorkam – nicht einmal promoviert, geschweige denn habilitiert, galt aber mit Recht als ein vorzüglicher Didaktiker der Physik. Aber was will das schon besagen? Für die damaligen (auch für heutige?) Universitätsvertreter war schon allein das Wort ‚Didaktik' eher suspekt. Jedenfalls traute man dem, was es bezeichnete, nichts auch nur einigermaßen Seriöses zu. Der andere Vertreter der unterlegenen Seite war glücklicherweise Philosophieprofessor und zudem habilitiert. Professor Brüll als deren dritter Vertreter hatte gerade einen Ruf auf ein Ordinariat an einer Universität eines anderen Bundeslandes, das nicht einmal ‚didaktisch' war, abgelehnt. Den beiden konnte man also nicht so leicht etwas nachsagen, jedenfalls nicht so, dass sie es wahrnehmen mussten. Der Physikerkollege jedoch litt, ohne sich wehren zu können, saß doch neben ihm ausgerechnet ein Physiker einer der älteren Landesuniversitäten, ein ‚Kollege' also, dem es nichts auszumachen schien, das Arbeitsfeld seines didaktischen Minderkollegen auf, wenngleich geistreiche Weise, lächerlich zu machen.

Es war also Not am Mann. Zumal Brüll wusste, dass der Ausschussvorsitzende, ein hochrenommierter Psychologe, der schon wenig später zum Vorsitzenden des Wissenschaftsrates berufen werden sollte, in enger Beziehung zum professoralen Staatssekretär stand. Den kannte unser Professor inzwischen zwar auch recht gut. Er hatte jedoch davon auszugehen, dass zwischen dem Staatssekretär und dem Ausschussvorsitzenden eine weit engere Beziehung bestand. Das sich nun leider abzeichnende Ergebnis der Kommissionsarbeit schien auch im Interesse des Staatsekretärs zu liegen.

Der stellte sich damit allerdings gegen den Willen seines Ministers. Es sollte denn auch schon bald ein erbitterter Streit zwischen den beiden ausbrechen, der letztlich dazu führte, dass der Minister den Hochschulbereich an seinen Ministerpräsidenten abgeben musste, der ihn seinerseits, jedenfalls faktisch, in die Hände des professoralen Staatssekretärs legte. Das konnte Professor Brüll damals zwar noch nicht wissen. Was er aber wusste, reichte ihm schon.

Er erklärte also seinen Rücktritt aus der Kommission, sehr wohl wissend, dass er ihr damit die Abfassung des von den Universitätsvertretern beabsichtigten überaus einseitigen Abschlussberichtes unmöglich machte. Zumal er seinen Rücktritt schriftlich begründete. Was aber würde die Folge sein? Nun, der Professor hätte sie sich nicht erbaulicher vorstellen können. Nach einigen Tagen besuchte ihn nämlich der professorale Staatssekretär höchstpersönlich in seiner bescheidenen Duisburger Wohnung. Man redete nicht lange um die Sache herum. Sollte der Staatssekretär aber damit gerechnet haben, den Professor umstimmen zu können, so hatte er sich gründlich geirrt. Nach einiger Zeit zog er sich denn auch, vermutlich grollend, zurück.

Weit wichtiger aber war dies: Der Abschlussbericht der Kommission, der dem Professor einige Wochen später zugestellt wurde, fiel nun absolut nichtssagend aus. Die Kommission hatte also so gut wie vergeblich getagt. Allerdings hatte sich inzwischen auch die hochschulpolitische Gesamtproblematik grundlegend verschoben. Die von Anfang an nicht ganz un-utopische Konzeption der ‚Integrierten Gesamthochschule' war nun, und zwar bundesweit, am Horizont aufgetaucht, eine Konzeption, die den Universitätsvertretern ebenfalls nicht sympathisch sein konnte. Von nun an hatte es also nicht mehr um die Verteilung verschiedener Studiengänge auf die einzelnen Hochschultypen zu gehen, sondern stattdessen um deren Integration in ein einheitliches, wenngleich in sich stark differenziertes System. Auch aus diesem Grund taugte der nunmehr farblose Abschlussbericht der leidigen Bochumer Kommission nur noch für den ministerialen Papierkorb, das heißt, für die Registratur. Dort dürfte er heute noch schlummern.

Während die Universitäten sich daran machten, nach Möglichkeit der nun offensichtlich auf sie zu rollenden gewaltigen Welle der Gesamthochschul-Ideologie zu trotzen. Das sollte ihnen denn auch weitgehend gelingen. Man brauchte diesmal keine Kommission, um sie in ihrer Allgemeingültigkeit zu Fall zu bringen. Das besorgte einige Jahre später, wenngleich eher indirekt, nämlich auf die Einheitlichkeit der Professorenrechte bezogen, das Bundesverfassungsgericht. Ausgerechnet einige Professoren an Gesamthochschulen hatten es, unter Einschaltung des (konservativen) Hochschulverbandes, angerufen.

Mittlerweile war der Staatsekretär wieder in sein akademisches Lehramt zurückgekehrt. Nach einer Landtagswahl war das Kabinett umgebildet worden. Ein Professor Brüll schon seit vielen Jahren gut bekannter, man kann wohl sagen freundschaftlich verbundener, damals noch sehr junger Mann übernahm das Wissenschaftsministerium, das nunmehr gänzlich aus dem Kultusministerium herausgelöst worden war: Johannes Rau, der spätere Ministerpräsident des Landes, der letztlich dann Bundespräsident werden sollte.

Mit ihm brach auch offiziell die Zeit der Gesamthochschulen an. Alle bisherigen Planungen waren nun Makulatur. Der ehemalige Staatssekretär aber sollte nach einigen Jahren einen ehrenvollen Ruf an die Universität Zürich annehmen. Sein Abgang war also so reputierlich, wie es einem Professor seines Kalibers zukam. Er hat denn auch in den folgenden Jahren immer wieder von sich reden gemacht. Einmal ist Professor Brüll ihm sogar begegnet: in Sils-Baselgia, das heißt am Silser See im Oberengadin. Der ehemalige Staatssekretär, nunmehr wie unser Professor emeritiert, ging am Rand dess Sees spazieren, seine Ehefrau und seinen Hund mit sich führend. Die beiden emeritierten Professoren schienen einander zwar wiederzuerkennen, obgleich mittlerweile mehr als dreißig Jahre vergangen waren. Sie schienen einander sogar zu begrüßen, wenngleich über die Maßen reserviert, sozusagen aus den Augenwinkeln. Zu einem wie auch immer gearteten Wortwechsel kam es nicht. Zu einem Aufeinandertreffen im Hotel verständlicherweise erst recht nicht. Dürfte der illustre ehemalige Staatssekretär-Professor doch im unstreitig ersten Haus am Platze, im ‚Waldhaus' in Sils-Maria, einer seit mehr als hundert Jahren überaus illustren Herberge ebenso illustrer, nicht zuletzt auch professoraler Gäste, abgestiegen sein. Während Professor Brüll sich schon seit Jahren mit einem Familienhotel der oberen Mittelklasse unmittelbar am Silser See, aber in Sils-Baselgia, etwa 200 Meter von Sils-Maria entfernt, begnügte. Die offensichtlich naturgegebenen Rangordnung wurde also auch auf diesem durchaus unwissenschaftlichen Gebiet beachtet. Wie es sich gehört.

Gutachten
haben gelegentlich
kurze Beine.

Menschliche Urerfahrung

Wer rechnet schon damit, dass ihm plötzlich ein Horn wächst? Herr Adamcyk jedenfalls hatte nicht damit gerechnet. Eines Tages aber ließ es sich nicht mehr verbergen, dass ihm an der rechten Seite, oberhalb der Schläfe, tatsächlich ein Horn angewachsen war. Vorläufig noch ein kleines. Man konnte noch eine Zeit lang davon ausgehen, dass es sich durch eine entsprechende Anlage der Frisur verbergen ließ. Aber wie lange noch? Es wuchs nämlich beständig, pro Monat etwa drei Millimeter. Herr Adamcyk bemerkte es mit mildem Entsetzen. Nach etwa einem Jahr hatte es denn auch die in solchen Fällen normale Hornlänge erreicht.

Es ist nur allzu verständlich, dass Herr Adamcyk von nun an seiner linken Kopfseite, wiederum in Höhe der Schläfe, sein besonderes Augenmerk angedeihen ließ. Tat sich da etwa auch etwas? Zu befürchten war es. Und tatsächlich: Nach einem Monat der Ruhe stellte sich das von Herrn Adamcyk mit Furcht und Zittern erwartete linke Horn ebenfalls ein. Vorläufig war es zwar nur ein Hörnchen, im Grunde recht lieblich anzuschauen Da Herr Adamcyk aber aus eigener leidiger Erfahrung mittlerweile wusste, wie derartige Lieblichkeiten sich weiter entwickeln, musste er die Sache anders sehen, zumal das linke Horn offenkundig doppelt so schnell zu wachsen schien wie seinerzeit das rechte. War Herr Adamcyk doch inzwischen um einige Monate älter geworden, was unweigerlich zur Folge hatte, dass er nun als, sagen wir einmal, Gesamtmensch um einige Grade fortgeschrittener war. Er kam deshalb nicht daran vorbei, sich um einen möglichst guten Friseur zu kümmern, der das Ganze einigermaßen zu bedecken verstand. Was selbstverständlich nicht ausschloss, dass Herr Adamcyk sein Hauptaugenmerk von nun an auf seine Füße zu richten hatte, war doch auch das Anwachsen eines Satanshufes nun alles andere als unwahr-

scheinlich. Neigt doch die Natur leider dazu, unangenehm folgerichtig zu sein. Das sagt jedoch so gut wie gar nichts darüber, welchen Fuß, den rechten oder den linken, sie im konkreten Fall vorzuziehen geneigt ist. Was Herrn Adamcyks Spannung verständlicherweise erhöhte.

Diesmal sollte es sich, leider auf die Dauer unübersehbar, um den rechten Fuß handeln. So hatte Herr Adamcyk sich nun in angemessenen Abständen zu einem orthopädischen Schuster zu begeben. Denn auch der Satanshuf brauchte einige Zeit, bis er seine endgültige Größe (und die war beträchtlich) erreicht hatte. Es war also immer wieder für neu angepasste Schuhe zu sorgen.

„Gewisse menschliche Eigenschaften, eher wohl Eigenarten, wenn man nicht gar von Abarten reden will, scheinen die Angewohnheit zu haben, zusätzlich stark ins Geld zu gehen", musste sich Herr Adamcyk, der durchaus nicht mit weltlichen Gütern überreich gesegnet war, eines Tages eingestehen. Im stillen Kämmerlein tat er das. „Wo ich mir doch sonst so gut wie gar nichts gönne ..." fügte er betrübt hinzu. Womit er zweifellos recht hatte.

Immerhin: Dem nun mit Sicherheit in Kürze zu erwartenden Satansschwanz sah er trotzdem mit bewundernswerter Fassung entgegen. Ließe der sich doch ohne allzu große Mühe verbergen. Woraus sich entnehmen läßt, dass Herr Adamcyk in seinen hinteren unteren Regionen normalerweise bekleidet war.

Der Satansschweif stellte sich denn auch nach geraumer Zeit ein, anfangs als zierliches Ringelschwänzchen, bald aber schon als unbedingt ernstzunehmender geradliniger und tiefschwarzer Schwanz beachtlicher Länge, von Anfang an mit einer possierlichen Quaste versehen. Die aber kam nur abends beim Zubettgehen zu voller Geltung, dann selbstverständlich auch morgens vor dem Ankleiden, denn Herr Adamcyk stopfte seinen Teufelsschwanz dann entschlossen in die Hose. Die aber hatte nunmehr vergleichsweise geräumig bemessen zu sein.

So hätte das Leben geruhsam weitergehen können, da Herrn Adamcyks einschlägige Entwicklung nun als abgeschlossen gelten konnte. Seine äußere Entwicklung. Was aber seine eher innere Entwicklung betraf, war glücklicherweise noch so manches zu tun. Das, was hier noch zu leisten war, hing durchweg mit dem zusammen, was man normalerweise ‚Erkenntnis' nennt. Aber ausgerechnet an der anerkannt wichtigen Erkenntnisfront sollte Herr Adamcyk in den folgenden Jahren beachtliche Fortschritte machen. Das hing nicht zuletzt mit folgendem uns allen bekannten Phänomen zusammen:

Ist der Mensch nämlich mit einem ganz bestimmten Gebrechen, einem inneren oder äußeren, geschlagen, so scheint glücklicherweise dafür gesorgt zu sein, ihn im Laufe der Zeit feststellen zu lassen, dass die Zahl jener Mitmenschen, die sich mit dem gleichen Gebrechen herumzuschlagen haben, alles andere als gering ist. Diese überaus erleichternde Erfahrung wurde auch Herrn Adamcyk zuteil. Wo er auch ging und stand, überall bemerkte er allzu kunstvolle Frisuren, die etwas zu verbergen schienen, orthopädische Schuhe und ungewohnte Faltenwürfe in jenen mittleren hinteren Teilen männlicher, in zunehmendem Maße aber auch weiblicher Hosen, die normalerweise für das jeweilige menschliche Gesäß zuständig sind. Gerade auch letzteres beruhigte ihn ungemein, obgleich er sich nicht ganz mit dem Umstand abfinden konnte, dass sich gelegentlich innerhalb dieser Hosen verräterischerweise etwas, mal lebhaft, mal weniger lebhaft, zu bewegen schien. Auch ein gewisser, in fast allen einschlägigen Hosen vorhandener eigentlich eher ungewöhnlicher Faltenwurf behagte ihm nur wenig. Man sieht: Herr Adamcyk war von Hause aus ein sittenstrenger, gut erzogener, darüber hinaus aber modebewusster Mensch. Auch seine inzwischen erworbenen zusätzlichen körperlichen Attribute schienen daran nichts geändert zu haben. Jedenfalls nichts Spürbares.

Wie dem auch sei: Von nun an brauchte Herr Adamcyk sich nicht mehr unbedingt als Angehöriger einer Minderheit zu betrachten, geschweige denn einer unterdrückten, missachteten Minderheit. Man war ‚unter sich'.

Wozu der Umstand beitrug, dass seine Fortschritte in puncto Erfahrung ihn eines Tages, geradezu schockartig, erkennen ließen, dass nicht wenige seiner Mitmenschen auch dann, wenn sie rein äußerlich nicht über die verräterischen Attribute verfügten, eben doch zu dieser ganz und gar nicht missachteten Minderheit gehörten. Sie schienen diese Attribute nämlich – bedient man sich ausnahmsweise einmal eines psychologischen Vokabulars – erfolgreich verdrängt zu haben, mittels Verdrängung sozusagen nach Innen gestülpt. Herr Adamcyk war glücklicherweise weder Arzt noch Psychologe. So hatte er sich nicht mit der Frage zu befassen, wie wohl das Innenleben, physisch und psychisch, jener so erfolgreich verdrängenden Mitmenschen beschaffen sein musste. Vermutlich hatte man sie als innerlich ganz ungewöhnlich ‚beengt' zu bezeichnen.

Bis zu diesem Punkt vermochte selbst der fachunkundige Herr Adamcyk das Problem zu erfassen, ein angemessen tief verborgenes Problem. Er wunderte sich deshalb nicht allzu sehr darüber, dass derartige Mitmenschen vor allem in den Bereichen Wirtschaft und Politik ungemein häufig anzutreffen waren, meistens in gehobener Stellung, wenn nicht gar in Führungspositionen. Dass er sich nicht darüber wunderte, spricht für ihn. Aber auch die verschiedenen Kirchen und Glaubensgemeinschaften, die mannigfachen sozialen Dienste, vor allem aber die Schulen und Hochschulen schienen dem eher verdrängenden Mitmenschentyp ein angemessenes Ambiente zu bieten. Während die diversen Verbrecherkarteien der Welt, insoweit sie Herrn Adamcyk überhaupt zugänglich waren, eher mit nicht verdrängenden Exemplaren bestückt zu sein schienen. Woraus sich, zumindest für Herrn Adamcyk, die Frage herleitete, ob nicht vielleicht auch er selber in naher oder ferner Zukunft in eine derartige Kartei eingehen solle, unbedingt müsse oder sogar wolle.

Es war ihm klar, dass diese Frage durchaus etwas mit der für ihn noch nicht gelösten Berufsfindung zu tun hatte. Bislang hatte er nämlich noch vom Vermögen seiner – ob verdrängenden, ob nicht verdrängenden, ob ‚normalen' – Eltern gelebt. Nun aber kam er nicht mehr um die Erkenntnis herum, dass einige der Berufe, die eher auf die verdrängende Sorte Mensch zugeschnitten waren, für ihn nicht in Frage kamen. Aber die Erkenntnis fiel ihm nicht allzu schwer, hatte er doch glücklicherweise nur Falsches, nämlich Unbrauchbares studiert. Die meisten Berufe fielen damit leider sowieso für ihn aus. Blieb der des Politikers. Aber vor dem scheute Herr Adamcyk begreiflicherweise zurück. Er war nämlich ein vernünftiger Mensch und verfügte über mehr als das übliche Maß an Selbst-, vor allem aber auch an Menschen- und Politik-Erkenntnis. Damit hing auch der Umstand zusammen, dass er bisher noch keine eheliche oder auch nur von ferne eheähnliche Verbindung eingegangen war, geschweige denn mit dem Gedanken gespielt hatte, sich mittels der unter derartigen Rahmenbedingungen üblichen Praktiken, also auf dem Wege über das Zeugen von Nachwuchs, zu vermehren. War er sich doch nicht sicher genug, ob es sich bei seinen Beschwerden etwa um erworbene, nicht aber um eher ererbte Eigenschaften handelte. Im ersteren Fall hätte er eine Vermehrung nicht unbedingt fürchten müssen. Denn erworbene Eigenschaften vererben sich nicht. Jedenfalls nicht nach der augenblicklich geltenden Lehre. Aber Adamcyk war lieber vorsichtig.

Er tat gut daran, ist doch den Frauen, vor allem aber Ehefrauen und Partnerinnen der verschiedenen Varianten, nicht unbedingt zu trauen.

So kam es (glücklicher- oder eher unglücklicherweise) dazu, dass Herr Adamcyk eines Tages verstarb, bevor er sich in der Frage der Berufsfindung, beziehungsweise der Fort- oder Nichtfortpflanzung endgültig entschieden hatte. Einige wichtige Erfahrungen mögen ihm zwar auf diese Weise entgangen sein. Hätte er jedoch, als er endlich zweifellos mausetot war, gleichzeitig noch eine Weile lang lebendig sein können, so hätte er bemerken dürfen, dass sich seine Satansattribute, nun da er isoliert und bewegungslos in seinem Sarg lag, in beeindruckender Eile zurückentwickelten. Schon nach knapp einer halben Stunde blieb somit ein absolut normaler, das heißt ein attributloser Adamcyk-Leichnam im Sarg zurück. Da der in seinem nun nahezu endgültigen Zustand über keinerlei Verdrängungsmöglichkeiten mehr verfügte, konnten sich die fraglichen Attribute wohl kaum in sein nun verstorbenes Innere gestülpt haben.

Die Öffentlichkeit, insoweit sie überhaupt irgendwann von Herrn Adamcyk Kenntnis genommen hat, muss das wohl bemerkt haben. Denn die Nachrufe, die man ihm, eigentlich eher unbegreiflicherweise, in einigen regionalen Zeitungen nachschickte, stellten ihn samt und sonders als einen vorbildlichen Mitbürger und Mitmenschen dar. Es war ihm zu gönnen.

Das Leben geht weiter.
Wohin sollte es auch?

XII

Gewichtiger Import

Professor Brüll hatte in den ersten Jahren nach der Hochschulgründung dafür zu sorgen, dass die Zusammenführung der zwei so verschiedenen ‚Gründungskerne', vor allem aber die möglichst zügige personelle Ergänzung des Lehrkörpers durch Berufungen neuer Professoren und Mitarbeiter erfolgreich vonstatten ging. Das brachte zwangsläufig mit sich, dass er sich auch um den Ausbau seines eigenen Faches, die Anglistik, zu kümmern hatte. Das Fach bestand vorerst lediglich aus der Grundausstattung der mittlerweile in die Neugründung aufgegangenen Pädagogischen Hochschulabteilung. Zu dieser Anglistik gehörte er nun selber, wenigstens zeitweilig, nicht mehr. Als Gründungsrektor hatte er wahrlich genug zu tun. Seinen Lehr- und Forschungsbetrieb hatte er deshalb vorläufig einstellen müssen. Was selbstverständlich nicht ausschloss, dass er auch weiterhin ein wachsames Auge auf den Ausbau seines Faches richtete, mochten auch andere ihn im Augenblick vor allem betreiben.

Zum Zeitpunkt der Neugründung war der anglistische Nachwuchsmarkt ungemein eng. Hinzu kam, dass nunmehr allein im Land Nordrhein-Westfalen gleich fünf neue Hochschulen auf Nachwuchsjagd gingen. Da zahlte es sich aus, wenn man einen möglichst guten Überblick über die Personallage an anderen Hochschulen hatte, vor allem bezogen auf deren Nachwuchs. Es mag sein, dass einige der Kollegen des Professors in dieser Beziehung um einige Grade besser gerüstet waren als er. Ganz leer stand er aber auch nicht da. Das sollte sich gleich bei den ersten Bewerbungen zeigen. Hinzu kam jedoch Folgendes.

Ein knappes Jahr nach der Gründung der Duisburger Gesamthochschule stellte sich heraus, dass ein international bekannter ehemals Prager, damals Portsmouther Anglist und Linguist, der als Jude in seinem Leben bereits zweimal hatte emigrieren müssen, grundsätzlich bereit zu sein schien, einen Ruf an eine kontinentale Universität, sei es auch an eine deutsche, anzunehmen. Es handelte sich um Vilém Fried, den der Professor, obgleich er selber kein Linguist war, sowohl über einige Publikationen als vor allem auch vom Hörensagen her kannte. Glücklicherweise lehrte Fried im Augenblick am Polytechnic in Portsmouth, also ausgerechnet an einer britischen Hochschule, an deren Vorgängereinrichtung der Rektor kurz nach dem Krieg ein Jahr lang studiert hatte und die nunmehr eine der Partnerhochschulen der Duisburger Universität war. Nachdem Fried aus einem Forschungsurlaub in Kalifornien, und zwar an der UCLA, nicht mehr in die inzwischen von den Sowjets besetzte Tschechoslowakei hatte zurückkehren können, lehrte er dort seit einigen Jahren, also ausgerechnet in jener Hochschule, zu der auch der Professor noch in enger Beziehung stand. Ganz davon zu schweigen, dass Professor Brüll in Portsmouth auch noch einige persönliche Freunde hatte.

Hier galt es anzusetzen. Der Professor und Rektor entsandte also einen jungen Kollegen, einen seiner ehemaligen Assistenten, der nun ebenfalls Professor war, nach Portsmouth, um bei Vilém Fried zu sondieren. Die Sondierung fiel positiv aus, zumal ihr ein umfangreicher und immer persönlicher werdender Briefwechsel zwischen Fried und Brüll vorausgegangen war. Eines Tages war Fried grundsätzlich bereit, sich schriftlich um die Stelle in Duisburg zu bewerben. Schon nach kurzer Zeit wurde er von Berufungskommission und Senat auf den ersten Platz der Berufungsliste gesetzt, und zwar ohne dass er persönlich vorher in Duisburg gewesen wäre. Das Ministerium, vor allem aber der Senat, hatten sich mit diesem an sich gänzlich unüblichen Verfahren einverstanden erklärt. Damit aber fing für Fried die Sache an, ‚heiß zu werden', war doch nun mit dem endgültigen Ruf zu rechnen.

Es versteht sich also, dass Vilém Fried den Ort seines künftigen Wirkens zuerst einmal in Augenschein nehmen wollte, bevor er sich endgültig für Duisburg entschied. Er machte sich also auf nach Duisburg, mithin in ein Land, das ihm verständlicherweise nicht ganz geheuer sein konnte. Seinen halbwüchsigen Sohn nahm er mit, hatte der doch ganz besonders schwere Vorbehalte gegen eine Übersiedlung nach Deutschland. Leider hatte Fried aber nicht bedacht, dass er keinen normalen Pass, sondern lediglich ein passähnliches Ausländerdokument besaß. Das traf auch auf seinen Sohn zu. Beide hätten folglich vor der Reise ein Visum beantragen müssen, während der Grenzübergang nach Deutschland für normale britische Passbesitzer damals bereits visumfrei war. Es geschah also, was geschehen musste. Vor der deutschen Grenze wurden die beiden Frieds von einer deutschen Passkontrolle, die bereits in Brüssel den Zug bestiegen hatte, auf recht rüde Art auf ihren Fehler aufmerksam gemacht. Der Grenzübertritt wurde ihnen verweigert. Mitten in der Nacht erreichte den Professor ein Anruf, in dem ein sichtlich erregter Fried ihm mitteilte, dass er sich nun mit seinem Sohn nach Portsmouth zurück begeben werde.

Professor Brüll erinnert sich deutlich, dass er noch in dieser Nacht die Aachener Grenzschützer angerufen hat. Obgleich er im Grunde wusste, dass die nur ihre Pflicht getan hatten, setzte er ihnen kräftig zu, indem er ihnen klar zu machen versuchte, welche Folgen ihr Handeln für die ‚deutsche Hochschullandschaft' nun vermutlich haben werde. Über die Folgen seines Telefonats machte er sich allerdings keine Illusionen.

Verständlicherweise wurde in den nächsten Tagen und Wochen noch so mancher Brief zwischen Duisburg und Portsmouth gewechselt. Das persönliche Verhältnis zwischen Fried und dem Rektor wurde auf diese Weise immer enger. Das hatte zur Folge, dass Vilém Fried sich doch noch einmal nach Duisburg aufmachte, diesmal allerdings ohne seinen immer noch deutlich verschreckten Sohn und mit dem nötigen Visum versehen. Er sah sich in Ruhe die neue Hochschule an, die damals noch ein ausgesprochenes Provisorium war. Glücklicherweise dachte Brüll nicht daran, am gegebenen Zustand irgend etwas zu beschönigen. Daran tat er gut, stellte sich doch schon bald heraus, dass Fried dem Ruf an eine ‚etablierte' Universität nur mit erheblichem Zögern gefolgt wäre. Gerade das Provisorium reizte ihn, konnte er nun doch davon ausgehen, persönlich etwas bewirken zu können, indem er einem Fach, das sich erst noch zu entwickeln hatte, seinen Stempel aufdrücken konnte. Einen persönlichen Stempel, der seinerseits von mannigfachen internationalen Erfahrungen geprägt war, hatte Fried doch in den letzten Jahren vor seiner ersten Emigration als damals noch junger Mann dem berühmten Prager Linguistischen Zirkel, also der

‚Prager linguistischen Schule' angehört, später dann an mehreren anderen Hochschulen gelehrt.

Als der Ruf auf die linguistische C4-Professur der Duisburger Anglistik ihn letztlich erreichte, nahm er ihn ohne Zögern an. Es sollte jedoch noch einige Jahre dauern, bis es ihm trotz der Unterstützung durch die Universität und durch einige gewichtige Politiker gelang, auch die deutsche Staatsbürgerschaft zu erhalten. Doch das ist eine andere, eine äußerst traurige Geschichte, sagt sie doch einiges über deutsche Bürokratien aus, die sich eine Zeitlang damit schwer taten, sich von altgewohnten Schablonen zu lösen.

Frieds Ehefrau, die er während seiner ersten Emigration, also während des Zweiten Weltkrieges, in England geheiratet hatte, war weder Britin noch Tschechin im engeren Sinne. Sie war ausgerechnet eine – Sudetendeutsche. Verständlicherweise ging Fried (und ging auch die Universität) davon aus, dass dieser Umstand die Einbürgerungsprozedur erleichtern werde. Das krasse Gegenteil war aber der Fall. Es stellte sich später heraus, dass einer der Einbürgerungsbeamten, vermutlich selber ein Sudetendeutscher, meinte aktenmäßig feststellen zu müssen, Frieds Ehefrau habe seinerzeit, als sie sich zur Emigration nach England entschloss, „ihr Volkstum verleugnet, indem sie freiwillig aus der deutschen Volksgemeinschaft ausgeschieden“ sei. Sie habe also die Einbürgerung verwirkt. Dabei war Ehefrau Fried damals mit guten Gründen emigriert: Sie gehörte nämlich einer sudetendeutschen sozialdemokratischen Familie an und hatte damals alle Ursache, sich verfolgt zu fühlen. So wurde Vilém Fried letztlich nicht auf dem Umweg über seine Frau als deutscher Staatsbürger anerkannt. Es hatte vielmehr andersherum zu laufen: Seine Frau, die ‚Volkstumsflüchtige', wurde auf dem Umweg über ihren jüdischen Ehemann mit einem deutschen Reisepass ausgestattet. Entsprechendes traf dann auch auf den gemeinsamen Sohn zu. Fürwahr: Einbürgerungen gehen manchmal seltsame Wege, Wege, die auf das einbürgernde Land schließen lassen.

Gefährliche Hunde, Kampfhunde, sind an die Leine zu nehmen. Man hat ihnen Maulkörbe überzustülpen. So wollen es die Gesetze. Sie wollen glücklicherweise noch mehr. Doch bevor wir sie loben, fällt uns etwas ein. Haben wir doch einige Wochen hinter uns, in denen Funk, Fernsehen, die Presse, Stammtische, Lieschen Müller mit ungebremstem Schaum vor dem Mund ...

Na, wir wissen ja. Einige Hunde, Kampfhunde, sind tatsächlich gefährlich. Sie fallen Kinder an, beißen Erwachsene ins Bein oder anderswohin. Man wage es nur ja nicht, auf den Boden zu fallen. Dann ist es um einen geschehen. Und erst die Hundehalter, die Dresseure, die Züchter! Höchste Zeit, dass man den Volkszorn endlich auf Trab gebracht hat.

Gibt es doch endlich wieder einmal Tiere, aber auch Menschen, hundehaltende Individuen, die man ungestraft jagen darf. Man wird sogar dafür gelobt. Von grundsätzlich liebenswerten Mitmenschen, denen im Augenblick aber alle Sicherungen durchgebrannt sind. Die ihre Nachbarn beschimpfen, bei der Polizei anzeigen und so weiter. Hier und da soll bereits ein Nicht- unbedingt -Kampfhund auf freier Bahn erschossen worden sein. ‚Auf der Flucht erschossen', wie es in derartigen Fällen heißt.

Nichts, nicht das geringste gegen den Tod eines Hundes. Und wenn es diesmal auch nur eine Art Pudel war, vielleicht sogar nichts als ein Spaniel, bravstes und zugleich dümmstes Hochzüchtungsprodukt. Aber bitte:

Merkt denn wirklich niemand, dass es sich hier nur um ein Vorspiel handelt? Um eine Art Manöver? Ein Manöver, das haargenau in eine gewisse Strategie passt, die demnächst, zur Taktik ausgereift, Realität sein wird. Erste Test-Ergebnisse liegen inzwischen vor: „Bevölkerung (oder sollte man etwa ‚Volk' sagen?) lässt sich in kürzester Zeit in krasseste Unvernunft treiben, aufhetzen, emotional ‚in Marsch setzen'. Man braucht ihr (oder ‚ihm') nur einen Feind zu benennen. Schon ist es so weit.

Vorläufig mag es sich nur um Hunde handeln (durchaus nicht ganz ohne Berechtigung. Geben wir es nur zu). Sollte es aber nicht möglich sein, demnächst die eine oder andere Menschensorte als allgemeinen Feind zu benennen? Stammtische, Lieschen Müller, die Medien werden schon für Verbreitung und Aufhetzung sorgen. Einschlägige Testergebnisse liegen nun wenigstens vor. (Als ob man darauf unbedingt hätte warten müssen. Hat doch zumindest die Generation unserer lieben Alten längst einen geschichtlichen Groß-Test hinter sich. Dessen Ergebnis sollte jedermann eigentlich kennen).

Also: Wer benennt uns endlich – wenn die Hundehatz hinter uns liegt – einen anderen, den absolut richtigen Feind? DEN Feind sozusagen. Auf dass wir uns zähnefletschend auf ihn stürzen können. Mit gutem Gewissen. Denn das gute Gewissen versteht sich von selber.

Vilém Fried dürfte sich manchmal so seine Gedanken über jenes seltsame Land gemacht haben, in das er einigermaßen sehenden Auges umgesiedelt war. Auch über seine Kollegen wird er gelegentlich gestaunt haben. Er ließ es bei derartigen Gelegenheiten durchaus nicht beim Staunen bewenden. Er gab dem Staunen Ausdruck, und zwar deutlich. Als Jude und zweimal zur Emigration gezwungener Gelehrter erheblichen Ansehens konnte er sich das erlauben. Es war unmöglich, ihn zu ignorieren. Bis zu seiner Pensionierung und zu seinem allzu frühen Tod hat er die Duisburger Anglistik denn auch nachdrücklich geprägt. Er hat so manchem seiner Kollegen Beine gemacht, hat dafür gesorgt, dass die Studenten zu jeder Zeit einen bereitwilligen Gesprächspartner fanden, hat das Anglistikstudium in Duisburg zugleich anwendungsbezogener und adressatenbezogener gemacht, hat ohne Rücksicht auf die Gefühle seiner engeren Kollegen immer wieder verhindert, dass es zur Bildung schädlicher professoraler ‚Erbhöfe' kam, und zwar immer mit vollem Einverständnis Brülls. Ganz davon zu schweigen, dass er jahrelang als hoch geachtetes Mitglied dem Gründungssenat angehört hat und darüber hinaus ein tatkräftiger Förderer der Seniorenstudenten war.

Professor Brüll sollte denn auch die Freude haben, einige Jahre später Vilém Frieds Duisburger Tätigkeit in einer Publikation würdigen zu dürfen, die nicht nur der deutschen, sondern darüber hinaus der europäischen Anglistik nicht gleichgültig sein kann. Einer Anregung des europäischen Anglistenverbandes (ESSE) folgend, haben Balz Engler (Basel) und Renate Haas (Kiel), die ehemalige Assistentin Brülls, inzwischen einen Sammelband vorgelegt, in dem die unterschiedlichen Entstehungsgeschichten der verschiedenen europäischen Anglistiken, jeweils unter dem Blickwinkel eines Anglisten der betreffenden Länder, dargestellt werden. Dieser Band spiegelt überaus unterschiedliche Entstehungsgeschichten und bis heute durchgehaltene Fachrealitäten. Er macht zudem darauf aufmerksam, wie wichtig es ist, ‚fremde' Anregungen aufzunehmen, Nationaltraditionen miteinander in Verbindung zu bringen, möglichst auch in gewissem Sinne zu verschmelzen. In diesem Zusammenhang bot sich eine Darstellung der Fried'schen Tätigkeit, vor allem aber ihrer Wirkung an. In einem vom übrigen Band hoffentlich nicht allzu stark abweichenden Beitrag hat Professor Brüll Frieds Duisburger Leistung dargestellt. Er hält sie nämlich für repräsentativ, vor allem aber für zukunftsweisend.

Jahre später hat er ein ganzes Sammelbändchen seinem verstorbenen Freund und Kollegen Vilém Fried gewidmet, in dem es ihm und den Mit-Autoren um einen stärkeren Adressatenbezug der deutschen Anglistik geht. In seinem eigenen Beitrag nimmt er immer wieder auf Fried Bezug. Dessen bahnbrechende, die Duisburger Anglistik eine Zeit lang prägende Wirkung kann heute also als zuverlässig dokumentiert gelten, gerade auch in einer Zeit, in der sich voraussichtlich nur weniges aus dieser mittlerweile gründlich vergangenen ‚Reformepoche' (die im Grunde eine viel zu zögernde Reformepoche war) in die vorwiegend triste Hochschulgegenwart hinüber hat retten lassen.

Global Village

Es hatte lange gedauert. Aber nun hatte die Botschaft sie doch erreicht, die Botschaft vom ‚Global Village'. Selbstverständlich handelte es sich um eine verheißungsvolle Botschaft. Jedenfalls für jemanden, der in einer der hintersten Ecke des Erdballs lebte und bis heute dazu gezwungen zu sein schien, bis zum Ende der irdischen Tage dort auch wohnen zu bleiben. Was man so wohnen nennt.

Die beiden Schwarzen hatten also endlich von der weltweit hochgepriesenen Globalität das, sagen wir einmal, Nötigste erfahren. Vom ‚floaten', vom Überschreitendürfen aller irdischen Grenzen, ja, von irdischer Grenzenlosigkeit pur hatten sie einiges mitbekommen. Kein Wunder also, dass sie sich, da sie noch jung und vergleichsweise kräftig waren, eines Tages auf den Weg machten.

In Europa angekommen, sahen sie sich an weiteren Unternehmungen gehindert. Aus mehreren Ecken schallte es ihnen entgegen:

„Eure Papiere bitte!"

„Was wollt ihr eigentlich bei uns? Arbeit gibt es sowieso nicht, und um Asyl bitten ... Bildet euch das nur ja nicht ein!"

„Als ob wir nicht schon genug Neger in unserem Land hätten."

„Und dann auch noch aus der finstersten Ecke unseres Globus! Ohne jede Zivilisation!"

„Eben, das ist es ja", wagte der ältere und kräftigere der beiden zu sagen. Er konnte nämlich etwas Englisch: "Eben den meinen wir ja, unseren Globus, unseren gemeinsamen Erdball."

„Na und ?"

„Wieso ‚Na und?' Glauben Sie etwa, wir hätten noch nie etwas von der Globalisierung gehört? Vom Globalen Dorf, meine ich. Vom ‚floaten' über die Grenzen hinweg. So dass man sich niederlassen kann, wo immer man will. Und wir wollen. Und zwar hier!"

„Da bleibt uns aber die Spucke weg. Seid ihr beiden schwarzen Lumpen etwa ein – Kapitalstrom? Wisst ihr überhaupt, was ‚floaten' heißt und wer oder was ‚floaten' darf und wohin?"

„Überall hin", antwortete diesmal der Jüngere der beiden, der offenbar der mutigere, vielleicht auch der frechere war, „glaubt ihr etwa, dass wir nicht wüßten, was Globalisierung bedeutet? Muss man ausgerechnet euch Europäer und Amerikaner darüber belehren?"

„Das reicht aber! Macht augenblicklich, dass ihr weg kommt! Wieder rein mit euch ins Flugzeug und in die hinterste Ecke des Globus zurück! Weiß doch jedermann, dass unser Erdball nur für Kapitalflüsse und dergleichen global ist. Menschen, vor allem aber dreckige Neger haben auch weiterhin die Grenzen zu achten. Ihr habt nicht zu ‚floaten'. Merkt euch das. Und nun – endgültig weg mich euch! Auf Nimmerwiedersehen! Dreckige Nigger ihr!"

Die beiden Schwarzen aber, als sie trübsinnig wieder auf ihr Flugzeug zu trollten, nahmen, sozusagen zum Abschied, noch so gerade eben das eindrucksvoll bunte Breitwandplakat wahr, auf dem ausgerechnet das ‚Global Village' angepriesen wurde. Mit bewegten Worten und in kräftigen Farben, offensichtlich aber nur für Kapitalströme bestimmt.

„Man will uns hier nicht!" sagte der Ältere zum Jüngeren.

„Jedenfalls dürfen wir nicht ‚floaten'", sagte der Jüngere zum Älteren. „Was dürfen wir denn eigentlich noch?"

„Ihr dürft machen, dass Ihr wieder nach Hause kommt", brüllte einer der vier Grenzbewahrer.

"Wenn Ihr eines Tages einige gut gefüllte Geldkoffer mitbringt, jeder von euch, dann können wir weiterreden. Vorher nicht. Also trollt euch endlich!"

Das war's wohl. Doch an der Globalisierung halten wir alle trotzdem fest.

*Nach dem Banken-
debakel legt er
sein Geld auf die
nächsthöhere
Kante.*

XIII

Elfter im Elften

Am Elften im Elften, also am 11. November, beginnt im Rheinland bekanntlich die Karnevalssession. Man sollte eigentlich voraussetzen, dass man das auch in Ministerien weiß, zumindest wenn sie ebenfalls im Rheinland, wenn auch nur in Düsseldorf, ansässig sind.

Im vorliegenden Fall muss das Wissenschaftsministerium wohl geschlafen haben. Jedenfalls schien es nicht damit gerechnet zu haben, dass es einigen Unbill auf sich ziehen könnte, indem es einen überaus unangenehmen verbindlichen Erlass ausgerechnet mit dem Datum des 11.11. versah. Der – wie man ihn später nannte – ‚Weihnachtserlass' verpflichtete die vor knapp einem halben Jahr gegründeten Gesamthochschulen, bis zum Ende des laufenden Jahres, also sozusagen bis Weihnachten, jene umfassende Studienreform durchzuführen, derentwegen man sie gegründet hatte. Im Klartext hieß das, die jungen Hochschulen, deren Binnenleben noch ganz und gar nicht stabil war, hatten bis zu diesem Zeitpunkt die Studien- und Prüfungsordnungen aller in ihnen gelehrten Fächer zu erarbeiten, nicht zuletzt jene, die für die sogenannten ‚Integrierten Studiengänge' zuständig waren, also für jene Studiengänge, in denen ehemalige Fachhochschulstudiengänge und Studiengänge von Universitäten und Technischen Hochschulen zu etwas grundsätzlich Neuem zusammengefasst werden sollten. Das, was eigentlich schon vor der Gründung der neuen Hochschulen, an denen schließlich schon am ersten Gründungstag mehrere tausend Studierende immatrikuliert waren, hätte vorliegen müssen, sollte nun – reichlich verspätet und sozusagen ‚Knall auf Fall' – nachgeholt werden.

Als Professor Brüll als Duisburger Gründungsrektor den Erlass in die Hände bekam, wurde er von einem jener Jähzornanfälle erfasst, die ihn damals noch gelegentlich heimsuchten, und zwar diesmal von einem echten, keineswegs einem bewusst inszenierten. War der Rektor sich doch darüber im Klaren, dass in der ungemein schwierigen Phase, in der sich die neu gegründeten Hochschulen noch befanden, auch ein ‚getürkter' Jähzornanfall gelegentlich Wunder wirken konnte.

Leider hatte er in der Vergangenheit lernen müssen, dass weder echte, noch gar ‚getürkte' Jähzornanfälle dem Ministerium imponierten. Er sah also zu, dass er sich bald wieder einigermaßen beruhigte. Erst als ihm das gelungen war, schritt er zur Tat. Er rief den Ministerialbeamten an, der den Erlass zu verantworten hatte. Es handelte sich um einen Ministerialrat, der schon wenig später Ministerialdirigent, noch etwas später Staatssekretär werden sollte, einen zweifellos hochverdienten und ungewöhnlich fähigen Mann. Man verstand sich normalerweise gut. Der Rektor wusste jedenfalls, dass der Ministerialrat für ‚seine' Gesamthochschulen so ziemlich alles zu tun bereit war. Umso mehr ärgerte ihn der Erlass. Aber es gab immerhin einen Milderungsgrund: der fragliche Ministerialrat war alles andere als ein Rheinländer. Er stammte ursprünglich aus Schlesien, seine Familie war aber vermutlich längere Zeit im Norddeutschen ansässig ge-

wesen Er konnte also mit dem magischen Datum ‚11.11.' nur wenig bis gar nichts anfangen.
Darauf aber gründete des Rektors Rache-Strategie. Als der Ministerialrat sich am Telefon meldete, gratulierte Brüll ihm in der lieblichsten ihm zur Verfügung stehenden Stimmlage zum, wie er zu glauben vorgab, von seinem Gesprächsgegenüber exakt auf den richtigen Termin angesetzten - Karnevals-Ulk. Denn es könne doch nicht die Rede davon sein, dass der betreffende Erlass wirklich ernst gemeint sei. Am anderen Ende der Leitung muss ein ministerialrätlicher Mund eine Zeitlang fassungslos offen gestanden haben. Dann aber kam es:

"Wie meinen Sie das? Natürlich ist der Erlass ernst gemeint. Wie kann man nur daran zweifeln?" Worauf der Rektor, seinen Jähzorn weiterhin mühsam hinunterschluckend, so lieblich, süß und frohgemut wie nur eben möglich weitersäuselte:

„Man müßte Sie eigentlich zum Ehren-Rheinländer ernennen. Denn einen derart vorzüglichen Gedanken, – und das auch noch zum genau richtigen Zeitpunkt – kann nicht jeder haben."

„Wie meinen Sie das? Ich verstehe Sie nicht", kam es dem Rektor entgegen, und zwar in vollem Ernst, gar nicht lieblich oder gar säuselnd. „Erlasse des Ministeriums sind grundsätzlich ernst zu nehmen." „Selbstverständlich ist dem so, sieht man einmal von jenen ab, die ausgerechnet unter dem Datum des Elften im Elften oder aber an den eigentlichen Karnevalstagen ausgefertigt worden sind. Ihr Erlass aber trägt das Datum: 11.11. Geben Sie es doch nur zu ..."

„Was gibt es hier zuzugeben? Das Datum des Erlasses hat Sie überhaupt nicht zu kümmern, sondern nur der Inhalt. Oder ist dem etwa nicht so?"

Allmählich musste der Rektor den Eindruck haben, der arme Ministerialbeamte beginne an Professor Brülls Geisteszustand zu zweifeln. Da man sich aber bisher immer gut vertragen hatte, musste ihm das eigentlich sogar leid tun. Zumal einem Ministerium nicht daran gelegen sein kann, schon so kurz nach der reichlich riskanten Gründung von gleich fünf neuen Hochschulen, die zu allem Überfluss auch noch Reformhochschulen sein sollten, einen seiner Rektoren geisteskrankheitshalber zu verlieren. Der Rektor verlegte sich denn auch wieder aufs Säuseln, versicherte sein telefonisches Gegenüber noch einmal seiner unverbrüchlichen Hochachtung und Anerkennung. Denn welches Individuum – gerade wenn es nicht Rheinländer, sondern lediglich Schlesier oder gar Norddeutscher ist – kann denn schon auf den komplizierten Gedanken kommen, ausgerechnet am 11.11. einen Erlass herausgehen zu lassen, dessen Inhalt derart abenteuerlich utopisch, unrealistisch, verstiegen, nein verrückt ist, ohne von vornherein mit einem Jähzornanfall, und zwar mit einen Sammel-Jähzornanfall aller vom Erlass betroffenen Rektoren und Professoren zu rechnen? Wäre nicht das rettende, das zugleich rechtfertigende Datum, der Elfte im Elften, das zuverlässig verbürgt, dass das Ganze nichts weiter als ein – Karnevals-Ulk ist.

Statt wie andere Hunde
den Mond anzubellen,
befasste er sich mit
Philosophie.

Allmählich schien des Rektors Gesprächspartner ausrasten zu wollen. Da er aber mit der Möglichkeit rechnen musste, dem Rektor sei tatsächlich psychisch etwas zugestoßen, zwang er sich nun ebenfalls zu einer eher säuselnden, zumindest aber an eine Krankenschwester in der Universitäts-Psychiatrie gemahnenden Sprechweise. In der Sache jedoch blieb er hart. Er war nicht davon abzubringen, dass der Erlass ernst gemeint sei und folglich auch ernst zu nehmen sei. Der Rektor dagegen blieb bei seiner Auffassung. So beendete man vorsichtshalber das Gespräch nach ungefähr einer Viertelstunde. Mag sein, dass der liebe Ministerialrat sich zuerst einmal auf das Liegemöbel in seinem Dienstzimmer hat fallen lassen müssen. Zumal der Rektor hatte durchblicken lassen, dass er seinerseits an der geistigen Gesundheit seines Gesprächspartners, zumindest insofern sie rheinische Gepflogenheiten betreffe, zu zweifeln beginne. Er warf den Psychiatrie-Ball also freudig ins Ministerium zurück. Da aber dürfte er, so gut wie unbeachtet, liegen geblieben sein. Sind doch Wissenschaftsministerien selbst dann, wenn sie in einer rheinischen Großstadt ansässig sind – und handele es sich auch nur um Düsseldorf – in dem, was sie auf dem Erlasswege von sich geben, im Grundsatz nahezu ernst (wenn auch nicht immer ernst zu *nehmen*).

Der Rektor jedoch musste nun eine, wenn auch freundlich verpackte, Rüge seines Vertreters im Amt, das heißt eines der Konrektoren, entgegennehmen. Der nämlich hatte zwar nur des Rektors Part des erstaunlichen Zwiegespräches mitbekommen. Den Ministerialrat dagegen konnte er eigentlich nur in dessen lauteren Phasen, und auch da nur unvollkommen, verstanden haben. Die säuselnden und (scheinbar?) besorgten Passagen müssen ihm jedenfalls entgangen sein.

„Wie kann man nur so mit seinem Ministerium sprechen ..." sagte er entsetzt. Ja, wie kann man das? Und das auch noch um den Elften im Elften herum ...

Natürlich hat die Hochschule den Erlass anschließend so ernst genommen, wie er ernst genommen werden wollte, und zwar unabhängig von seinem Ausgangsdatum. Man gab sich große Mühe und schaffte das eigentlich Unmögliche bis zum verlangten Zeitpunkt, allerdings mit gefletschten Zähnen und so manchem derben Fluch. Alle am Kraftakt Beteiligten wussten zwar, dass das, was man von ihnen verlangte, im Grunde nicht zu verantworten war. So macht keine Studienreform! Damit hatte man zweifellos recht. Was nicht ausschließt, dass der zuständige Ministerialbeamte mindestens ebenso recht hatte. Mochten die letztlich dem Ministerium vorgelegten Arbeitsergebnisse auch verbesserungswürdig sein. Man hat sie später tatsächlich, sozusagen Zug um Zug, ausbessern können. Zuerst einmal aber brauchte man ein Gerüst, einen vorläufigen Rahmen, sei dieser Rahmen anfangs auch noch so unvollkommen. Mag ja immerhin sein, dass Professoren gemeinhin nur schlechte Gerüstebauer sind. Sie diskutieren lieber und das ohne absehbares Ende. Wenn man sie nicht antreibt, entsteht so gut wie nichts. Jedenfalls nichts einigermaßen Brauchbares.

Es sollte sich denn auch herausstellen, dass sich die neu gegründeten Gesamthochschulen in den folgenden Jahren – die vorläufigen Ordnungen ausbessernd, immer wieder ausbessernd – innerhalb des dem Erlass vom 11.11. abgewonnenen Rahmens geradezu vorbildlich entfalten konnten. Dem ursprünglich schlesischen oder gar norddeutschen Ministerialrat (später Ministerialdirigent, noch später Staatssekretär) sei Dank!

Ein Jahr später sollte dem Rektor jemand sagen, dass man im Wissenschaftsministerium damals durchaus nicht so ganz sicher gewesen sei.

Schon der Gründungsakt selber sei umstritten gewesen. Man habe im Ministerium damals von einem ‚Ritt über den Bodensee' gesprochen. Wie erleichtert muss man eines Tages gewesen sein, als besagter See tatsächlich hinter einem lag! Immerhin: beim Durchreiten hatte man mehr als nur einen Spritzer mitbekommen. Das traf sowohl auf die Hochschulen als auch auf das Ministerium zu. Aber Spritzer pflegen schon bald zu trocknen. Im vorliegenden Fall war es jedenfalls so.

Nachhilfeunterricht

Wer zuerst auf den Gedanken gekommen war, ließ sich nicht mehr ermitteln. Hinterher wollte es keiner mehr gewesen sein. Verständlicherweise. Die erste Einladungsaktion konzentrierte sich jedenfalls auf Ostfriesen, Mecklenburger und Ostwestfalen. Seltsamerweise hatte man die Hansestädte, Schleswig-Holstein, so ergiebig scheinende Landschaften wie die Lüneburger Heide, aber auch Oldenburg ausgegrenzt. Vorerst wenigstens. Man hatte es schließlich nur mit einem Test zu tun. Mit der testmäßigen Vorbereitung eines Tests. Da mochte es schon vorteilhaft sein, sich vorab an möglichst krassen Unterschieden zu orientieren. Waren doch als Gegenpart die lebenslustigen Rheinlande ausersehen. Wobei man vorsichtshalber den nördlichen Niederrhein, aber auch fast die gesamte Eifel und den Hunsrück ohnehin nicht mit in die Berechnungen einbezogen hatte. Vom lebenslustigsten Teil der Rheinlande, also vom hilligen Kölle, ging die Aktion selbstverständlich aus.

Aber kann man hier überhaupt von so etwas wie Berechnung sprechen? Ging es doch eigentlich gar nicht darum, sondern – so pragmatisch wie möglich – um die Vermittlung von Fähigkeiten, eher wohl schon Lebenshaltungen, wenn nicht gar von mehr.

Lassen wir das vorläufig offen. Wenden wir uns vielmehr dem Ursprung des Vorhabens zu. Wobei wir den eigentlichen Verursacher – falls es überhaupt einen geben sollte – fairerweise nicht mit ins trübe Spiel ziehen wollen. Ursprung war nämlich die seit Jahren bemerkte eigentlich unerhörte, ja geradezu unstatthafte Ausbreitung des rheinischen Karnevalswesens über die gesamte Republik, die neuen Bundesländer leider eingeschlossen.

Mochten auch die einschlägigen Wirtschaftskreise, etwa die Getränkeindustrie, aber auch das singende, manchmal eher wohl grölende Gewerbe diese Ent-

wicklung begrüßen. Zünftigen Karnevalisten, etwa solchen, die aus Köln oder Mainz stammten, in einigen eher ungewöhnlichen Fällen sogar aus Münster (das bekanntlich in Westfalen liegt), musste es schwerfallen, dem Ganzen untätig zuzusehen. Schien doch das, was unbedingt zur karnevalistischen Lustigkeit gehört, in den neu entstandenen Karnevalslandschaften so gut wie ganz zu fehlen, zumindest aber außergewöhnlich gezwungen, ernst und aufgesetzt zu wirken.

Hinzu kam allerdings – weshalb sollte man das verschweigen – ein ungemein wirtschaftlicher Gesichtspunkt: Man entdeckte nämlich schon bald (selbstverständlich zuerst in Köln) die Möglichkeit eines neuen Erwerbszweiges, sogar eines pädagogisch-didaktischen, was dem Ganzen einen nahezu seriösen Anstrich gab. Das ging nicht zuletzt auch aus dem gewählten Firmennamen hervor: GKK: Gesellschaft für Karnevalsgestaltung e.V.

Die Gesellschaft veranstaltete Karnevalslehrgänge für sogenannte ‚Karnevalisten' aus den oben bezeichneten ursprünglich unkarnevalistischen Zonen, Lehrgänge von etwa 14-tägiger Dauer. Außerdem stellte sie auf Anfrage einzelne beratende Mitglieder zur Verfügung, die das sogenannte ‚Karnevalstreiben' in den unkarnevalistischen Zonen eine Zeit lang kritisch begleiten, analysieren und schließlich mittels ihrer fachkundigen Anregungen verbessern, das heißt, auf einen anerkannt seriösen (eigentlich also unseriösen) Stand bringen sollten.

Anfangs ging man noch davon aus, dass die Gesellschaft sich finanziell selber tragen werde. Aber da hatte man sich gründlich geirrt. Stellte sich doch heraus, dass vor allem der Lehrgangssektor der GKK schon bald ins Schwimmen kam, durchaus nicht nur ins finanzielle Schwimmen. Nein, es hatte schon bald den Anschein, als ob die jeweiligen Rollen der Lehrer einerseits, der nachhilfebedürftigen Schüler andererseits dabei seien, sich umzukehren. Aus Lehrern drohten Schüler zu werden, aus Schülern Lehrer.

Was unlösbar schwierige Fragen der Honorierung aufwarf, Fragen, die letztlich auch nicht gelöst wurden. So dass die ‚Gesellschaft für Karnevalsgestaltung' schon nach etwa zweieinhalb Monaten zum Erliegen kam. Zumal auch ihre Einzelberater, die man in die vermeintlich karnevalsfremden Zonen abgeordnet hatte, sich schon bald als Individuen empfinden mussten, die sich – weit davon entfernt, objektiv zu analysieren und andere zu beraten – ihrerseits einer intensiven Analyse und Beratung ausgesetzt sahen. In beiden Fällen, der internen Schulung und der externen Beratung, sah die Gesellschaft sich nämlich mit folgendem gänzlich unerwarteten Phänomen konfrontiert: Die jeweiligen Adressaten der Belehrung gerieten schon nach den ersten Worten ihrer Berater in einen Zustand eigentlich unerklärbarer, vermutlich auch unerlaubter Lustigkeit. Hatten sie es doch mit Lehrern und Beratern zu tun, die sich und ihre Mission, nicht zuletzt aber auch ihren Belehrungsgegenstand, derart ernst nahmen, dass man sie beim besten Willen – nicht ernst nehmen konnte.

Ist doch der sogenannte ‚Ernst des Lebens' in den zu karnevalisierenden Zonen mit grundsätzlich anderen Sachverhalten, Gegenständen, Situationen, Befindlichkeiten verbunden. Eben diesem Ernst sollte man aber doch mittels karnevalistischen Belehrtwerdens gerade entfliehen, um sich von nun an, aller unnötigen Erdenschwere enthoben, auf sattgrünen Wiesen des Unernstes unbeschwert tummeln zu dürfen. Wenn aber in den todernst vorgetragenen Belehrungen in jedem zweiten Satz das ehrwürdige Wort ‚Brauchtum' auftaucht, wenn man den Karneval mit ernstgeschwellter Brust an den entferntesten und mithin dubiosesten geschichtlichen Daten und Verhältnissen festzumachen versucht, möglichst auch noch mit Anschauungstafeln und Diagrammen untermalt, kann ein im Grunde ernster, vor allem aber seriöser Norddeutscher beim besten Willen nicht ernst bleiben. Er muss lachen, zuerst eher höhnisch, dann aber – nachdem er das Unverständnis, ja die Verzweiflung seiner Lehrer bemerkt hat – eher unbeschwert fröhlich.

Ist nicht tatsächlich ein Individuum, das mit eigentlich Lustigem auf aufdringliche Weise ernsthaft umgeht, auf so ernsthafte Weise, dass es zu allem Überfluss auch noch sich selber ernst nimmt, ist nicht eigentlich ein derartiges Individuum, ist nicht darüber hinaus eine Institution, die derartige Individuen beherbergt, geschweige denn missionarisch aussendet, ist nicht derartiges auf geradezu umwerfende Weise komisch? Man lachte denn auch. Wobei es sich in einigen Fällen vermutlich um den ersten ernst zu nehmenden Lachanfall seit Monaten gehandelt haben mag.

Zugegeben: orientiert man sich an den durch die Bemühungen der GKK bewirkten Lachanfällen, könnte man von einem Erfolg sprechen, sogar von vielen einzelnen Erfolgen, die allerdings den Erwartungen der Gesellschaft eher entgegengesetzt waren. War die Gesellschaft doch – und zwar mit Recht – davon ausgegangen, ihre spezielle, das gewohnte Karnevalswesen und dessen jährlich immer wieder aufs Neue erhärtete Spielart des Frohsinns möglichst unverfälscht in die bisher noch karnevalsfernen Regionen der Republik zu exportieren. Nun musste man unbegreiflicherweise feststellen, dass man in nördlichen Gefilden nicht bereit war, jene ‚Lustigkeit' auch dann anzunehmen, wenn sie einem in jenem belehrenden Ernst dargeboten wurde, mit dem sie nun einmal in den eigentlichen Karnevalszonen vernünftigerweise (leider) betrachtet wird.

Ist Lustigkeit etwa nicht ernst? Hat man nicht, wenn man Lustigkeit andernorts verbreiten möchte, sein diesbezügliches Geschäft mit äußerstem, ja mit geradezu missionarischem Ernst, ja mit Akribie zu betreiben? Meinethalben auch mit Bierernst? Jedenfalls mit dem Ernst, den ein wichtiger Beruf, eine gewichtige Mission, ja geradezu eine Berufung den mit ihr Beauftragten zwangsläufig verleiht? Sollte man etwa den rheinischen (meinetwegen auch den Münsterschen) Karneval nicht, sozusagen auf Schritt und Tritt, ernst nehmen dürfen oder sogar müssen?

Es ist denn auch kein Wunder, dass das unbändige (wenngleich zumindest in Hamburg und Bremen auf hanseatische Weise vornehm gedrosselte) norddeutsche Gelächter die Mitglieder der ‚Gesellschaft für Karnevalsgestaltung' zuerst einmal aus den vermutlich allzu selbstgerechten Pantinen warf. Trotzdem ist leider nicht damit zu rechnen, dass man nunmehr eine Zeitlang in sich gehen wird, sich und das ‚Brauchtum' befragend. Eher schon wird die GKK sich auflösen oder aber in eine – Karnevalsgesellschaft üblicher Bauart verwandeln. Letzteres soll übrigens nach einigen Wochen des Schwankens tatsächlich der Fall gewesen sei. Glücklicher- oder eher wohl doch unglückseligerweise.

XIV

Erpresserische Drohung

Nach der Gründung der neuen Gesamthochschulen waren, wie schon gesagt, in kürzester Zeit sämtliche Studien- und Prüfungsordnungen zu erarbeiten und anschließend dem Ministerium zur Genehmigung vorzulegen. Dabei übte das Ministerium einen eigentlich unzumutbaren Druck auf seine Hochschulen aus. Wenn es um die ministerielle Genehmigung der vorgelegten Ordnungen ging, ließ man sich dagegen häufig Zeit. Das dürfte weniger an der Schwierigkeit der Materie als an der Schwerfälligkeit von Bürokratien gelegen haben.

In der Regel lassen sich derartige Verzögerungen hinnehmen. Gelegentlich können sie sogar eher erwünscht sein, ermöglichen sie doch eine Zeit lang die Ausnutzung dringend erwünschter Freiräume. Das ist aber nicht immer so. Zumindest in allen jenen Fällen, in denen Studiengänge gänzlich neu beginnen, ist man auf verbindliche Ordnungen dringend angewiesen, auf Ordnungen, die man zwar grundsätzlich selber erarbeitet hat, die aber immer von den kritischen Augen des Ministeriums begleitet werden und häufig genug zusätzlich an neue Vorgaben eben dieses Ministeriums angepasst werden müssen.

Am Anfang des zweiten Jahres nach der Hochschulgründung sollten in Duisburg neue Studiengänge im Fachbereich Maschinenbau anlaufen. Es handelte sich um sogenannte ‚Integrierte Studiengänge', also um Studiengänge, die sowohl einen Kurzzeitabschluss als auch einen Langzeitabschluss vorsahen. In beiden Fällen handelte es sich um Diplomabschlüsse, wobei der eine im Grundsatz dem Diplom einer Technischen Hochschule entsprach, der andere hinsichtlich seines Anteils an ‚Theorie' leicht oberhalb dem einer Fachhochschule. Mindestens ebenso wichtig (und für die meisten Studiengänge der neuen Gesamthochschulen bezeichnend) war, dass sich sowohl Gymnasial- als auch Fachoberschulabsolventen für diese Studiengänge einschreiben konnten.

Aber einige Tage vor dem angesetzten (und vom Ministerium dringend geforderten) Anlaufen der Studiengänge fehlten immer noch die genehmigten Ordnungen. Was war da zu tun? Grundsätzlich sind Unsicherheiten, gerade auch in Umbruchssituationen, hinzunehmen. Keinesfalls aber dürfen sie auf dem Rücken der schwächsten Partner, nämlich der Studierenden, ausgetragen werden. Die nämlich können verlangen, dass sie die Bedingungen kennen, unter denen sie ihr Studium aufnehmen sollen.

Als zwei telefonische Mahnungen in Düsseldorf keine Reaktion ausgelöst hatten, schritt der Professor und Gründungsrektor zur Tat. Er besorgte sich einen Schlafsack, einen Brotbeutel und eine Feldflasche, dazu ein leichtes Zelt, das er zur Not selbständig hätte aufbauen können und ließ sich, marsch- und protestbereit, vor seinem Dienstwagen, neben dem Fahrer stehend, fotografieren. Das Foto wurde ins Ministerium geschickt, begleitet von der Ankündigung des Rektor-Besuches samt genauer Urzeit. Die Ankündigung war mit der Bemerkung versehen, dass der Rektor durchaus bereit sei, bis zur Aushändigung der genehmigten Ordnungen die ministerialen Räume nicht zu verlassen. Notfalls sei er bereit, eine Nacht oder auch mehrere Nächte dort zu verbringen. Für die dann fällige Bekanntgabe der Not-Aktion an die örtliche und regionale Presse werde die Pressestelle der Duisburger Hochschule dann wohl zeitgerecht sorgen. Es ist fürwahr kein Wunder, dass die angeforderten Ordnungen kurz vor Ablauf der angekündigten Frist tatsächlich in Duisburg eintrafen, und zwar, wie es sich gehört, in genehmigtem Zustand.

Der Rektor hat damals nicht allzu viel Zeit darauf verwendet, sich vorzustellen, was die Ministerialbeamten damals wohl über ihn gedacht haben. Zugegeben, sein Vorhaben war reichlich unseriös, grenzte vielleicht sogar an so etwas wie Nötigung. Vielleicht war es für ein Ministerium auch deshalb ganz besonders unannehmbar, weil die Formen, in denen es geplant war, bis aufs Haar jenen glichen, die man aus den damaligen Aktionen der revoltierenden Studenten, aber auch der Assistenten zur Genüge zu kennen glaubte. Der Rektor war jedoch kein 68er. Dazu war er einige Jahre zu alt (zum damaligen Zeitpunkt war er 53-jährig!). Für umso verwerflicher musste man wohl die von ihm getroffene Wahl der Mittel halten. Immerhin: eigentlich musste man ihn ja kennen, hatte er doch selber, wenngleich schon vor etwa 15 Jahren, dem Kultusministerium angehört, in dem das Wissenschaftsministerium damals noch enthalten war.

Vor allem aber dürfte sich herumgesprochen haben, wie unernst und im Grunde ebenfalls unseriös er mit dem für die Duisburger Hochschule zuständigen Ministerialrat umgesprungen war, der eben jenen Erlass losgelassen hatte, der letztlich der (zeitlich allerdings mittlerweile ferne) Anlass der unseriösen Aktion war, und zwar damals ausgerechnet am Elften im Elften, also einem gewichtigen rheinischen Karnevalstermin. Man dürfte wohl die Zähne gefletscht haben. Mehr als das aber konnte man sich damals schwerlich gestatten. Die Gründungsrektoren der fünf neu gegründeten Gesamthochschulen befanden sich nämlich zwangsläufig in einer überaus starken Position. Ihre Hochschulen waren von Anfang an umstritten gewesen, auch im Ministerium selber. Im ersten Jahr nach ihrer Gründung mussten Politiker und Ministerien der kritischen Öffentlichkeit auf jeden Fall stabile Verhältnisse an den Neugründungen vorweisen können. Auseinandersetzungen mit deren Rektoren oder auch Kanzlern ging man deshalb tunlichst aus dem Wege. Nach einigen Jahren sah das dann schon wesentlich anders aus.

Aber auch des Rektors Duisburger Professorenkollegen, selbst die Mitglieder des Rektorats, dürften damals über ihren Rektor den Kopf geschüttelt haben. Wie akut die Hochschule damals durch das Fehlen eines bebaubaren Grundstückes gefährdet war, wussten die meisten von ihnen noch nicht. Der Rektor hatte, so lange es eben möglich war, dazu geschwiegen, um die allgemeine Moral nicht allzu sehr zu gefährden. Aber selbst wenn man die hohe Gefährdung der Hochschule gekannt hätte, dürfte man das nur wenig seriöse Vorgehen ihres Rektors kaum gebilligt haben.

Immerhin: die nicht wirklich durchgeführte Aktion hatte sich letztlich als erfolgsgekrönt erwiesen. Das jedenfalls nahm man freudig hin. Es gibt ehrenwerte Leute, die behaupten, dass sich Rektor Brüll von da an, wenigstens bis kurz vor seiner Amtsniederlegung, gelegentlich als ein wahres Vorbild an Seriosität erwiesen habe. Er selber kann das zwar nicht glauben. Aber ganz falsch mag diese Behauptung denn doch nicht sein.

Übersetzungsmethoden

Im Laufe des Lebens hat er sich immer wieder an das Entschlüsseln eines so gut wie unentschlüsselbaren Textes gemacht. Normalerweise ohne Ergebnis. Es sei denn, man geht davon aus, dass auch vergebliches Bemühen, mit Intelligenz, Ausdauer, List vorangetrieben, zumindest mittelbar als Ergebnis gelten kann. Nehmen doch die einschlägigen Fähigkeiten des Betreffenden mit einiger Sicherheit von Versuch zu Versuch zu. Genaueres lässt sich leider nicht sagen.

Außer vielleicht folgendem: Eines Tages machte sich der Dechiffrierer, vermutlich in einer Phase frühmorgendlicher Geistesabwesenheit, irrtümlich an das scheinbare Entschlüsseln eines unverschlüsselten, also eines sogenannten Klartextes. Der war geradezu ein Muster an alleroffenherzigster Lesbarkeit. Nach getaner Arbeit, also nach etwa zwei Stunden, musste der arme Mann feststellen, dass wider Erwarten nunmehr kein entschlüsselter, sondern perverserweise ein eindeutig verschlüsselter Text vor ihm lag. Ein Text, der selbstverständlich der sofortigen Entschlüsselung harrte. So dass er sich gleich wieder an die Arbeit machen musste.

Hoffen wir, dass sich der Ausgangstext auf diese Weise wiedergewinnen läßt. Selbstverständlich ist das keineswegs. Gehen doch die charakteristischen Eigenschaften eines Entschlüsselers, etwa so, wie wir es von literarischen Produkten und deren Übersetzern gewohnt sind, mehr oder weniger zwangsläufig in deren Ergebnisse mit ein.

Von den charakteristischen Eigenschaften des hier in Frage kommenden Entzifferers schweigen wir lieber. Takt ist grundsätzlich geboten.

Er war so
professoral,
dass man ihm
Wissenschaft
glaubte.

Verblüffender Geldschwund

Er hätte nicht ausgerechnet an der Bahnstation einschlafen sollen, an der er eigentlich aussteigen wollte. Immerhin: Der Zug hatte hier etwa fünf Minuten Aufenthalt. Es handelte sich nämlich um einen Großstadtbahnhof, der zugleich ein Eisenbahnknotenpunkt war. Man hatte auf Anschlüsse zu warten. Glücklicherweise gelang es dem betreffenden Reisenden, noch gerade eben, wach zu werden, bevor der Zug sich wieder in Bewegung setzte. Er stürzte auf den Bahnsteig. Es war also noch einmal gut gegangen.

Weshalb er nach einigen Minuten in die Brusttasche griff, seine Brieftasche herausnahm und aufklappte, mag so lange gleichgültig bleiben, wie der Mann uns nicht besonders interessiert. Noch nicht besonders interessiert. Denn das mag sich schon bald ändern. Er suchte sich einen windstillen Ort und zählte die Scheine. Große Scheine. Nicht ganz wenige große Scheine. Weshalb der Mann wohl so viel Bargeld mit sich führte, obgleich es doch andere, zugleich weniger gefährdete Möglichkeiten des Geldwert-Transportes gibt? Aber auch das sollte uns gleichgültig sein. Jedenfalls vorläufig noch.

Was aber den Reisenden selber betraf, so stellte der fest, dass ihm nun zwei der großen Scheine fehlten. Verblüffenderweise schien er sich nicht allzu sehr darüber zu wundern, zumal ihm einfiel, dass sich eine weibliche Person beträchtlichen Leibesumfangs im Abteil Erster Klasse neben ihn gesetzt hatte, unmittelbar bevor er eingeschlafen war. ‚So war das also', wird er sich vermutlich gesagt haben. Aber auch das sollte uns so gut wie gleichgültig sein. Vorläufig noch.

Inzwischen meint man jedoch zu wissen, dass besagter Reisender noch mehrmals eingeschlafen ist, einmal in einem Wartehäuschen, zwei, drei, vier bis fünfundzwanzig weitere Male in einem Erster Klasse-Abteil irgendeines Intercity-Zuges. Ob die Personen, die sich, kurz bevor er in Schlaf fiel, in jedem einzelnen Fall weiblichen Geschlechts und mit erheblicher Körperfülle behaftet waren, wissen wir nicht, können es aber vermuten. Schon allein deshalb nämlich, weil unser Reisender jedes Mal kurz vor Abfahrt des Zuges ruckweise wieder erwachte, noch so gerade eben die Kurve kriegte, gesund und sicher auf dem jeweiligen Bahnsteig landete, nach etwa drei Minuten – der Zug war inzwischen abgefahren – in die linke Brusttasche griff, seine Brieftasche herausnahm, aufklappte und die immer noch großen, wenngleich nicht mehr gar so zahlreichen Scheine zählte. Jedes Mal mit dem gleichen Ergebnis: es fehlten ihrer wieder einmal zwei.

Weiß man das, kann man sich ohne allzu große Mühe ausrechnen, wie viele Intercity-Züge der gute Mann noch wird benutzen müssen, wie oft er einzuschlafen und wieder zu erwachen (und so weiter) hat, um letztlich gänzlich bargeldlos auf einem der zahlreichen Bahnsteige der Bundesrepublik Deutschland zu stehen, die er mit seiner und seiner Brieftasche Anwesenheit bisher beglückt hat. Zu einem sicheren Urteil fehlt uns leider vorläufig noch die Kenntnis der Ausgangssumme, beziehungsweise die ursprüngliche Zahl der (großen) Scheine.

Es ist allerdings die Frage, ob man dergleichen überhaupt wissen muss. Sollte es nicht eigentlich ausreichen, inzwischen mit einer bislang noch so gut wie unbekannten Art der – Geldwäsche, zumindest aber Geldverlagerung bekannt gemacht worden zu sein? Wie das im Einzelnen und im Besonderen zu verstehen ist, wird uns demnächst vielleicht irgendein Staatsanwalt mitteilen. Oder eher doch wohl besagtem Schlaf-Reisenden, etwa vor Gericht. Oder sollte sich der immer wieder nur deshalb erleichtert haben, weil ihn, gänzlich unangemessenerweise, sein schlechtes Gewissen juckte? Doch wie ein Spitzenmanager, ein Gehaltsmillionär etwa oder ein Börsenjobber sah er eigentlich doch nicht aus. Warten wir deshalb ab und sehen wir zu.

In letzter Minute

Wir sind nicht so vermessen,
literarischen Mustern gemäß
auf Glatzköpfen
Locken zu drehen.
Uns reicht es,
in kahl gewordener Zeit
was dennoch lebendig ist,
in Sprache zu fassen,
aufzubewahren,
als Flaschenpost
ins Zeitmeer
zu werfen.

Unsre geliebete Sprache,
zu Tode geritten,
an Haaren und Seele
durch Alltagsgeplapper,
Internet-Slang,
Trallala-Werbung
gezogen.

Wir versuchen zu leisten,
was Sprache
uns zugesteht.
Heute noch.

Von morgen und übermorgen
sprechen wir ebenso wenig,
wie wir über Glatzköpfe sprechen.

Wir tun,
was wir können,
oh Welt, oh Leben,
oh Sprache!

Was wir gerade eben
noch können.
Das ist nicht mehr
viel.

XV

Spitzentanz
war ihm
suspekt,
da er
Plattfüße hatte.

Tagungsfolgen

Wissenschaftliche Tagungen und Kongresse haben es in sich. Man darf sie nicht ignorieren, jedenfalls dann nicht, wenn man selber etwas mitzuteilen hat. Vor allem aber auch dann nicht, wenn man ‚etwas werden' will. Sind sie doch vorzügliche, gelegentlich aber auch anstrengende Personal-Drehscheiben und Kontaktbörsen. Die Tagung, um die es hier geht, wurde von Professor Brüll tatsächlich vorwiegend als Kontaktbörse und Personaldrehscheibe betrachtet. Zwar hatte er auch, wie er meinte, ‚etwas zu sagen'. Aber das, was er eigentlich zu sagen hatte, wurde von den Programmgestaltern diesmal nicht akzeptiert. Stattdessen wies man ihn auf ein Thema hin, in dem er doch auch, wie man allgemein wisse, beschlagen sei. Das möge er doch bitte übernehmen. Sonst nämlich sei das Programm nicht komplett.

Professor Brüll wusste nicht, ob er sich ärgern oder doch eher geschmeichelt fühlen sollte. Jedenfalls aber handelte er erwartungsgemäß. Er sagte zu und machte sich ans Werk, das heißt an die Vorbereitung. Schon bald aber wurde ihm klar, dass er zwar über eine nicht geringe Kompetenz verfügte, leider aber am ihm aufgeschwätzten Thema nicht zureichend interessiert war, jedenfalls nicht so interessiert, dass er es je zu einer Art Koryphäe auf diesem Gebiet bringen werde. Auch was die Verarbeitung des Themas zu einem Tagungsvortrag betraf, sollte eigentlich unter seinen engeren Kollegen der eine oder andere um gewichtige Grade geeigneter, vor allem aber interessierter sein. Gerade diese Kollegen aber würden sich aus verständlichen Gründen, nämlich um sich zu profilieren, nach seinem Vortrag kräftig und ohne allzu große Rücksichtnahme in die Diskussion einmischen. Wie Kollegen in derartigen Fällen mit einander umzugehen pflegen, wusste er zur Genüge. Er war kein Tagungs-Greenhorn mehr. Also würde er sich gewaltig anzustrengen haben, wollte er nicht sein bislang noch fast unbeschädigtes wissenschaftliches Gesicht verlieren.

Zur Ehre des Professors sei gesagt, dass er trotz einschlägiger Versuchung jenen Ausweg nicht wählte, den so mancher Kollege in einer solchen Lage wählt: Er versteckte sich nicht kurz vor Tagungsbeginn hinter einer plötzlichen Erkrankung, ließ also den Termin nicht ‚platzen'. Er verzichtete auf diesen traditionsgeheiligten Ausweg, obgleich er wusste, dass er damit zugleich auf ein bewährtes Mittel der Prestigegewinnung, zumindest aber Prestigewahrung verzichtete: Im Programm zu einem anerkannt problematischen Thema angekündigt worden zu sein, ist schon etwas. Man darf sich nur nicht allzu häufig auf diese Taktik einlassen. Im übrigen kann es sich gelegentlich ja auch um eine nicht nur vorgetäuschte, sondern sogar um eine ‚richtige Krankheit' handeln. In der Tat. Es lässt sich allein schon durch die Aufnahme ins Programm zusätzliches Prestige erwerben, Prestige, das durch das Ausfallenlassen des Vortrages nicht unbedingt wieder verloren werden muss, jedenfalls nicht in vollem Umfang. Sind doch die Wege möglichen Prestigegewinns und -Verlustes in der Wissenschaft, vor allem aber auf ihren Kongressen, über die Maßen mysteriös, zumal das tatsächliche Halten eines Vortrages ganz besonders riskant sein kann. Alles das wusste der Professor. Seine eigene Schwäche kannte er. Trotzdem aber stellte er sich. Was zu loben war.

Immerhin
Mittelmaß,
sagte er,
als er sich
fahrlässigerweise
im Spiegel
erblickte.

Man kann sogar sagen, dass er sich einigermaßen gut schlug, nicht zuletzt auch in der von ihm so gefürchteten Diskussion. Nicht dass die Kollegenmeute ihn geschont hätte. Alles andere als das. Aber er erwies sich nicht nur als beschlagen, sondern auch – was in derartigen Fällen fast ebenso wichtig ist – als schlagfertig. Eigentlich hätte er seinen Auftritt als vollen Erfolg buchen können. Später tat er das dann auch, vor allem, als er die gedruckte Fassung seines Vortrages im Fachorgan nachlesen konnte. Nein, sein Referat schien wirklich nicht schlecht, noch nicht einmal nur mittelmäßig gewesen zu sein, auch nicht auf diesem leidigen Gebiet, das ihn nicht wirklich interessierte. Wobei man im Bereich der Wissenschaften ein ‚wirklich interessiert' als ‚mit Haut und Haar dem Thema verfallen' zu verstehen hat. Unmittelbar nach Vortrag und Diskussion aber war er noch nicht so weit, das einzusehen.

Er hatte es so eingerichtet, dass er unmittelbar nach seinem Auftritt wieder nach Hause fuhr, und zwar nicht mit dem Auto, sondern mit dem Zug. Das war gut. Denn am Steuer des eigenen Wagens wäre er vermutlich schon bald eingeschlafen, übermüdet und zermürbt, wie er nun war. Außerdem wollte er vermeiden, dass man ihn nach dem Vortrag ansprach. Er hätte dann nur noch eine schlechte Figur machen können. Zumindest bildete er sich das ein.

Glücklicherweise erwischte er im vorgebuchten Erster-Klasse-Wagen ein leeres Abteil, jedenfalls ein vorläufig noch leeres. Er konnte sich also entspannen, und das tat er denn auch. Verständlicherweise hatte das zur Folge, dass er, ein eigentlich zureichend diszipliniertes Individuum, unbeobachtet, wie er im Augenblick war, seine Fassade so gut wie ganz vernachlässigte, sie gänzlich in sich zusammenfallen ließ, so dass er äußerlich ebenso erschöpft, ausgelaugt, ja zerstört aussah, wie er es im Augenblick innerlich war.

Leider stieg schon an der nächsten Station ein Passagier zu. Allem Anschein nach schien es sich um einen Geschäftsreisenden zu handeln, allerdings um einen der besseren Sorte, jedenfalls einen Geschäftsmann, dem die Reise in der Ersten Klasse zustand. Der ließ sich schräg gegenüber dem Professor nieder. Es ist durchaus denkbar, dass er zuerst einmal aus dem Fenster geguckt hat, jedenfalls dem Professor nicht direkt ins Gesicht. Auch Geschäftsleute haben gelegentlich so etwas wie ein Taktgefühl. Im hier gegebenen Fall ließ es sich jedoch nicht vermeiden, dass der Blick des neuen Mitreisenden nach einer gewissen Zeit eben doch auf den Professor fiel, vor allem aber auf dessen erschöpftes, zerknittertes, gänzlich ausrangiertes Gesicht. Nachdem nahezu unaufdringlich die gesamte Körperlichkeit des Professors mit den Augen abgetastet worden war, blieb der Blick des Geschäftsreisenden für mindestens drei Minuten auf dem professoralen Gesicht haften. Derartiges ist eigentlich unerlaubt. Hier jedoch fand es statt, sogar so, dass Professor Brüll es wahrnahm und erwachte. Er konnte sich also eigentlich nicht darüber wundern, dass sein Mitreisender ihn nun auch ansprach.

„Fehlt Ihnen etwas? Kann ich Ihnen irgendwie helfen?" fragte der. Darauf konnte der Professor nur mit „Nein" antworten.

„Dann müssen Sie aber so einiges hinter sich haben", fuhr der Geschäftsreisende fort. Er war in der Tat nicht der Allertaktvollste. „So etwas kenne ich. Unser Beruf ist manchmal schwer, verteufelt schwer." Offensichtlich schien er den Professor für einen seiner Kollegen, also für einen Geschäftsreisenden der besseren Sorte zu halten. Richtig. Brüll hatte ebenfalls ein mittelgroßes Köfferchen, das zur Not ein Musterköfferchen hätte sein können, über sich auf der Gepäckablage liegen.

Wen wundert es, dass der übliche professorale Snobismus unvermittelt erwachte, eine Eigenschaft, an der selbst unser sonst recht bescheidener Professor Brüll, wenigstens in Spurenelementen, teilhatte. „Ich bin aber kein Geschäftsmann", sagte er vorläufig nur.

„Ich zweifle nicht daran, dass auch andere Berufe anstrengend sein können", tönte es ihm munter entgegen, „etwa der des Politikers." Damit aber war ein Schlagwort gefallen, das den Professor nahezu ganz aus seiner Zerrüttung herauszuholen schien.

„Ausgerechnet ein Politiker!", sagte er, indem sich seine Züge erheblich spannten. Er war nahe daran, wieder so gut wie normal auszusehen. „Nein, weder Geschäftsmann, noch Politiker", sagte er in der Hoffnung, das Gespräch damit beendet zu haben. Aber da hatte er sich geirrt. Sein Mitreisender fuhr fort:

„Nun ja, es gibt schließlich auch persönliche Schwierigkeiten, Katastrophen, Schicksalsschläge und so weiter, die einen ganz schön zermürben können."

Damit aber war das Fass endgültig zum Überlaufen gebracht. Auf persönliche Schicksalsschläge, geschweige denn auf deren Erörterung in Eisenbahnabteilen, und handele es sich auch um solche der Ersten Klasse, brauchte man sich nun wahrhaftig nicht einzulassen. Der Professor setzte also einen Schlusspunkt. Er tat dies auf eine Weise, die sich im Verlauf seiner beruflichen Laufbahn schon mehrfach bewährt hatte. Was er sagte, nunmehr wieder aufgerichtet, sozusagen kerzengerade in seinen Polstern sitzend, war dies: „Ich bin Universitätsprofessor, übrigens Literaturwissenschaftler, wenn Sie auch das unbedingt wissen wollen. Im Augenblick reise ich von einer Tagung nach Hause, die für mich als einen der Vortragenden sehr anstrengend war. Sollte das nicht eigentlich genügen?"

Der Geschäftsmann sagte nichts mehr. Jedenfalls vorerst noch nicht. Ihm blieb der Mund offen stehen. Dann rang er sich doch noch zu einer Äußerung durch: „Soll das heißen, dass auch Professoren manchmal arbeiten müssen?" Als keine Resonanz erfolgte, stieß er nach: „Soll das wirklich heißen, dass auch Professoren manchmal durch ihre Arbeit zermürbt ..., nein eigentlich schon fast auf Null gebracht werden? Wo sie doch so gut wie nie mit irgendeiner Konkurrenz zu rechnen haben. Wo doch bekanntlich eine Krähe einer anderen kein Auge ..."

„Eben. Das soll es heißen", antwortete der Professor, schloss seinerseits die Augen und fiel in Tiefschlaf. Jedenfalls tat er so.

Immerhin würde er sich in Zukunft sagen können, dass er einem Geschäftsreisenden eine wichtige Lektion erteilt hatte, eine Lektion, die das allgemeine Stereotyp eines deutschen Professors, und dann auch noch eines Professors der Literaturwissenschaften, um entscheidende Grade aufzubessern imstande war. „Hatte dieser Mann aber eine Ahnung von unserem Beruf", pflegte er später gelegentlich ins Kopfkissen hinein zu murmeln. „Hatte der aber eine Ahnung von Konkurrenz, Wissenschaftlerneid und - Krähen ..."

Schläge unter die
Gürtellinie
waren ihm fremd,
zumal er ausschließlich
aus Oberkörper
bestand.

Menschenrechte

Menschenrechte setzen Menschen voraus. Wie aber ist der Begriff ‚Mensch' zu definieren? Sollte der Mensch etwa menschlich sein? Das wäre wohl doch zu viel verlangt. Vor allem aber wäre es zwei-, nein mehrdeutig: menschliches Handeln / menschliches Versagen / Menschlichkeit wären mit eingeschlossen. Fürwahr ein weites Feld.

Sollte man da nicht lieber allein auf den Aspekt des Handelns abstellen? Welcher Mensch handelt aber? Was heißt überhaupt Handeln? Wobei wir vom rein kaufmännischen Handeln vorläufig einmal absehen wollen. Dem Handeln steht dann das Nichthandeln gegenüber, dem Handelnden der, an dem man sein Handeln auslässt, dem Aktiven der Passive, der, sagen wir es ruhig, Leidende.

Ins alltägliche, etwa ins politische und Wirtschaftsleben übertragen (aber wer kann da heute noch einigermaßen säuberlich trennen?) könnte das etwa heißen:

Als Mensch lässt sich bezeichnen, wer aktiv am allgemeinen Leben teilnimmt. Was selbstverständlich nach sich zieht, dass man den übrigen, den von Jahr zu Jahr wachsenden Teil der bisherigen Menschheit mit dem Titel Unmensch zu versehen hätte. Die Vorsilbe Un- pflegt allerdings Negatives auszudrücken. Im gegebenen Fall sollte man deshalb auf sie verzichten. Genügt es doch vollauf, alle nicht am aktiven Leben Teilnehmenden, etwa alle aus dem Arbeitsprozess Ausgegliederten, in Zukunft nicht mehr unter den Begriff Mensch zu subsumieren. Entschlossenes Ignorieren reicht hier vollauf.

Die Zahl der Menschen sieht sich auf diese Weise erfreulicherweise stark reduziert. Was zur Folge hat, dass man auch den Begriff ‚Menschenrechte' in Zukunft leichter ertragen kann. Man wird sich in naher Zukunft sogar voll und ganz mit ihm identifizieren können, bezeichnet er nun doch lediglich einen selber und alle jene, die einem ähnlich sind, beziehungsweise alle jene, die in die gesellschaftliche Kategorie gehören, in der man sich selber befindet.

Um welche Kategorie aber handelt es sich dann?

Auch wenn man gewissen Verschiebungen und Schwerpunktverlagerungen im Geschichtsverlauf Rechnung zu tragen bereit ist, wird man schwerlich abstreiten können, dass wir uns im Augenblick in einer Phase der Dominanz des sogenannten Shareholder Value befinden. Der eigentliche, der wesentliche, der gesellschaftlich, wirtschaftlich, nicht zuletzt auch politisch handelnde Mensch wäre also der Shareholder, der Aktionär.

Wozu uns allerdings leider Folgendes einfällt: der Shareholder „hält" zwar (im Wortsinn) auf Englisch einen Anteil an gewissen wirtschaftlichen Unternehmen. Wenn er rundum ein Shareholder, also nichts anderes ist als das – nach unserer Definition also ein Mensch, – lebt er allein von seinen Dividenden. So weit, so gut.

Was uns vorläufig noch leicht verwirrt, ist lediglich Folgendes: Auf Englisch pflegt man in diesem Fall von – es ist kaum zu glauben! – unearned income (!) zu sprechen. Unverdientes Einkommen! Mit anderen Worten: Nicht erarbeitetes Einkommen. Das aber ist ein starkes Stück!

Sollte man den Begriff ‚Mensch' nicht vielleicht doch anders definieren?

Womit allerdings der Begriff ‚Menschenrechte' wieder an Gewicht, zugleich aber auch an Bedrohlichkeit gewinnt.

XVI

Absurdes
liegt ihm sehr.
Darum probt er
Vernunft.

Folgen eines Gespräches

Wer sich fahrlässigerweise außerhalb der Saison in ein Urlaubsgebiet begibt, hat mit so ziemlich allem zu rechnen. Gelegentlich kommt es dann sogar zu Überraschungen, die das Selbstgefühl des Überraschten ungemein stärken. So war es auch in folgendem Fall.

Am Wörther See waren im Frühjahr noch nahezu alle Hotels geschlossen. Professor Brüll und seine Frau schienen die einzigen Gäste zu sein. Richtige Urlauber aber waren auch sie nicht, hatte der Professor doch noch vorgestern in Klagenfurt an einer fachwissenschaftlichen Tagung teilgenommen. Die sollte nun offensichtlich Nachwirkungen haben, unter denen vor allem des Professors Frau zu leiden hatte (wie schon so oft). Sprach der Professor doch auf den nun fälligen ausgreifenden Spaziergängen so gut wie kein einziges Wort. Stattdessen war und blieb er in tiefes fachgebundenes Nachdenken versunken.

In diesem Zustand, seine Frau ärgerlich, da scheinbar unbeachtet, der Professor mit gefurchter Stirn nachdenkend, kamen die beiden auf dem Heimweg zum Hotel an ein ausgedehntes Wiesenstück, auf dem eine Schafherde weidete, eine Herde leider nur mittlerer Größe. Es versteht sich von selbst, dass die Schafe, grasrupfend, rupf, rupf, rupf, von den Eindringlingen so gut wie keine Notiz nahmen. Man hätte also ruhig weiter stumm bleiben und weiter nachdenken können.

Wäre da nicht der Schafbock gewesen. Der war anders. Während die Schafe uninteressiert weiter grasten, kannte er seine Pflicht. Mit anderen Worten: er begab sich unmittelbar mit Professor Brüll (nicht jedoch mit dessen Frau!) in ein Gespräch. Der Professor, der bis dahin geschwiegen hatte, konnte nun nicht länger schweigen. Denn sein Interesse an der Ansprache des Schafbockes war geweckt. Schließlich war er Philologe, hatte also mit Sprache, mit Wörtern, gelegentlich wohl auch mit Wort*en* zu tun. Er antwortete also. Dazu bedurfte es keiner Worte und Töne. Zeichensprache, und auch die noch äußerst gemessen dotiert, reichte vollkommen. Wie denn auch der Schafbock sich auf ein höchst sensibles Spiel mit den Ohren beschränkte. Wen wundert es, dass man sich auf Anhieb verstand?

Nach einer Weile, des Professors Ehefrau war schon ungeduldig geworden, hatte man geradezu Freundschaft geschlossen. Zumindest aber hatte der Professor das Vertrauen des Schafbocks so uneingeschränkt gewonnen, dass der den beiden auf ihrem Heimweg ins Dorf und ins Hotel folgte. Woraus sich ergibt, dass er über ein sicheres Gefühl für Hierarchien verfügte, hatte sein Gesprächspartner doch gestern noch an einer fachwissenschaftlichen Tagung teilgenommen. Es schien ihm also klar zu sein, dass nicht der Professor ihm, sondern er dem Professor zu folgen hatte, obgleich der leider von einer Ehefrau begleitet und zudem nur ein Literaturwissenschaftler war. Auch die bis dahin dumpf vor sich hin grasenden Schafe schienen zu wissen, was sich gehörte. Sie taten das, was sie vermutlich ihr Leben lang getan hatten: Sie folgten ihrem Bock.

Wären nicht des Professors Ehefrau und zwei Hofhunde gewesen, hätte Professor Brüll dem erstaunten Hotel eine komplette (wenn auch nur mittelgroße) Schafherde zuführen können. Leider aber kam es nicht dazu. Der Ehefrau hatte das kollegiale Techtelmechtel ihres Mannes mit dem Schafbock ohnehin nicht gefallen. Mag sogar sein, dass sie den einen oder anderen Versuch gemacht hat, sich in das Männergespräch einzuschalten. Zuzutrauen wäre es ihr. Aber welcher Schafbock gibt sich schon mit einer beliebigen Menschen-Frau ab, und dann auch noch ausgerechnet gesprächsweise?

So mag wohl ein gewisser (und verständlicher) Neid begonnen haben, an des Professors Ehefrau zu zehren. Der Neid wiederum mag ihr die Augen für das geöffnet haben, was dem Professor in seinem Leithammel- und Besitzerstolz bisher entgangen war: Es näherten sich nämlich zwei Hofhunde. Sie näherten sich in unverkennbar feindlicher Absicht. Mit Mühe nur ließ sich Professor Brüll von seiner Frau rechtzeitig hinter einen schützenden Zaun zerren.

Damit rettete sie ihn zwar vor den Hunden, riss ihn jedoch gleichzeitig jäh aus seinem nur allzu verständlichen Männerstolz. Zu allem Überfluss kam nun auch die zuständige Bäuerin angelaufen. Wie hätte sie auch dulden dürfen, dass ihr ein verfrühter Urlaubsgast, und dann auch noch ausgerechnet ein Professor der Philologie, die stolze (wenn auch nur mittelgroße) Schafherde entführte, unter Ausnutzung eines gesprächsbereiten Schafbocks und – ausgerechnet auch noch in eines der örtlichen Hotels. Mit denen nämlich stand man verständlicherweise nicht auf allzu gutem Fuße. Die Interessen des Gastgewerbes und die der Landwirtschaft vertragen sich nämlich nicht immer.

Dem Schafbock gab die Bäuerin die in diesen Fällen übliche Weisung. Der ließ denn auch resigniert, die sensiblen Ohren zum Abschied bewegend, sofort von den beiden Urlaubsgästen ab, drehte sich um und trottete zur Weide zurück. Alle Schafe folgten ihm. Der Professor war wieder mit seiner Frau allein. Denn Bäuerin und Hofhunde hatten sich wieder in den benachbarten Bauernhof zurückbegeben.

Es versteht sich, dass Professor Brüll auf dem Heimweg eine drastische, laute und ausgedehnte Gardinenpredigt hinzunehmen hatte: "Wer unterhält sich schon als ernsthafter Mensch ausgerechnet mit einem Schafbock? Und das auch noch, nachdem er seine Ehefrau zwei geschlagene Stunden lang angeschwiegen hat?"

Aber das war erst der Anfang. Gegen Ende des Rückweges, als die beiden ihr Hotel schon vor sich liegen sahen, verstieg sich des Professors Frau noch zu einer Bemerkung, die dessen Kollegen, vor allem aber allen jetzigen und künftigen Veranstaltern von Tagungen und Kongressen, hätten sie die erboste Frau hören können, kräftig in den Ohren geklungen hätte: „Oder sollte das etwa die Folge wissenschaftlicher Tagungen sein?" Sie fügte zu allem Überfluss mahnend hinzu: Schließlich muss man aus seiner wissenschaftlichen Gewohnheit auch wieder herausfinden! Das Leben besteht nun einmal nicht nur aus Tagungen, Kongressen und – Wissenschaft! Also auch nicht aus – Schafböcken und Schafen!"

„Während und nach der Tagung ist mir aber niemand nachgefolgt, eine ganze Herde schon gar nicht", konnte Professor Brüll da nur antworten. Das aber hatte seine Frau, die ihn schließlich kannte, wohl auch gar nicht erst vermutet. Männliche Menschen, gerade auch Professoren, haben bescheiden zu sein. Was nicht unbedingt ausschließen muss, dass auch sie gelegentlich Erlebnisse des Macht- und Hochgefühls empfinden und sogar genießen dürfen. Ausnahmsweise. Wenn es sich auch nur um – Schafe handelt.

Gelegentlich
sagte der
alte Esel
erfreulicherweise
i -a.

Warten worauf und wozu

– *Worauf warten Sie noch?*
– *Wieso noch?*
– *Na dann also: Worauf warten Sie?*
– *Wenn ich das wüsste ...*
– *Sollte man das nicht eigentlich wissen?*
– *Wie Sie meinen. Aber Sie warten doch auch?*
– *Ich warte darauf, dass ich endlich drankomme.*
– *An was?*
– *Natürlich an das, auf das auch Sie warten. Ich bin nämlich nach Ihnen dran.*
– *Was Sie nicht sagen.*
– *Warten wir also weiter. Hoffentlich sind Sie bald dran. Ich warte nicht gerne.*
– *Mir macht Warten nichts aus.*
– *Wollen Sie denn gar nicht drankommen?*
– *Was geht Sie das an?*
– *Nichts. Außer dass ich nach Ihnen drankommen möchte.*
– *Daran kann ich Sie nicht hindern.*
– *Warten wir also weiter.*
– *Warten ist schön.*
– *Darüber lässt sich streiten.*
– *Man sollte sich nicht streiten, während man wartet.*
– *Dann streiten wir eben nachher.*
– *Wie Sie meinen. Aber nach was eigentlich?*

Prostitution

Ausreichend weit
aus dem Fenster gelehnt,
bist du endlich
für jedermann sichtbar,
wenigstens obenherum.

Solltest du aber
nach absoluterer
Preisgabe gieren,
lass fahren die
Fußbodenhaftung,
kipp dich kopfüber
hinab in den
Hinterhof-Abgrund
zur allumfassenden,
so gut wie endgültigen
Fleischbeschau hin.

Oder besser noch,
klick dich als
Prostitutions-
Wegwerfware ins
allesaufsaugende,
absolut neutralisierende
World Wide Web,
jenes Monstrum der
Informations- und Pseudo-
Wissensgesellschaft.

Dann hast du's,
dann hast du dich
endlich geschafft.

XVII

Mein Beruf hat es in sich,
sagte der Totengräber.
Auf Gegenleistung
kann man nicht hoffen.

Folgen eines Rektorats: kollegiale Danksagungen

Manchmal geht es im Leben so abenteuerlich zu, dass man sich weigern möchte, das, was ist, auch tatsächlich zu glauben. In der Rückschau mag man dann, falls man so etwas wie weise ist und über eine Grundausstattung an Humor verfügt, sogar lachen, vielleicht sogar verzeihen. Im hier gegebenen Fall war es, beziehungsweise ist es so. Obgleich man vermutlich eine Heerschar von Psychologen belästigen müsste, um das fürwahr Unglaubliche ganz und gar zu verstehen. Sehen wir zu.

Das Zusehen wird uns um einige Grade leichter gemacht, wenn wir uns des kleinen Buches erinnern, das Professor Brüll kürzlich herausgebracht hat. Eigentlich ist es dem Andenken seines Maleronkels, eines vor mehr als fünfzig Jahren verstorbenen rheinischen Expressionisten, gewidmet. (*Vagabundierende Bilder. Aus eines Künstlers Leben und Nachleben. Hans Rilke. 1891-1946. Fast ein Familienroman,* Duisburg 2000) Da aber ausgerechnet Professor Brüll es geschrieben hat, versteht es sich von selbst, dass es trotz des vergleichsweise ernsten Anliegens einige satirische Züge trägt. Vielleicht sogar einige makabre. Der Professor ist schließlich Anglist.

Er lässt beispielsweise im Eingangskapitel seinen fiktiven Professor (der allerdings ebenfalls Brüll zu heißen scheint), hintereinander nahezu alle seine Kollegen ermorden. Mittels der geschickten Zuführung von Gift-Cocktails, also auf relativ schonende Art. So trägt Brüll dankenswerterweise dazu bei, die akademische Landschaft durchgreifend zu entlasten. Alle Wissenschaftsminister der Welt müssten ihm eigentlich dafür dankbar sein. Doch Minister denken in der Regel nicht so weit.

Die Giftampulle
im Mund,
braucht er
nur noch zu
kauen.

Das überlassen sie stattdessen den Polizeipräsidien und deren Kriminalinspektoren. Im Zuge der in Kollegen-Mordfällen nahezu unvermeidlichen polizeilichen Vernehmung musste Professor Brüll leider erfahren, dass die von ihm ermordeten, anschließend selbstverständlich tief betrauerten und inzwischen von ihm mit lobenden Nachrufen ausgestatteten Kollegen seit einigen Tagen wieder lebten. Die Gift-Cocktails waren also nicht stark genug gewesen. Sie hatten bei seinen Opfern statt des Todes lediglich eine – wie der Kriminalinspektor es zu formulieren beliebte – ‚zeitweilige Abwesenheit, eine Art von Benommenheit' bewirkt. Professor Brüll muss also seine lobenden Nachrufe wieder einstampfen, falls er es nicht vorzieht, sie für die eines Tages eben doch eintretenden Ernstfälle aufzubewahren. Es dürfte sich dann vermutlich um normale, also nicht durch professorale Gift-Cocktails bewirkte Ernstfälle handeln.

Wer das Eingangskapitel des Maleronkel-Rilke-Buches gelesen hat, wird ohne weiteres auch das Kapitel verstehen, nein, zu würdigen wissen, das er gerade vor sich liegen hat, vielleicht sogar liest. Was auch immer dem Professor, diesmal nicht dem fiktiven, sondern dem richtigen, unmittelbar nach seiner Amtszeit als Rektor auch widerfahren sein mag, er denkt nicht daran, jene lieben Kollegen, mit denen er sich nun zu befassen hat, mit Gift- Cocktails zu behandeln. Sollten die nun zum Tode oder auch nur zu einer zeitweiligen Benommenheit führen. Selbst eher literarische, das heißt verbale Gift-Cocktails lehnt er ab. Er mag zwar nicht gerade ein Gentleman sein. Aber immerhin ...

Mögen seine lieben Kollegen ihre jeweiligen Leben auf die von ihnen für richtig (und rechtzeitig) gehaltene Weise beenden. Er mischt sich nicht ein. Immerhin haben seine Kollegen zur, sagen wir mal, Farbenfreudigkeit der von ihnen bespielten akademischen Bühne beigetragen. Man sollte ihnen also danken. Ganz so weit allerdings kann Professor Brüll leider nicht gehen. *Noch* nicht. Mag aber sein, dass er auch in dieser Beziehung im Laufe der Zeit einige Fortschritte macht.

Nachdem er als Gründungsrektor zurückgetreten war, zwar ernüchtert und zermürbt, aber in voller Übereinstimmung mit allen Beteiligten, durfte er ein Forschungsjahr antreten. Er benutzte es dazu, sein Milton-Buch zu Ende zu schreiben. Aber auch die Parodie des *‚Ancient Mariner'* von S. T. Coleridge, die er, als er endlich einen Verlag gefunden hatte, seiner Übersetzung der 144-strophigen Ballade jeweils auf der gegenüberliegenden Buchseite hinzufügte, wurde in dieser nunmehr ruhigen Zeit geschrieben. An der Übersetzung selber hatte er noch während seines Rektorats gearbeitet, gelegentlich sogar, das Manuskript unsichtbar unter dem Tisch auf den Knien, während der langweiligeren Passagen gewisser Senatssitzungen. Die Arbeit an der Übersetzung hatte ihn zeitweise gegen die nicht endenwollenden Probleme des Hochschulgründungs-Alltags gestärkt, gerade auch deshalb, weil die Ballade, wenngleich stark metaphorisch, recht genau die aktuelle Hochschulsituation und die ihres Rektors abzubilden schien: eine magisch geladene Irrfahrt auf unübersichtlichem, sturmgepeitschtem Ozean, in scheinbar aussichtsloser Lage, letztlich aber Befreiung.

Einen Teil des Forschungsjahres hatte Professor Brüll wohlweislich im Quäker-College Woodbrooke in Birmingham zugebracht, nicht nur wegen dessen vortrefflichen Bibliotheksbeständen zur Quäker-Erbauungsliteratur des 17. Jahrhunderts, die er für sein Milton-Buch auswerten wollte, sondern vor allem auch weil er nach den turbulenten Jahren, in denen er ständig aktiv sein, vor allem aber ständig reden musste, so etwas wie ein Kloster, jedenfalls aber Stille und Frieden, dringend brauchte. Allerdings sah er sich, neben seiner Lesearbeit, schon bald unversehens in den Lehrbetrieb des College eingebunden: Ein Quäker-Dozent war krankheitshalber ausgefallen. Da er selber aber schon seit Jahren ein stark verquäkerter Reformierter war (so hatte ein nicht unbedeutender Katholik ihn einmal genannt), fiel ihm die neue Aufgabe nicht allzu schwer. Innere Ruhe und Frieden blieben auch so gewahrt.

Das allerdings sollte sich gründlich ändern, als er nach Ablauf seines Forschungsjahres wieder nach Duisburg zurück kam. Milton-Buch und Coleridge-Ballade (samt Parodie) waren nun tatsächlich druckfertig und wurden auch schon bald gedruckt. Insoweit war also alles in Ordnung. Die Rückkehr in ‚sein Fach' allerdings hatte er sich anders vorgestellt.

Dazu muss man wissen, dass dieses Fach, die Anglistik in Duisburg, nahezu ganz aus Hochschullehrern und deren Mitarbeitern bestand, an deren Berufung, beziehungsweise Einstellung er selber, in einigen Fällen überaus tatkräftig und gegen starke Widerstände, mitgewirkt hatte. Naiv wie er offensichtlich immer noch war, ging er nun davon aus, in ein ihm freundschaftlich, zumindest aber kollegial gestimmtes Anglisten-Team einzutreten. Schon bald aber zeigte sich, dass er sich damit gründlich geirrt hatte. Man brachte es nämlich nicht einmal fertig, ihn räumlich ‚unterzubringen'. Weder sein Fach noch der übergeordnete Fachbereich sahen sich in der Lage, ihm ein Dienstzimmer bereitzustellen, zugegebenermaßen bei arg beengter räumlicher Situation. Das Bauprogramm war auch drei Jahre nach der Hochschulgründung noch nicht wirklich angelaufen, da das dazu vorgesehene Grundstück immer noch nicht zur Verfügung stand. Es war auf Jahre hinaus dauerhaft verpachtet. Allerdings hatte man inzwischen an seinem (unverpachteten) Rand ein gigantisches Schild errichtet: *„Hier baut das Land Nordrhein-Westfalen die Gesamthochschule Duisburg.“* Hätte man den ungebetenen Neuankömmling etwa auf dem Schild unterbringen sollen, sozusagen als Schildreiter? Dann hätte man wenigstens nicht zusammenrücken müssen. Denn das musste man, wenn man ihn einigermaßen menschenwürdig unterbringen wollte.

Wie aber reagierte der ehemalige Rektor auf die nun gegebene Lage? Er protestierte zuerst einmal, lag ihm doch die Erfahrung des ständigen ‚Protestierens' noch im Blut, während seine nunmehrigen Kollegen offensichtlich schon in einer anderen hochschulpolitischen Welt lebten. Das heißt: Er hielt seine erste Sprechstunde auf dem Korridor des obersten Stockwerks ab, unmittelbar vor der Nase des Kanzlers. Der reagierte begreiflicherweise so schnell er konnte. Allerdings blieb auch ihm nichts anderes übrig, als dem heimatlosen Professor und Ex-Rektor einen in einer Blitzaktion geräumten ehemaligen Abstellraum der Hochschulverwaltung zuzuweisen. In den zog der Professor denn auch ein, seine neue Assistentin nach kurzer Zeit ebenfalls. Eine Schreibkraft sollte einige Wochen später noch hinzukommen.

Allerdings stellte sich leider schon bald heraus, dass sein Zimmer, im obersten Stock eines mit Flachdach ausgestatteten Fertigteil-Hochhauses befindlich, zwei Stockwerke von der übrigen Anglistik getrennt, sich schon bald als undicht erwies. Unentwegt tropfte es auf den professoralen Schreibtisch. Man half sich vorläufig damit, einen Eimer unter der Decke aufzuhängen, in den es fortan melodisch tropfte und tropfte. Auf diese Weise blieben die Schreibtische wenigstens trocken. Die Köpfe des Professors und seiner Assistentin allerdings sahen sich ständig durch einen unter der Decke hängenden zuerst nahezu leeren, dann halb vollen, dann dreiviertel vollen, endlich vollen Eimer gefährdet. Konnte der doch jederzeit herunterfallen, zumal er nur an der vermutlich nicht besonders soliden Zwischendecke hing.

Eines Nachts aber geschah Folgendes: Gegen Morgen wurde der Professor telefonisch geweckt. Einer der Hausmeister teilte ihm mit, dass die Zwischendecke des professoralen (Abstellraum-) Dienstzimmers in der Nacht herunter gekommen sei und nun auf den beiden Schreibtischen liege. Professor Brüll, rüde aus dem Schlaf geweckt, nahm diese Meldung mit stoischer Ruhe hin, ahnte er doch, dass sich aus dieser neuen Lage etwas ‚machen ließe.' Er wies den Hausmeister an, der Hochschulverwaltung von dem Vorfall vorerst keine Meldung zu erstatten. Er lege vielmehr äußersten Wert darauf, sich der Sache selber anzunehmen. Der Hausarbeiter mag sich zwar gewundert haben. Er sicherte jedoch trotzdem Geheimhaltung zu.

Am nächsten Morgen so gegen 9 Uhr rief der Professor dann den Kanzler an. Er meldete etwa Folgendes: „Leider muss ich Ihnen mitteilen, dass in meinem Dienstzimmer, das Sie mir vor einiger Zeit freundlicherweise zugewiesen haben, etwas nicht ganz in Ordnung sein dürfte. Ich habe mich nämlich vergangene Nacht intensiv auf die Zwischendecke dieses Zimmers konzentriert. Da ich bekanntlich einige telepathische, vermutlich aber auch gewisse telekinetische Fähigkeiten habe, dürfte die Wirkung meiner Konzentrationsübung nicht ganz wirkungslos geblieben sein. Ich möchte also davon ausgehen, dass die Zwischendecke inzwischen heruntergekommen ist. Wären Sie, Herr Kanzler vielleicht so freundlich, einen der Hausmeister in mein Zimmer zu beordern, damit er die Lage erkunden kann?" Der Kanzler, mit dem der Professor eigentlich immer gut zusammengearbeitet hatte, war von seinem ehemaligen Rektor vermutlich so einiges gewöhnt. Für gänzlich verrückt dürfte er ihn trotzdem bisher nicht gehalten haben. Das würde sich nun wohl zu ändern haben. Doch was blieb ihm anderes übrig, als der im Grunde unverständlichen Bitte zu entsprechen.

Die Folgen müssen beträchtlich gewesen sein. Nach etwa einer halben Stunde rief er den Professor an, immer noch fassungslos. „Wie konnten Sie nur? Das ist denn doch wirklich die Höhe! Oder sollten Sie uns etwa auf den Arm genommen haben?"

„Weshalb sollte ich denn?", konnte der Professor da nur fragen. Von nun an war jedenfalls damit zu rechnen, dass man ihm neben (vielleicht) einigen wissenschaftlichen Fähigkeiten auch telepathische, ja sogar gewisse telekinetische Fähigkeiten zuschrieb. Man hatte sich also vor ihm in Acht zu nehmen.

Vermutlich haben sich des Professors neu entdeckte Fähigkeiten auch bis in seinen Fachbereich, das heißt, bis zu seinem Dekan durchgesprochen, vermutlich sogar bis in sein Fach und zu seinen engeren Kollegen. Jedenfalls leitete man unverzüglich eine Baumaßnahme ein, wandelte einen bisherigen Lichthof, der sich sogar in unmittelbarer Nähe der übrigen Räume der Anglistik befand, zu einem gut dimensionierten Dienstzimmer um und wies es dem Professor, seiner Assistentin und einer Schreibkraft zu.

Professor Brüll hat dieses Zimmer mehrere Jahre bewohnt, bevor er dann im Zuge seiner Emeritierung erst einen freien Schreibtisch (!) im Zimmer eines Kollegen zugewiesen bekam, dann einen Schreibtisch in einem neu eingerichteten Emeritenzimmer, das für insgesamt drei emeritierte Professoren zuständig war, im übrigen aber eine Reihe unaufgeräumter Buchgestelle aufwies, von zwei ausrangierten Computern einmal ganz zu schweigen. Aber auf Äußerlichkeiten hat Professor Brüll nie Wert gelegt.

Zudem wusste er nur allzu gut, dass ‚seine' Universität, auch nachdem das allgemeine Bauprogramm endlich so gut wie abgeschlossen war, an bitterer Raumnot, aber auch an vielfachen anderen Nöten litt. So hat er denn auch klaglos hingenommen, dass er nur wenig später, nach einigen relativ aktiv verbrachten weiteren Jahren im Emeritenstand, nur noch über eine - Schublade (!) im Sekretariat seines Faches verfügt. Die ist sogar meistens nahezu leer. Was will er also?

Zumal ‚sein' Styropor-Kopf, den eine seiner Töchter schon vor Jahren, leicht karikierend, zusammengebastelt hat, auch weiterhin oben auf einem Schrank des Sekretariats steht, in nicht ganz ernst zu nehmendem professoralen Ernst die anglistische Welt, zumindest aber deren verwaltungsmäßigen Knotenpunkt, das Sekretariat, überblickend. Dabei hat der emeritierte Professor, nunmehr über achtzig Jahre alt, doch gar nicht vor, bis in unbegrenzte Zukunft in der Universität, geschweige denn in der Duisburger Anglistik, anwesend zu sein. Sollte er nicht gelegentlich einmal ans – Sterben denken, um ‚seine' Universität von der Last seines Körpers und seiner Psyche endlich ganz zu befreien?

Seine zweite Überraschung nach Ablauf seines Rektorates war allerdings weit schockierender, als die erste es war. Im Grunde war sie unerträglich. Auch durch (scheinbare) telepathische oder telekinetische Fähigkeiten ließ sie sich nicht beheben. Hier hätte man schon eher an Gift-Cocktails zu denken. Obgleich der Professor für uns und für ihn selber glücklicherweise, dazu neigt, diese desillusionierende Enttäuschung in der Rückschau ebenfalls nicht mehr ganz so ernst zu nehmen, das, was ihr zu Grunde lag, jedenfalls zu verzeihen. Vergessen kann er es allerdings nicht. Sehen wir also noch einmal zu.

Vor der Gründung der neuen Hochschule hatte der Professor vier Assistenten gehabt. Einige davon hatten im Fernstudiensektor gearbeitet und waren in der Zwischenzeit in feste Dauerstellen aufgerückt. Ihm standen nun also nur noch zwei Assistentenstellen zu. Eine davon war im Augenblick unbesetzt. Er hatte sie seinerzeit einem seiner neuberufenen literaturwissenschaftlichen Kollege leihweise überlassen. Denn während seines Rektorates hätte er ohnedies für einen zweiten Assistenten keine Verwendung gehabt. Vor allem aber hätte er ihn (oder sie) nicht fachgemäß betreuen können. Der Assistent, der noch auf der anderen Planstelle saß, fungierte in den ersten Gründungsjahren als sein persönlicher Referent, war aber nun ebenfalls dabei, in eine Dauerstelle einzurücken.

Nach Ablauf des Rektorats hätte der Professor selbstverständlich die seinem Kollegen seinerzeit ausgeliehene Planstelle zurückverlangen können, zumal sie im Augenblick wieder einmal unbesetzt war. Das nämlich sah die ursprüngliche Abmachung vor. Da er aber auf eine, sagen wir mal, freundschaftliche Kollegialität Wert legte und dem Kollegen eine zweite Stelle herzlich gönnte (auf die er selber dann eben verzichten musste), überließ er ihm die Stelle auch weiterhin.

Eben das aber hätte er nicht tun sollen, musste er doch nun erleben, dass der Kollege die freie Stelle (also ursprünglich des Professors Stelle) mit einer gut gewachsenen, hochblonden, (wohl auch hochintelligenten) jungen Dame besetzte, die zugleich seine Intim-Partnerin war. An deren planstellenmäßige Versorgung hatte der Professor eigentlich nicht gedacht, als er seinem Kollegen die freie Assistentenstelle anbot. Schon gar nicht an die Folgen. Die attraktive junge Dame sollte denn auch nach einigen Jahren mit einer interessanten (hoffentlich nicht gemeinsamen) Arbeit bei seinem Kollegen promovieren. Selbstverständlich mit dem höchstmöglichen Prädikat. Nun ja, derartiges kommt in Universitäten gelegentlich vor. Es ging Professor Brüll im Grunde ja auch gar nichts mehr an. Er versuchte es denn auch zu übersehen. Sogar mit gewissem Erfolg.

Nicht ganz so leicht übersehen konnte er die leidige Tatsache, dass es auf diese Weise zur Ehescheidung des Kollegen kam, während dessen Assistentin und Doktorandin schon kurz nach ihrer gloriosen Promotion aus dem allgemeinen Blickfeld verschwand, um weiteren Partnerinnen Platz zu machen. Die nunmehr geschiedene Ehefrau aber kannte der Professor seit vielen Jahren. Sie war in grauer Vorzeit am Englischen Seminar der Kölner Universität, an dem sie damals Lektorin war, seine Kollegin gewesen und hatte bis vor Kurzem noch einen Unterrichtsauftrag an seiner eigenen Universität gehabt. Sie tat ihm zwar leid. Aber als verantwortlich für die Ehescheidung konnte er sich beim besten Willen nicht betrachten, obgleich er letzten Endes durch die Überlassung seiner zweiten Assistentenstelle an seinen Kollegen wenigstens mittelbar an der Ehekatastrophe beteiligt war. Was aber blieb ihm anderes übrig, als auch darüber hinwegzusehen.

Zumal er sich darüber klar war, dass die zahlreichen ergötzlichen Universitätsromane, vorwiegend in den angelsächischen Ländern, aber seit einigen Jahren auch in Deutschland geschrieben und gelesen, ohne einen gewissen Nachschub ihrer traditionellen Leitthemen aus der Realität nicht zu denken sind.

Manches bekommt man
auch anderswo,
sagte er, als
sie ging.

Das, was folgte, konnte man jedoch keinesfalls hinnehmen. Obgleich des Professors junger, ganz offensichtlich nicht besonders kollegialer Kollege die ihm freundlicherweise überlassene Stelle mir nichts, dir nichts besetzt hatte (was damals absonderlicherweise noch unbeanstandet durchging), und zwar ausgerechnet mit seiner Intim-Freundin, stellte er nun im Fachbereichsrat einen Antrag auf Bildung einer Kommission, die für die Besetzung der Professor Brüll noch verbliebenen Assistentenstelle zuständig sein sollte. Der Antrag wurde verblüffenderweise angenommen. Nicht nur das. Der liebe Kollege und sein erster Assistent wurden in die Kommission gewählt, nicht jedoch Professor Brüll, der folglich die Besetzung seiner ‚eigenen', der einzigen ihm noch verbliebenen Assistentenstelle, nicht mehr beeinflussen konnte. Um die Ungeheuerlichkeit voll zu machen, wählte die Kommission dann auch noch den lieben unkollegialen Kollegen zu ihrem Vorsitzenden.

Selbstverständlich kam sie schon bald zu einem Ergebnis. Die Ausschreibung ging heraus. Es meldeten sich, neben anderen, gleich zwei weitere Frauen aus des lieben unkollegialen Professors ehemaligem Frankfurter Anhang. Mit anderen Worten: Ausgerechnet der ehemalige Rektor, Professor Brüll, sollte von Wunschkandidatinnen des anderen Professors sozusagen ‚eingerahmt' werden. Offensichtlich sah man ihn als eine gefährliche Konkurrenz an. Das sollte sich später denn auch erweisen. Studierende stimmen bekanntlich mit den Füßen ab. Dabei war die Fachkompetenz des anderen Professors nicht unbeachtlich. Sie wurde auch von

Professor Brüll voll anerkannt. Nach vielen Jahren wurde sie zudem durch die Publikation eines Buches bewiesen, das fürwahr, wie man so sagt, ‚eine Lücke füllt' und überaus gute Rezensionen nach sich gezogen hat. Aber auch Kollegen von erheblicher Fachkompetenz sind – Menschen, manchmal reichlich unkollegiale und zudem studentinnenfresserische.

Als unser Professor emeritiert wurde, beeilten sich seine Kollegen keineswegs mit der Wiederbesetzung seiner Stelle. Im Gegenteil: sie ließen sich Zeit. Wer holt sich schon gern eine Konkurrenz ins Haus? Gewiss, auch hier hatte man es mit einer traditionsgeheiligten Gewohnheit deutscher Universitäten zu tun. Allerdings war die Lage der Duisburger Hochschule mittlerweile schon so ernst, dass man sich einen Luxus dieser Art von Traditionspflege keinesfalls mehr hätte leisten dürfen.

Als sich eine Stellenausschreibung letztlich dann doch nicht mehr verhindern ließ, trug man dafür Sorge, dass die Berufungsliste auf allen Listenplätzen aus Bewerbern bestand, deren Ablehnung des Rufes so gut wie sicher war, beziehungsweise von denen man wusste, dass das Ministerium sie nicht akzeptieren werde. Das Verhinderungsmanöver hatte Erfolg. Die jahrelang frei gebliebene Stelle wurde nämlich nach einiger Zeit ‚umgewidmet', ging also dem Fach endgültig verloren. Man konnte also ohne unangenehme Konkurrenz weiterleben.

Allerdings hat Professor Brüll angesichts der traurigen Sachlage dann selber noch weitere 10 Jahre als Emeritus gelehrt und geprüft. Eine gewisse Konkurrenz blieb seinen Kollegen also erhalten. Das Fehlen seiner Planstelle wird dem Fach jedoch in naher Zukunft in dessen mit Sicherheit zu erwartendem Existenzkampf bitter fehlen. Kann man aber von deutschen Professoren, die sich als ‚traditionsgebunden' verstehen, andere, weniger personenbezogene Handlungsweisen überhaupt erwarten? Professor Brüll sagt eindeutig: Nein. Man kann leider nicht.

Aber zurück zum Zeitpunkt der Rückkehr des ehemaligen Rektors in ‚sein' Fach, mithin auch zur Giftampulle, die damals großherzigerweise nicht zur Anwendung kam:

Was den damals zuerst einmal in puncto Assistentenbeschaffung übertölpelten Professor betrifft, so war der wenigstens in der glücklichen Lage, mit mehreren anderen Universitäten und deren Anglistiken einen normal engen Kontakt zu halten. Schon bald erfuhr er, dass in einer bayerischen

Universität eine Studentin mit der höchsten Zensur promoviert worden war und zu allem Überfluss für ihre Dissertation auch noch den ostbayerischen Kulturpreis erhalten hatte. Er fuhr mit seiner Frau in den Bayerischen Wald, ließ sich von der glücklichen Doktorandin dort besuchen und konnte mit der Zusicherung nach Hause zurückkehren, dass sie sich ohne Zeitverzug in Duisburg bewerben werde. Ihre Heimatuniversität hatte nämlich keine freie Planstelle für sie. Nun konnte der Professor sicher sein, dass schon allein die unüberholbar gute ‚Papierform' dieser jungen Dame die übrigen Kandidaten, auch die zwei Kandidatinnen aus dem Frankfurter Lager des lieben anderen Professors, aus dem Feld schlagen werde. Falls dem aber nicht so sein sollte, hätte der ehemalige Rektor nun wenigstens etwas in der Hand. (Nicht die Giftampulle!) Das würde er dann auch zu nutzen wissen. Er brauchte sich aber nicht zu bemühen. Die bayerische junge Dame bekam die freie Stelle. Weder sie, die nun längst selber Professorin ist, noch er dürften es je bereut haben.

Aber es ist leider noch etwas hinzuzufügen. Der liebe, aber ungewöhnlich machtbewusste Professor, der dem ehemaligen Rektor damals auf trickreiche Weise ein Bein stellen wollte, war nicht zuletzt durch des Rektors ungewöhnlich starken Einsatz im Senat, aber auch im Ministerium, überhaupt erst nach Duisburg berufen worden, übrigens von der zweiten Stelle der Berufungsliste aus und als Nicht-Habilitierter. Der erste Mann war der Hochschule damals vor der Nase weggeschnappt worden. Das entscheidende, überaus positive Gutachten über seinen lieben Kollegen aber hatte der Rektor selber geschrieben, und zwar mit gutem Gewissen, war dieser Kollege doch nicht nur hochintelligent und in seinem Fach beschlagen, sondern hatte sich auch durch einen vorzüglichen Probevortrag zureichend ausgewiesen. Entsprechendes traf auch auf einen anderen Fachkollegen zu. Um den hatte der Rektor sich noch um einige Grade stärker zu bemühen gehabt. Auch der stand anfangs noch an der zweiten Stelle der Berufungsliste, war ebenfalls nicht habilitiert und sollte nach seiner Berufung so gut wie gar nichts mehr publizieren, allerdings, nicht zuletzt auch außerhalb der Universität, hochinteressante Vorträge halten. Aber auch er hatte das Glück, dass der erste Mann rechtzeitig an eine offensichtlich damals attraktivere Universität berufen wurde. Beide Kollegen (aber durchaus nicht nur sie) haben sich bei ihrem Förderer einige Jahre später nachdrücklich ‚bedankt', das heißt, sie haben sich an ihm – *gerächt*, und zwar durchaus nicht nur einmal.

Der Professor war damals noch so naiv, sich darüber zu wundern. Heute, in einigermaßen weisem Emeritenalter, glaubt er zu wissen, dass es sich hier um eine unter Menschen durchaus verständliche und nicht selten auftretende psychische (Abwehr-) Reaktion handelt. So mancher Psychologe hat es ihm inzwischen bestätigt. Ist das aber wirklich ein Trost? Immerhin: Man hat hinzu gelernt, hat allerdings nicht vor, daraus in Zukunft Nutzen zu ziehen. Könnte man als steinalter Emeritus daraus überhaupt noch irgendeinen Nutzen ziehen? Schweigen wir drüber. Immerhin: Der Professor kann sich im späten Alter noch im Verstehen, ja sogar im Verzeihen üben. Das ist weit mehr als nichts. Ob er eines nicht allzu fernen Tages vielleicht sogar so etwas wie ein Nahezu-Heiliger wird? Warten wir es ab.

Inzwischen ist Professor Brüll zwar in den Besitz der zweifellos richtigen Rezeptur des Gift-Cocktails gekommen. Einer Rezeptur, die mit Sicherheit zum Tod, nicht aber nur zu einer zeitlich beschränkten Benommenheit führt. Eigentlich schade: Er wird keinen Gebrauch mehr von ihr machen können. Er ist nämlich nahezu weise geworden.

Nachdem er den Stöpsel
aus der Badewanne gezogen hatte,
wurde ihm schwerer
ums Herz.

Dankbarkeitsvermeidung

Es ist fürwahr nicht leicht, jemandem zu Dank verpflichtet zu sein. Vor allem dann nicht, wenn der betreffende Jemand so ganz offensichtlich keinen Wert auf Dankesbezeugungen legt. Hält er doch – falls er ein einigermaßen anständiger Mensch sein sollte (was gelegentlich auch heute noch vorkommt) – das, was er für seinen Mitmenschen getan hat, für das Selbstverständlichste von der Welt. Wie aber hilft man sich da?

Offensichtlich gibt es verschiedene Dankbarkeits-Vermeidungsmethoden. Die sicherste, zugleich die am wenigstens aufwendige ist die, dem entsprechen-

den Jemand möglichst erfolgreich aus dem Weg zu gehen. Trifft man ihn dennoch irgendwann und irgendwo, sieht man möglichst an ihm vorbei. Er wird es vermutlich zu würdigen wissen.

Mit weit größerem Aufwand verbunden ist allerdings die in den meisten Fällen gewählte Methode, die der ‚Konversion' nämlich. Sie besteht darin, den eigentlich fälligen Dank in gezielten, wenn auch vielleicht nur geheuchelten Undank zu verwandeln, sodass statt der unbedingt zu vermeidenden Danksagungsaktion das genaue Gegenteil, nämlich eine Angriffshandlung entsteht. Das mag den betreffenden Jemand zwar in mildes Erstaunen versetzen. Der Angreifer jedoch kann sich bestätigt fühlen. Hat man ihn doch – nimmt man alles in allem – im Laufe seines Lebens tatsächlich immer wieder einmal ungerecht behandelt, missachtet, übersehen, zurückgesetzt und so weiter. Mag auch der Jemand an allen diesen Schandtaten nicht beteiligt gewesen sein, eher ganz im Gegenteil: Die allgemeine Richtung jedenfalls stimmt, wenn man zu einer Angriffshandlung übergeht. Kommt es hier doch vor allem darauf an, Kraft zu zeigen, obgleich man in Wirklichkeit vergleichsweise schwach, zumindest aber verletzlich ist. So etwas gelingt immer. Man halte sich also dran! Zumal auch das allgemeine Betriebsklima, falls man mit dem gewissen Jemand leider eng zusammen zu arbeiten hat, auf diese Weise schon bald jene Minustemperaturen annimmt, mit denen man am leichtesten leben kann. Liefern sie einem doch den Vorwand zu immer neuen Angriffswellen und – was im gegebenen Zusammenhang vielleicht noch wichtiger ist – lassen sie einen doch umso zuverlässiger vergessen, was der besagte Jemand einem einmal, eigentlich doch dankenswerterweise, getan (oder eben doch eher angetan) hat.

Ob sich das weite und hochgradig differenzierte Feld der Psychologen dieses Problems gelegentlich einmal annimmt? Zu wünschen wäre es, wenngleich es vermutlich nur der Erzeugung weiteren bedruckten Papiers dienen und kaum Dank ernten dürfte.

Telepathische
Pannen
kompensiert er
durch
Telekinese.

Nachdem er sich
hilfesuchend,
hilfeempfangend
hilfeverwertend
nach oben
gerobbt hat,
beschließt er,
immer schon
eigenständig
gewesen zu sein.

Für seine negativen Erfahrungen sollte Brüll jedoch einige Jahre später reichlich entschädigt werden. Versicherte ihm doch der nunmehr dritte Gründungsrektor, der Theologe Adam Weyer, vor Beginn seiner Laudatio anlässlich der Brüll'schen Emeritierung gleichsam unter der Hand, aber natürlich so, dass alle Anwesenden es hören konnten, der ihm schon seit vielen Jahren freundschaftlich verbundene Brüll werde die Laudatio wohl schwerlich trockenen Auges überstehen können. Der aber war fahrlässigerweise davon überzeugt, auch eine ungewöhnlich freundschaftlich angelegte Lobrede in heldenhaft stoischer Verfassung hinter sich bringen zu können.

Er sollte sich irren. Weyer, der einmal in reichlich fernen Jahren in der evangelischen Jugendarbeit so etwas wie sein ‚Vorgesetzter', zudem der Herausgeber eben jener Zeitschrift gewesen war, für die Brüll damals gelegentlich schrieb, zitierte nämlich einige der Titel seiner damaligen kirchlichen Machwerke. Damit aber wurde nahezu Vergessenes wieder wachgerufen. So etwas greift an.

Aber dabei sollte es noch nicht einmal bleiben. Am Ende seiner Rede trug Adam Weyer zu allem Überfluss auch noch eines der frühen Brüll'schen Gedichte vor, und zwar ein – wie Brüll, vermutlich aber auch Weyer, es sahen – ungewöhnlich zentrales. Wie aber sollte Brüll diesem

Angriff trockenen Auges entkommen? Es gelang ihm nicht. Er musste zum Taschentuch greifen.

Es handelte sich um folgendes Gedicht:

Wenn ich nah sein möchte,
muss ich fern sein.
Wenn ich fern bin,
bin ich nah.
Wenn ich still sein möchte,
muss ich laut sein.
Du bist einfach da.

Wenn ich schwer sein möchte,
muss ich leicht sein.
Wenn ich weg mich wende,
hör ich zu.
Wenn ich Knecht sein möchte,
muss ich Herr sein.
Du bist nichts als Du.

Aufgerichtet,
muss ich mich verstecken.
Wenn ich Unsinn meine,
ist es Sinn.
Will ich bleiben,
muss ich weiter wachsen.
Du sagst nur:
Ich bin.

Diese nicht ganz trocken gebliebene Abschiedsfeier war schon die zweite, und zwar eine gleichsam inoffizielle. Sie wurde vom Verein der Freunde und Förderer der Universität im großen Saal des besten Hotels der Stadt veranstaltet, nachdem die offizielle Feier schon vor einigen Monaten in klirrender Kälte im Auditorium Maximum stattgefunden hatte. Damals waren keine Tränen geflossen. Immerhin aber hatten alle Teilnehmer der

Feier, teilweise von weither angereist und eisglatten Straßen trotzend, tatsächlich etwas mit Brüll und seiner Universität zu tun gehabt, natürlich auch jene Freunde und Förderer der Hochschule, die ebenfalls in den Stuhlreihen saßen. Nun aber, in der eher inoffiziellen Feier in weit vornehmerem Rahmen, sollte sich verwunderlicherweise herausstellen, dass Brüll einen Teil, vielleicht sogar den größeren Teil der Mitfeiernden überhaupt nicht kannte. Das aber war alles andere als ein Zufall, hatte doch der damalige Vorsitzende des Fördervereins die Gelegenheit genutzt, nicht zuletzt auch seinen persönlichen, offensichtlich ganz besonders weit gestreuten Freundeskreis zur Feier einzuladen. Ausgerechnet Brülls Dekan dagegen hatte man vergessen. Der war denn auch alles andere als *amused*. Der frisch emeritierte und folglich machtlos gewordene Brüll hatte es folglich auszubaden.

Es ist schon so: Universitätslehrer lernen nie aus ...

XVIII

Es ist denkbar,
sagte der Arktisforscher,
den Nordpol und eine
gewisse Dame betrachtend,
dass die aufregend knisternde
Körperlichkeit
dieser Frau
jedes nur mögliche
Eis schmelzen lässt.
Er sprach aus
Erfahrung.

Rettungsaktion

Gut gewachsene blonde Studentinnen haben es schwer, vielleicht aber auch besonders leicht und vergnüglich. Es kommt auf deren Einstellung an. Und natürlich auf die des betreffenden Professors. Unser Professor, also DER Professor, war sittenstreng. Daran trug er schwer. Er ließ sich äußerstenfalls zu so etwas wie platonischen Liebes-, oder sagen wir besser Freundschaftsverhältnissen verführen. Und auch in denen blieb er unangenehm reserviert. Denn er bestand darauf, die professoral-dienstliche Sphäre säuberlich von der persönlichen zu trennen.

Wie seine Kollegen es damit hielten, ging ihn nichts an. Er versuchte denn auch, über möglichst vieles hinwegzusehen. Bei einem ganz bestimmten Kollegen konnte ihm das aber auf die Dauer nicht mehr gelingen. Hatte der doch die Angewohnheit, die von ihm auserwählten und vermutlich durchaus nicht nur platonisch geliebten Studentinnen, eine immer schöner und blonder als die andere, schon nach kurzer Zeit fallen zu lassen und durch die nächste zu ersetzen. Was nicht unbemerkt bleiben konnte. Mussten die, sagen wir einmal, ‚abgelegten' Studentinnen sich nun doch einen anderen Prüfer wählen, falls sie es nicht vorzogen, die Universität zu wechseln. So dass unser, also DER Professor sich im Laufe der Zeit von einer großen Zahl wohlgeformter blonder Studentinnen heimgesucht sah, die nichts anderes von ihm erwarteten, als zur angemessenen Zeit von ihm – geprüft zu werden, fachlich geprüft. Auf die Dauer nimmt auch der gutmütigste Professor, selbst dann, wenn es sich nur um Professor Brüll handelt, derartiges nicht klaglos hin. Er wird seufzen, was natürlich nicht ausschließt, dass er die Schönheit der betreffenden Damen gelegentlich wenigstens visuell genießt. Darüber hinaus aber sind ihm die Hände gebunden.

Hatte man doch in seinem Fach mit guten Gründen, nämlich der Vergleichbarkeit wegen, beschlossen, dass zumindest eine der von den Prüfungskandidaten zu schreibenden Examensklausuren zentral von einem bestimmten Kollegen vor-zensiert werden sollte. Der eigentliche Prüfer hatte sie dann lediglich gegenzuzeichnen. Es handelte sich um die mit Abstand wichtigste, nämlich um die Sprach- und Übersetzungsklausur, aus der die fremdsprachlichen Fähigkeiten der Kandidaten abgelesen werden können. Wer diese Klausur nicht wenigstens mit ‚ausreichend' (=4) abschloss. war in der Regel schon durch die Prüfung gefallen. Leider war zum Zeitpunkt des Geschehens der zentral korrigierende Professor ausgerechnet mit jenem Blonde-Frauen-Verwerter identisch, den wir bereits kennen.

Als unser, also DER Professor eines Tages eine gut gebaut mit anregendem Gesicht ausgestattete, zudem auch noch hellblonde Studentin examinieren sollte, eine Studentin, die erst vor einiger Zeit den Weg in sein Seminar gefunden hatte, musste er zu seinem Erstaunen feststellen, dass die Sprachklausur, die er ja nur gegenzeichnen durfte, mit einem ‚ungenügend' (=5) ausgestattet war. Dabei wusste er doch, dass gerade diese Studentin der englischen Sprache durchaus mächtig war. Zu allem Überfluss war die Note ‚5' auch noch mit einem etwa fünf Zentimeter langen Minus-Strich versehen. Derartiges war eigentlich nicht vorgesehen und vermutlich auch bisher noch nie vorgekommen. Der Professor versank zuerst einmal in tiefes Nachdenken, versuchte er doch, die mögliche Vorgeschichte dieses ungewöhnlichen Falles zu rekonstruieren. Selbstverständlich gelang ihm das nicht. Zugegeben, die Studentin war sehr gut gewachsen, ihr Gesicht war anregend schön. Dazu war sie auch noch hellblond. Um von ihrem Charme einmal ganz zu schweigen. Da mochte tatsächlich so manches vorgefallen sein. Oder aber auch gerade nicht. Was aber sollte Professor Brüll nun tun? Sollte er etwa darauf verzichten, die Klausur gegenzuzeichnen? Das hätte gewiss einen Eklat zur Folge gehabt und ihn zudem einem einschlägigen Verdacht ausgeliefert. Immerhin: derartige Eklats, selbst einen einschlägigen Verdacht, hat man hinzunehmen, wenn Unrecht zu geschehen droht.

Leider waren die Dinge aber nicht ganz so einfach. Es stellte sich nämlich heraus, dass die schöne Studentin einen deutschsprachigen Text, der ins Englische zu übersetzen war, in der Examensaufregung hier und da falsch verstanden hatte. Als ‚Übersetzung' war die Arbeit folglich nicht ohne weiteres zu akzeptieren. Wenn sie nur nicht sprachlich so ungemein gut gewesen wäre! Hätte Professor Brüll hier zu zensieren gehabt, so hätte er vermutlich einen langen erklärenden Vermerk konstruiert, auf die leider vorhandenen Missverständnisse, aber eben auch auf die vorzügliche sprachliche Gestaltung verwiesen. Er wäre auf diese Weise zumindest zu einem ‚ausreichend' (=4), wenn nicht gar zu einem ‚befriedigend' (=3) gekommen. Aber über derartige Rettungsmanöver kann man streiten. Gänzlich unverständlich war das Urteil des Kollegen also nicht, wenngleich höchst ungewöhnlich. Zumal ihm offensichtlich so etwas wie ein Vor-Urteil zugrunde lag, ein Vor-Urteil im umfassenderen Sinne, eines, das mit dem zusammenhing, was vermutlich geschehen oder gerade (gegen seinen Willen) *nicht* geschehen war.

Professor Brüll beschloss denn auch, trotz seiner Bedenken gegenzuzeichnen. Gleichzeitig aber nahm er sich vor, die junge Dame durch ein möglichst exzellentes mündliches Examen zu ziehen. Da er (was ihn gelegentlich arg belastete) ein ungewöhnlich korrekter, der unerlaubten Begünstigung auch der blondesten aller Studentinnen grundsätzlich abgeneigter Mann war, durfte er sich dabei leider nur rechtlich, vor allem aber moralisch zulässiger Mittel bedienen. Das war im gegebenen Fall zwar nicht leicht, aber auch nicht ganz unmöglich.

In seinem
Lichtkreis
wirkt sie wie gar
nicht vorhanden.
Zeit, dass
sie sich selber
anzündet.

Er trug also dafür Sorge, dass sein Mitprüfer, ein Linguist, und der Komissionsvorsitzende, ein Schulmann, unmittelbar vor der mündlichen Prüfung einen Einblick in die Klausur nehmen konnten. Beide waren von der vorzüglichen sprachlichen Gestaltung angetan und, was zu erwarten war, von der ungewöhnlich schlechten Zensur entsetzt. In der Eile hatten sie nämlich nicht zureichend von der Übersetzungsvorlage Kenntnis nehmen können. Das freilich hatte der Professor einkalkuliert. Die Prüfung konnte also beginnen und stand von Anfang an unter einem guten Stern, nicht nur deshalb, weil die Kandidatin so besonders gut gewachsen, mit besonders ansprechendem Gesicht ausgestattet, überaus charmant und vor allem so überaus hellblond war. Man hatte von Anfang an Mitleid mit ihr, war hier doch ganz offensichtlich, dass im Vorfeld irgendetwas vorgefallen oder aber eben *nicht* vorgefallen war.

Die junge Frau, die intelligent, im Fach gut beschlagen und der kritischen Situation voll bewusst war (der Professor hatte sie nämlich vor der mündlichen Prüfung darauf hingewiesen), legte sich in einer Weise ins Zeug, die der Professor in allen anderen denkbaren Fällen für höchst deplaciert gehalten hätte. Sie führte nämlich nicht nur ihre tatsächlich brillanten Kenntnisse, sondern mittels charmantester Körperbewegungen, gekonntesten Augengeklappers, exakt und im jeweils richtigen Augenblick von rechts nach links, von links nach rechts befördertem Pferdeschwanz-Haarschopfes ihre körperlichen Reize vor. Gebannt, man könnte geradezu sagen, verzaubert folgten die Mitglieder der Kommission, die glücklicherweise ausschließlich aus Männern bestand, das ungewohnt charmante und spritzige Schauspiel. Am Ende der mündlichen Prüfung konnte denn auch nur ein ‚Sehr gut' (=1) stehen. Zog man alle Zensuren, auch die der schriftlichen Arbeiten, zusammen, hatte die schöne junge Dame (mit einschlägigem Vorleben oder gerade dessen Verweigerung) das Fachexamen also mit ‚befriedigend' (=3) bestanden. Sie war gerettet, allerdings auch ermattet.

Ermattet war auch der Professor. Ob er aber von nun an mit absolut gutem Prüfungsgewissen weiterleben konnte? Obgleich er als Prüfer keinerlei fachliche Zugeständnisse gemacht hatte. Er hatte seine Fragen gestellt, die üblichen Fragen. Dann aber war es Schlag auf Schlag gegangen. Wobei nicht verheimlicht werden sollte, dass auch Professor Brüll vom Charme, von der Spritzigkeit, der schnellen Reaktion, von der Schönheit überwältigt gewesen sein mag, vielleicht aber auch (wenngleich hoffentlich nur so gut wie nur nebenbei) von einem Gefühl der Rache an seinem vorzensierenden Kollegen. Als alles überstanden war, musste er sich allerdings zugestehen, dass sein Rachebedürfnis wohl doch den Ausschlag gegeben hatte. Nun hatte er also gesiegt.

Was der blondinenverzehrende liebe Kollege dazu gesagt haben mag, hat Brüll nie erfahren, aber auch nie zu erfahren versucht. Der Mensch muss nicht alles wissen wollen. Gerade dann nicht, wenn er ein – Professor ist und ausnahmsweise einmal ‚gesiegt' hat.

Das Mannequin
führte vor, was es
an sich trug:
Nichts.

Schönheitskönigin

Sie erinnert sich genau. Während sie, dreiundachtzigjährig, aus dem Haus schlurft, muss sie plötzlich lachen, ist ihr doch gerade eingefallen, dass es vor sechzig, aber auch noch vor fünfzig, nein vor vierzig Jahren keinen einzigen Mann gegeben hat, der sich nicht auf der Straße nach ihr umgedreht hätte. Mochte der auch nur siebzehn, oder schon siebzig Jahre alt sein. Nun aber ... Die Zeiten scheinen sich geändert zu haben, zumindest für sie und die betreffenden Männer.

Ob man sich da aber nicht doch irrt? Immerhin geschah Folgendes. Als die Lokalausgabe der Zeitung vor etwa drei Wochen die jungen Mädchen und Frauen der Region zur Beteiligung an einem Schönheitswettbewerb aufforderte, meldete sie, die Alte, sich auch. Hatte sie etwa ihr Alter vergessen? Hatte sie vorher nicht in den Spiegel geschaut? Bildete sie sich tatsächlich ein, dass ... Wie dem auch sei. Sie hatte sich unwiderruflich angemeldet. So dass der Veranstalter sich mit einer überaus ungewöhnlichen Lage zu befassen hatte. Mit einiger Sicherheit zum ersten Mal in seinem Leben. Zumindest was das Lebensalter der Bewerberin betraf.

Er muss aber wohl einen lichten Moment gehabt haben. Blitzartig wurde ihm nämlich klar, dass die Alte – die er vorläufig nur von ihrem Passbild her kannte – in einem Zeitalter der Events zumindest für Aufmerksamkeit, wenn auch für Aufmerksamkeit einer eher makabren Art, mit Sicherheit, aber für eine gewisse Spannung sorgen werde, wenn man sie mitten unter das junge Gemüse aufs Podium setzte. Vermutlich sollte man dabei, was die Bekleidung, bzw. Nicht-Bekleidung betraf, einige altersgemäße Zugeständnisse machen. Jedenfalls aber wäre damit zu rechnen, dass die Alte (übrigens jede beliebige

Alte) eine vorzügliche Folie für die in mannigfacher Hinsicht appetitlichere Jugend hergeben werde. Vor dem Hintergrund gebrechlichen Alters lässt sich strahlend ungebrechliche Jugendlichkeit umso besser verkaufen. Die Alte erhielt also eine Einladung. Natürlich nahm sie die an. Das war schließlich von vornherein anzunehmen gewesen.

Was nun folgte aber nicht. Die Wahl zur lokalen Schönheitskönigin wurde zwar tatsächlich zu einem Event unerhörten Ausmaßes. Aber auf eine Weise, die niemand, vermutlich auch die Alte selber nicht, für möglich gehalten hatte. Deren ungebrochener, durch eine liebenswerte Nervosität noch gesteigerter Charme, vor allem aber ihr betörendes Lächeln, durch niedliche Krähenfüße und ein faszinierend bewegtes Spiel ihrer Gesichtsfaltenwürfe hindurch, ja, ihr gekonntes eher naiv wirkendes Kokettieren spielte nämlich die glatten, die nichtssagenden, von irgendwelchen Lebenserfahrungen, geschweige denn -Schicksalen peinlich unberührten Visagen und Körper der versammelten Schönheitsgänschen glatt an die Wand. Applaus und Zustimmung waren eindeutig. Man musste die Alte zur Schönheitskönigin krönen.

Ihr Schlusswort: „Eines Tages musste es ja so kommen. Ich habe es also endlich geschafft."

Was einen Applaussturm nach sich zog.

Das Preisgeld konnte die Alte gut gebrauchen. An den folgenden drei Tagen durfte sie feststellen, dass endlich wieder jeder Mann, sei er auch nur sechzehn oder schon fünfundachtzig, sich auf der Straße nach ihr umdrehte. Nach etwa zwei Wochen allerdings starb sie, mittlerweile wieder so gut wie unbeachtet. So sollte es denn auch bleiben, zumal sie unbegreiflicherweise ein anonymes Begräbnis gewünscht hatte.

Den Büchern zufolge
hat Eva sich
zwischen Engel und Hure
niederzulassen,
sagte sie seufzend
und blieb,
die sie war.

Folgen des Philosophierens

Ein Klasseweib war Betty Schomm.
Wer sie nur sah, der sagte: "Komm!"
Sie kam nur selten, denn sie war
ein tugendhaftes Exemplar.

Bis eines Tages (nicht bei Nacht!)
sie folgende Erfahrung macht:
Der Mensch, sofern er männlich ist,
ist etwas, das man besser bald vergisst.
Bei Frauen mag das anders sein.
Doch auf dergleichen ließ sie sich nicht ein.

Seitdem sie zu ergründen strebt,
weshalb frau ist, wozu frau lebt.
Philosophierend wird man weise,
hofft sie,und wirklich, still und leise,
geschah durch denkende Bemühung
durchgreifend Betty's Umerziehung.

Vom Klasseweib ist nichts geblieben.
Niemand sagt: "Komm!". Kein Mensch will lieben.
Es öffnet sich vor ihr stattdessen
erhabenes Nichts, nicht auszumessen.

Nach fünfzehn Jahren Nichtserfahrung,
unmenschlich harter Tugendwahrung,
geschah nach psychischer Behandlung
denn auch die zweite Umverwandlung.
Der allzu wandelsüchtigen Pute
war dabei blümerant zumute.

„Was heißt schon Wissen, Weisheit, Tugend?"
schreit Betty. „Ich verlange Jugend!"
Die ist vergangen. Sie vergisst,
dass sie kein Klasseweib mehr ist.

Was ist sie nun? Wer will das sagen?
Die Antwort wollen wir vertagen.
Bis Betty's resignierte Leiche
sich hinbegibt in jene Reiche,
wo alle Grenzen sich verwischen.
Das jedenfalls weiß man inzwischen.

XIX

Als er den
Rettungsring
ahnte,
ging er getrost
über Bord.

Runder Tisch und Nötigung

Professor Brüll musste erleben, dass man auch drei Jahre nach der Hochschulgründung mit der fest versprochenen Hauptbaumaßnahme noch nicht begonnen hatte. Das dafür vorgesehene Grundstück stand immer noch nicht zur Verfügung und würde mit einiger Sicherheit auch in den nächsten Jahren nicht zur Verfügung stehen. Es war auf mehrere Jahre verpachtet.

Der Professor wusste sehr wohl, was man in den Ministerien, mit denen die Hochschule unmittelbar zu tun hatte, dem Wissenschafts- und dem Finanzministerium, mittlerweile von ihm hielt. Immer wieder war er ihnen auf die Nerven gefallen. Den Landespolitikern auch, von den Kommunalpolitikern ganz zu schweigen. Vor allem mit der Bauabteilung des Finanzministeriums stand er auf dem Kriegsfuß, zumindest mit deren Leiter, einem ungewöhnlich klein gewachsenen Ministerialdirigenten, der ihm schon allein seiner unangemessenen Körperlänge wegen nicht besonders grün war. Schließlich konnte der Professor wissen, zumindest aber ahnen, dass die für seine Hochschule eigentlich vorgesehenen Finanzmittel mittlerweile ins benachbarte Aachen flossen, wo man sich beim Bau eines Großklinikums verkalkuliert hatte. Jeder wusste oder zumindest ahnte das. Er aber war vermutlich der Einzige, der es auch offen aussprach. So etwas liebt man nicht. Aber hat ein Gründungsrektor, den man offensichtlich im Stich gelassen hat, nicht alles nur eben Mögliche zu tun, um das immer wieder versprochene Bauprojekt, so oder so, endlich herbeizuzwingen? Immerhin konnte der Professor und Rektor davon ausgehen, dass seine Hochschule, und zwar in allen ihren Rängen und Abstufungen, geschlossen hinter ihm stand. Das aber galt es auszunutzen.

Unversehens bot sich dazu eine Handhabe. Hatte man doch bisher versäumt, den Hochschul-Großversuch, den man mit der gleichzeitigen Gründung der fünf Gesamthochschulen angestoßen hatte, wissenschaftlich begleiten zu lassen. Immerhin waren inzwischen viele neue und unerprobte Studiengänge entstanden. Sie unterschieden sich vor allem auch dadurch von denen in traditionellen Hochschulen, dass sie bisherige Universitäts- und bisherige Fachhochschulstudiengänge so miteinander verflochten, dass tatsächlich etwas grundlegend Neues entstand. Dieses Neue aber bedurfte der analysierenden Begleitung mit dem Ziel einer vorläufig abschließenden Wertung. In deren Folge hatte man dann etwaige Verbesserungen vorzunehmen.

Dem Ministerium war der Mangel reichlich spät aufgefallen. Nun aber, im dritten Jahr nach der Gründung, machte man sich endlich ans Werk. Man hatte vor, einer der fünf neuen Hochschulen ein Institut anzugliedern, das, personell und sachlich zureichend ausgerüstet, die für dringend notwendig gehaltenen Aufgaben der Begleitung, Überprüfung und Bewertung übernehmen sollte. Vermutlich hatte man dieses Institut auch schon der einen oder anderen Gesamthochschule angeboten, vielleicht sogar allen außer der Duisburger, bevor man auch deren Rektor fragte, ob seine

Hochschule zur Eingliederung des neuen Instituts bereit sei. Der aber witterte sofort die Chance, die in diesem Vorschlag steckte.

Die Schwesterhochschulen in Essen, Paderborn, Siegen und Wuppertal hatten wohl ihre Gründe für die Ablehnung des Angebots gehabt. Welche Hochschule stimmt schon freiwillig einem Institut zu, das einen großen Teil seiner Arbeitszeit damit verbringt, laufende Studiengänge, mithin selbstverständlich auch einige Lehrveranstaltungen, und dann vermutlich vor allem solche vor Ort, zu analysieren? Jeder Rektor, der diesem Angebot zugestimmt hätte, wäre mit einiger Sicherheit auf erhebliche Schwierigkeiten in Rektorat und Senat gestoßen.

Das traf zwar grundsätzlich auch auf den Duisburger Rektor zu. Allerdings stand den zu erwartenden Schwierigkeiten in seinem Fall die Möglichkeit gegenüber, die mittlerweile unsicher gewordene Zukunft seiner Hochschule um einige, vielleicht sogar um die entscheidenden Grade sicherer zu machen. Ein Institut, das für alle fünf Gesamthochschulen die bisher leider versäumte überfällig wichtige Überprüfungsarbeit leistete, konnte man nicht sehenden Auges ausgerechnet in eine Hochschule einbinden, die letztlich zum Absterben verurteilt war. Der Rektor nahm also das Angebot an. Im Ministerium, jedenfalls in der Abteilung, die das Projekt angestoßen hatte, atmete man auf. Nicht ohne Schwierigkeiten, eher schon mit Kunst und Tücke gelang es dem Rektor, seinen Senat zur Zustimmung zu bewegen. Eine derart geringe Mehrheit für einen seiner Anträge hatte er bisher noch nicht kennen gelernt. Das Rektorat hatte, allerdings ebenfalls nicht ohne Bedenken, schon vorher zugestimmt.

Man mietete also ein nahe gelegenes Haus an, rüstete es mit den nötigen Möbeln und Computern aus, schrieb die zur Besetzung vorgesehenen, selbstverständlich ordnungsgemäß mit dem Ministerium abgestimmten Planstellen aus, besetzte sie, ernannte, vorläufig noch provisorisch, den Direktor des neuen Instituts, einen Angehörigen des eigenen Gründungssenats, der dem akademischen Mittelbau angehörte, und begab sich, im freudigen Gefühl, einiges für die Zukunftssicherung seiner Hochschule getan zu haben, in die Weihnachtsferien. Gleich anschließend hatte der Rektor eine Dienstreise zu absolvieren. Er hatte sich vorher davon überzeugt, dass alle Arbeitsverträge ordnungsgemäß vorbereitet worden waren. Es fehlten nur noch die Unterschriften.

Als Professor Brüll nach einigen Tagen von seiner Dienstreise zurückkam, teilte ihm der Kanzler mit, dass das Ministerium ihm die Aushändigung der Verträge untersagt habe. Das geplante Institut werde nicht nach Duisburg kommen. Gründe hatte man zwar nicht angegeben. Sie lagen aber auf der Hand. Offensichtlich hatte eine andere Abteilung des Ministeriums, vermutlich die Planungsabteilung, das Manöver des Rektors durchschaut und gerade noch im allerletzten Augenblick die Notleine gezogen. Professor Brüll, der Rektor, jedoch hatte das Gefühl, an Ort und Stelle tot umfallen zu sollen. Er fühlte, sozusagen zum ersten Mal in seinem Leben, sein Herz überaus unplanmäßig rumoren.

Aber dann nahm er sich zusammen, begab sich spornstreichs ans Telefon, rief den Staatssekretär an und verlangte (ja *verlangte!*) für den folgenden Tag eine Sitzung im Ministerium unter persönlicher Mitwirkung des (ihm gut bekannten, ja nahezu befreundeten) Staatssekretärs, und zwar - an einem runden Tisch. Der Staatssekretär, offensichtlich mit nicht ganz gutem Gewissen, stimmte sonderbarerweise ohne Umschweife zu.

Eigentlich war die hohe Zeit der runden Tische noch nicht angebrochen. Es mag sich immerhin aber um eine Art Generalprobe für das gehandelt haben, was später im Zuge der ‚Wende‘ weiter östlich ausbrach. Der runde Tisch stand jedenfalls tatsächlich am folgenden Vormittag in Düsseldorf bereit. Auch der Staatssekretär war da, mit ihm einige der leitenden Herren des Ministeriums. Der Rektor wurde vom Kanzler, dem Konrektor für Lehre und jenem jungen Mann begleitet, der als Direktor des neuen Instituts vorgesehen war.

Es folgten gewichtige Vorträge einiger Referenten des Hauses, in denen versucht wurde, die Kursänderung des Ministeriums sachlich, und zwar aus rein fachlichen Gegebenheiten heraus, zu begründen. Man muss zugeben, dass diese eigentlich so gut wie unmögliche Aufgabe beachtenswert fachmännisch geleistet wurde. Der Staatssekretär nickte einige Male anerkennend. Es war ihm aber anzumerken, dass er sich nicht allzu wohl in seiner Rolle fühlte. Schließlich kannte ein jeder am Runden Tisch die wirklichen Gründe. Die aber durften auf keinen Fall ausgesprochen werden. Die Vortragsserie endete damit, dass der Staatsekretär abschließend mitteilte, dass aus den angegebenen gewichtigen Gründen die für Duisburg beschlossene Institutsgründung rückgängig zu machen sei.

Normalerweise haben Staatssekretäre in derartigen Fällen das letzte Wort. Auch an Runden Tischen. Jedenfalls dann, wenn ihr Minister nicht mit am Tisch sitzt. Der hier gegebene Fall aber lag anders. Professor Brüll, der Rektor, forderte die ministerialen Herren um den Tisch, vor allem aber den Staatssekretär auf, nun endlich die wirklichen Gründe zu nennen, die schließlich jeder am Tisch kenne.

„Ich habe gesprochen", so ungefähr äußerte sich der Staatsekretär, „und dabei bleibt es."

Worauf der Rektor nur noch Folgendes sagen konnte: „Wenn dem so bleibt, werde ich in Duisburg sofort eine Pressekonferenz anberaumen, auf der ich die wirklichen Gründe nenne."

Damit war die Entscheidung gefallen. Die Verträge durften unterschrieben werden, wurden ausgehändigt, der vorgesehene Direktor wurde offiziell ernannt, das Institut bezog sein Haus und nahm seine Arbeit auf. Einen öffentlichen Skandal wollte das Ministerium denn doch nicht wagen.

Seine Würfel
brachten ihn
um.

Professor Brüll hatte also gesiegt. Er wusste aber nur allzu gut, dass es sich, was seine eigene Person betraf, um eine Art Pyrrhus-Sieg handelte. Schon einige Tage später, nach einer Dienstbesprechung aller Rektoren und Kanzler im Ministerium, bot er dem Staatsekretär seinen Rücktritt an. Er tat es im stillen Kämmerlein, sozusagen unter vier Augen. Denn er mochte diesen Staatsekretär und konnte davon ausgehen, dass der Staatsekretär auch ihn mochte. Die beiden hatten nämlich vor vielen Jahren, jeweils als fremdartige Farbtupfer, im gleichen Ministerium gedient, damals noch als Oberräte. So erfand man denn einen Modus des Übergangs an einen neuen Rektor, der nicht allzu sehr ins öffentliche Auge fiel und unserem Professor sogar die nötige Zeit ließ, seinen Nachfolger, der übrigens einer der Konrektoren war, in aller Ruhe ‚aufzubauen'. Vor allem aber gab Brüll seinem Nachfolger, den er hoch schätzte, die Möglichkeit, seine eigenen

Berufungsverhandlungen mit dem Ministerium in aller Ruhe zu führen und dabei auch in aller Deutlichkeit seine Bedingungen zu nennen. Über diese Bedingungen und vor allem den Grad ihrer (verbalen) Erfüllung, die nicht zuletzt den zügigen Ausbau der Hochschule betrafen, führte sein Nachfolger-Kollege sorgfältig Buch. Was das Ministerium wusste.

Die Amtsübergabe fand denn auch in Anwesenheit des Ministers statt. Der hielt eine lange Rede, in der er einen zügigen Ausbau der Hochschule zusicherte. Dieser Ausbau hat dann zwar in Wirklichkeit noch mehrere Jahre auf sich warten lassen, wurde eines Tages aber doch Tatsache. Gelegentlich fragt man sich, ob der im Grunde wohl eher erpresserische Auftritt des nunmehr ehemaligen Rektors nicht letztlich für den glücklichen Ausgang der Sache den Ausschlag gegeben hat. Allerdings musste die Duisburger Hochschule dabei auf 2300 Studienplätze (von ursprünglich 10200) in der Endplanung verzichten. Sie würde also eine relativ kleine Universität bleiben.

Was wiederum einige Jahre später für ihre neuerliche Gefährdung sorgen sollte, allerdings diesmal nicht für eine Gefährdung der ganzen Universität, sondern nur die einiger ihrer Fächer. Auch ihre Unabhängigkeit schien wieder einmal auf dem Spiel zu stehen. Immerhin: im Ministerium dürfte es auch weiterhin einen, nein, *den* besagten Runden Tisch geben. Vermutlich befindet er sich im Augenblick in einem Abstellraum. Normalerweise regieren Ministerien (und gar heutige!) nämlich nicht an Runden Tischen. Eines Tages mag es aber wieder so weit sein, dass man das Möbelstück wird hervorholen müssen. Dann allerdings wird Professor Brüll nicht mehr dabei sein.

Statt des fraglichen Möbelstücks hatte sich Brüll einige Jahre später einer eher dubiosen Möglichkeit zu bedienen, die ihm die drei örtlichen Lokalredaktionen boten. War es doch auch unter dem Rektorat seines Amtsnachfolgers jahrelang nicht zu den versprochenen Baumaßnahmen gekommen. Stattdessen war eine Bauplanung nach der anderen erarbeitet, dann aber wieder verworfen worden. Brüll war nur allzu klar, dass es auf diese Weise über Jahre hinaus so weitergehen könnte, zumal er wusste, dass die eigentlich für Duisburg vorgesehenen Mittel inzwischen in den Bau des sich immer weiter verteuernden Aachener Großklinikums flossen.

Er machte sich dadurch unbeliebt, dass er diesen Zusammenhang offen aussprach.

Aber nicht nur das. Eines Tages lanzierte er über die drei Lokalredaktionen ein *Wettangebot* an die Öffentlichkeit. Jedem Gewinner dieser öffentlichen Wette bot er DM 1.000,-- aus privater Tasche. Die Wette bezog sich auf die Fertigstellung des gesamten Duisburger Bauprojektes. Als Ziel wurde das Jahr 1981 angesetzt (das neun Jahre nach der Hochschulgründung lag). Brüll wettete, dass die bauliche Fertigstellung bis zu diesem Zeitpunkt nicht zu erwarten sei und forderte für diesen Fall von den ‚gegnerischen' Teilnehmern an der Wette ebenfalls je DM 1000,--. Er hätte also einen ganz erheblichen Geldbetrag locker machen müssen, wenn es dem Land Nordrhein-Westfalen tatsächlich gelungen wäre, das Bauvorhaben zum angesetzten Termin fertigzustellen. Natürlich wusste Brüll, dass das unter den nun einmal gegebenen Umständen so gut wie unmöglich war. Seine Wettgegner, unter ihnen entscheidend wichtige Ministerialbamte und der Oberbürgermeister der Stadt, wussten es selbstverständlich auch. Zumindest die beiden entscheidenden Ministerien, das Wissenschaftsministerium und das Finanzministerium, dessen Bauabteilung der eigentliche Bauträger war, waren verständlicherweise wütend, sahen sie sich doch nun gezwungen, wieder einmal gegen ihr besseres Wissen die zügige Fertigstellung der Bauten öffentlich, nämlich in der Presse, zuzusichern.

Brüll wurde denn auch jahrelang vom Leiter der Bauabteilung konsequent geschnitten. Er hat es ertragen. Dass auch die eigene Hochschulleitung ihr Verhältnis zur ‚hohen Politik' einige Tage lang durch Brüll fahrlässig gestört sah, ließ ihn weit weniger kalt, zumal es zu entsprechenden hochschulöffentlichen Verlautbarungen kam, die von Rektor und Kanzler unterschrieben waren. Es dauerte allerdings nicht allzu lange, bis man den unseriösen, nämlich nahezu erpresserischen öffentlich vollzogenen Schachzug des ehemaligen Rektors verstand, vielleicht sogar billigte. Der Senat hatte kräftig dazu beigetragen. Fortan würde die Hochschule ihn als einen, wenn auch reichlich unüblichen Versuch würdigen, den beiden Ministerien in einer festgefahrenen politischen und fiskalen Situation nachdrücklich Beine zu machen. Dass Brüll am Ende der Geschichte sein Wettforderungen von DM 1.000,-- auf einen Pfennig reduzierte, versteht sich am Rande. Er wollte seine Gegner nicht zugrunde richten.

Hinzuzufügen wäre glücklicherweise dies: Wenn der Bau der Hochschule letztlich doch beginnen und mit erheblichem Zeitverzug auch nahezu fertiggestellt werden konnte, so war daran nicht zuletzt auch der Duisburger Oberbürgermeister beteiligt. Der nämlich verhinderte gegen erheblichen Widerstand in seiner Fraktion und im Rat der Stadt, dass die Stadt Duisburg einen Prozess gegen die Pächterin des Grundstückes begann, der mit Sicherheit zu einem endgültigen ‚Aus' für die Hochschule geführt hätte. Er erklärte sich zudem bereit, dass man ‚um die verpachteten Teile des Geländes kunstvoll herum' baute und die damit zusammenhängende erhebliche Minderung der Studienplätze dabei in Kauf nahm. Aber auch diese Notlösung wäre ohne sein energisches Auftreten in den beiden beteiligten Ministerien, vor allem aber im Finanzministerium, schwerlich zustande gekommen. Der Name dieses mutigen (und zureichend nüchternen) Politikers soll hier unbedingt genannt werden. Es handelte sich um *Josef Krings*.

Die allzu spät fertiggestellten Duisburger Universitätsbauten sind letztlich ganz besonders schön ausgefallen. Die Universität dürfte, architektonisch gesehen und in Anbetracht ihrer vorteilhaften Lage unmittelbar am Duisburger Wald, heute die mit Abstand schönste des Landes Nordrhein-Westfalen sein. Ob man das immer gebührend gewürdigt hat und in Zukunft würdigen wird? Zweifel sind erlaubt.

Seinen Ellenbogen
benutzt er nur selten.
Es gelingt ihm
auch so.

Kommunikative Absetzbewegung

Als Fritz sich aus den Windeln wand,
schrieb alle Welt noch mit der Hand.
Man übte fleißig Sütterlin,
was ihm unnötig mühsam schien.
Weshalb der junge Mann mit Pfiff
schon früh zur Schreibmaschine griff.

Die war vorerst mechanisch zwar.
Doch bald schon wurde Fritzen klar,
was mittels Elektronik man
kugelkopfmäßig leisten kann.
Es folgten bald die Typenräder,
dann der PC, den hat heut jeder.

Auch Fritz flitzt längst durch Internette,
klebt fest an Bildschirm und Diskette.
Virtual Realities genießt er,
weit über ird'sche Grenzen schießt er,
surft lässig in abstrakten Zonen,
die nur Computer-Freaks bewohnen.

Wer wird im Cyberspace ihn finden
und mit uns Irdischen verbinden?
Derweil nur Grufties Briefe schreiben
handschriftlich, platt am Boden bleiben.
Doch freue man sich nicht zu früh.
Ganz erdentbunden ist man nie.

Ins Erdreich fällt auch Fritz hinein,
wird er erst mal gestorben sein.
Dann nämlich wird man ihn begraben,
nur wenig Mitleid mit ihm haben,
denn jedes World Wide Web vergeht,
derweil der Erdball sanft sich weiterdreht.

Es sei denn, es gelingt dem Knaben,
das abzuschütteln, was wir alle haben:
Irdische Schwerkraft. Mag er dann
dort oben sein so lang er kann,
Im Cyberspace, im All, im Ungewissen,
denn niemand wird ihn hier bei uns vermissen.

Im Gegenteil: wer außerirdisch wohnt,
Sozialetats entlastet, Nerven schont.
Weshalb man ihn schon jetzt vergessen hat.
Auf Erden findet nun kein Fritz mehr statt.

XX

Ihn nervte das
Literatengeschwätz.
Drum erzeugte er
Literatur.

Copybook

Als Professor Brüll schon ein recht alter Mann und längst emeritiert war, wollte eine britische Universität ihm die Ehrendoktorwürde verleihen. Durchaus keine beliebige Universität, sondern jene, an deren damals noch kleiner und unbedeutender Vorgängerin er schon kurz nach dem großen Krieg, nämlich in den Jahren 1947/48, studiert hatte, um den externen Bachelor-Grad der Universität London zu erwerben. Nun ging es also um den Doktorgrad. Für den Professor, der schon seit einigen Jahren ein *Honorary Fellow* dieser noch jungen Universität war, schien sich ein Lebensring schließen zu wollen. Aber auch für die britische Partneruniversität, zumindest aber für deren sprachliche Abteilung.

Hatte man doch das ehemalige Hauptgebäude des College, in dem der Professor in grauer Vorzeit einmal studiert hatte, ein spätviktorianisch wirkendes Bauwerk aus dem Beginn des 20. Jahrhunderts, vor einigen Jahren gründlich renovieren müssen, innen und außen. Zu diesem Zweck hatte das Gebäude für längere Zeit nicht mehr benutzt werden können. Exakt zum Zeitpunkt der Ehrendoktorverleihung konnte es nun wieder in Benutzung genommen werden. Zumal man es während der Renovierung von allen Gerüchen befreit hatte, die das Fach Chemie dort, neben anderen nicht immer wohlriechenden Fächern, die in dem alten Gemäuer vorübergehend beheimatet gewesen waren, hinterlassen hatte. Nun aber sollte die vergleichsweise geruchlose sprachliche und kulturwissenschaftliche Abteilung das alte Haus fast ganz für sich haben.

Eine Wiedereröffnungszeremonie war vorgesehen. Die Ehrenpromotion zum *D Litt (Hon)* sollte deren ‚Sahnehäubchen' sein. Vermutlich hatte man nach Studenten gesucht, die in dem Gebäude in möglichst grauer Vorzeit studiert hatten. Dabei war man auf das nicht ganz uninteressante Faktum gestoßen, dass ausgerechnet ein Honorary Fellow der eigenen Universität, zudem der ehemalige Gründungsrektor einer Partneruniversität, einer dieser ehemaligen, nunmehr sehr alten Studenten war. Es kann sogar sein, dass unser Professor der einzige noch lebende Ehemalige war, ein Ehemaliger zudem, der im Laufe seines akademischen Lebens seiner zeitweiligen englischen Alma Mater immerhin einige Ehre eingelegt hatte. Hinzu kam vermutlich, dass er ausgerechnet auch noch eine akademische Disziplin vertrat, die genau in das Arbeitsfeld jener sprach-, kultur- und literaturwissenschaftlichen Abteilung passte, die nunmehr in dem ehrwürdig alt aussehenden Gebäude untergebracht werden sollte. Woraus sich ergibt, dass der für den Professor bereitgestellte Ehrendoktor exakt ins Konzept der Universität passte.

Da der zu ehrende Professor schon recht alt war, wollte seine eigene Universität ihn nicht allein reisen lassen. Vielleicht hat sie sogar einen Augenblick daran gedacht, dass sie möglicherweise, wenn auch nur reichlich indirekt, mitgeehrt werde. Der damalige Duisburger Rektor war unabkömmlich. Er hatte sich einem Universitätsjubiläum zu widmen, wurde seine und des Professors Universität doch gerade 25 Jahre alt. An seiner Statt ordnete er einen seiner drei Stellvertreter ab, einen Prorektor, außerdem auch noch einen weiteren Professor, nämlich den Beauftragten für die Kooperation der beiden Universitäten. Beide Professor Brüll begleitenden Professoren waren origineller weise ausgerechnet – Psychologen. Dem zu ehrenden alten Professor konnte also so gut wie gar nichts psychisch Unangenehmes widerfahren, vor allem nichts altersbedingt Unangenehmes, war doch zu allem Überfluss eines der Spezialgebiete des Prorektor-Professors ausgerechnet die – Senilitätsforschung.

Nachdem Professor Brüll zum ersten Mal in seinem Leben zunftgemäß eingekleidet, also in einen farbenprächtigen Talar gehüllt worden war, begann der feierliche Marsch in der akademischen Prozession. Dabei stolperte er nicht einmal allzu sichtbar über das ungewohnt lange Kleidungsstück. Als er die recht komplizierte Zeremonie ohne Zwischenfälle absolviert hatte, konnte er denn auch seine nun fälligen Dankesworte damit einleiten, dass er das ausnehmend freundliche Auditorium mit Nachdruck darauf hinwies, dass sein eigener Rektor ihm vorsichtshalber gleich zwei Psychologieprofessoren als Begleitung zugedacht habe, von denen einer zu allem Überfluss auch noch unmittelbar für – Senilität zuständig sei. Der Hinweis erfüllte seinen Zweck. Von nun an konnte es ernst, wenn auch nicht allzu ernst werden. Alle Beteiligten waren anschließend wohl der Meinung, die feierliche Prozedur auf angemessene Weise hinter sich gebracht zu haben.

Wenn nicht im Hirn eines der Psychologieprofessoren noch ein Rest, etwa in Form eines Stachels, zurückgeblieben wäre, dessen er sich unbedingt entledigen musste, allerdings so gut wie unter vier Augen. „Sie scheinen mir, Herr Kollege, noch kein Copybook zu haben“, sagte er nämlich. Ganz offensichtlich bezog er sich dabei auf die Notizen, die sich Professor Brüll für seine Dankesrede zurecht gelegt hatte, allerdings nur in einigen Stichworten. Was sollte Brüll darauf antworten? Dass er, jedenfalls in allem Schriftlichen, ein unordentlicher Mensch sei, brauchte ihm niemand zu sagen. Aber ein Copybook, was ist das eigentlich? Da der Professor ausgerechnet Anglist ist, blieb ihm die immerhin mögliche wörtliche Bedeutung jedoch nicht ganz verborgen. „Aber ich habe doch zu Hause so etwas wie ein Notizbuch, Herr Kollege", konnte er also sagen, „in dem pflege ich wichtige Termine und dergleichen festzuhalten. Denn ich bin mittlerweile etwas vergesslich". Dem Psychologen blieb die professorale Spucke weg.

„Das Ding, von dem ich spreche, ist ein elektronisches Copybook, so etwas wie ein *Laptop*." „Ah, das ist etwas anderes", platzte es da aus Professor Brüll heraus. Denn von Laptops hatte er schon mehrfach gehört. In vielen Zeitungsannoncen hatte er derartige Geräte abgebildet gesehen. „Nein, einen Laptop, beziehungsweise ein elektronisches Copybook habe ich tatsächlich noch nicht. Wozu sollte ich es auch brauchen?"

„Da warten wir lieber einmal ab", antwortete ihm sein psychologischer Kollege, „Sie werden sich gewiss noch wundern. Jedenfalls sollten wir einen Versuch machen." Ob bei dem Kollegen etwa sein fachlicher Schwerpunkt, die Senilitätsforschung, durchschlug? Er fuhr jedenfalls fort: „In meinem Institut habe ich noch ein älteres Modell, das von uns nicht mehr gebraucht wird. Es hat zwar nur geringen Speicherraum und ist ziemlich langsam. Zum Üben sollte es aber reichen. Wenn wir wieder zu Hause sind, lasse ich es Ihnen zustellen."

Er hielt Wort. Professor Brüll, ein zäher Typ, übte und übte. Er war zudem in der glücklichen Lage, immer dann, wenn er nicht weiter wusste, eine seiner früheren Studentinnen oder auch eine Sekretärin seines Faches anrufen zu können. Die halfen ihm zuverlässig weiter. Zuerst übte er, indem er irgendwelche sinnlose Texte entwarf. Schon bald aber durfte er feststellen, dass er dabei war, einen längeren fiktionalen Text herunter zu tippen. Der entwickelte sich sogar zu einem außergewöhnlich langen Text, den er schon einige Monate später zum Druck befördern konnte.

Während des Tippens wurde ihm ein unverdientes Geschenk zuteil. Eines Tages nämlich betrat seine Ehefrau das Arbeitszimmer. Das tat sie zu seiner Beruhigung nur selten. Als sie ihren Mann, mittlerweile in beträchtlicher Behendigkeit, seinen Laptop bearbeiten sah, brach sie in folgende geradezu jubelnde Worte aus: *„Dies ist das erste Mal im Leben, dass ich - Hochachtung vor dir habe!"* Sie meinte es zweifellos ernst. Und dabei waren die beiden doch schon 47 Jahre lang verheiratet! Aber besser späte Anerkennung als keine ...

Schaugeschäft passé

Seit Kreti und Pleti
sich öffentlich
prostituieren,
ungenaues Geschwafel,
psychischen Unrat,
glibberndes Eingeweide
ins Internet kippen,
ist das ehrbare
Schaugeschäft,
sind Hochseilartistik,
Spitzentanz, Hohes C,
Koloraturen,
Tragödie, Komödie,
Kathederprodukte,
Literatur und Musik
so gut wie
passé.

Elitär
wie sie sind,
auf Abstand und
Identität
angewiesen.

XXI

Sein Intelligenzquotient
ruht auf soliden
Stupiditätsfundamenten.
Das ermöglicht ihm
Dummheit
auf staunenswert
hohem Niveau.

Kübel voll Spott und Hohn

Zum achtzigsten Geburtstag des Professors gab der damalige Rektor zu dessen Ehren einen Empfang im sogenannten Gerhard-Mercator-Haus, das vor Jahren noch das Clubhaus jenes Tennis- und Hockeyclubs gewesen war, der, wenngleich eher wider Willen, die Verzögerung der Hochschul-Neubauten veranlasst hatte, gleichzeitig damit aber auch ein kräftiges Herunterfahren der später zur Verfügung stehenden Studienplätze, ein Herunterfahren, das die Universität einige Jahre danach wieder in einen Zustand versetzen sollte, der ihr nur allzu vertraut war: Ihre Existenz war, jedenfalls auf längere Sicht und was einen bedeutenden Teil ihrer Substanz betraf, wieder einmal bedroht.

Der Abend wurde ein großer Erfolg. Der Saal war proppenvoll. Nicht nur Kollegen und Kolleginnen, sondern – was besonders schön war – auch ehemalige Studenten und Studentinnen füllten den Saal (letztere natürlich in viel größerer Zahl, ist doch die Anglistik ein ausgesprochenes Frauenfach). Zwar liefen die obligaten Reden auf die in derartigen Fällen übliche Weise ab oder gerade auch nicht: Sie waren nämlich ungewöhnlich originell und trugen zu einer ebenfalls ungewöhnlich gelösten Stimmung bei. Fast während des ganzen Abends wurde herzlich gelacht.

Professor Brüll schloss sich dem an. Natürlich las er nicht vom Blatt ab. Aber einige Stichworte hatte er sich doch notiert. Er ließ die mittlerweile fast dreißigjährige Geschichte seiner Hochschule, vor allem aber deren turbulente Gründungsphase noch einmal Revue passieren. Dabei aber verteilte er Seitenhiebe in alle Richtungen. So ziemlich alles, was in diesem kleinen Buch skizziert worden ist, kam unnachsichtig zur Sprache, aber so, dass man auch dabei lachen musste, mochte das Lachen manchmal auch ein eher bitteres Lachen sein. Manche seiner Kollegen haben wahrscheinlich, obgleich sie in das Gelächter einstimmten, an den auf sie gemünzten Stellen einen roten Kopf bekommen. Dabei zeigte sich immerhin, dass auch die abgebrühtesten Professoren in entsprechenden Situationen rot werden können. Aber sie können auch, was letztlich die Hauptsache ist, lachen, sogar dann, wenn sie über sich selber lachen müssen. Professor Brüll konnte also zufrieden sein.

Es stellte sich aber heraus, dass er, als er den mehr oder weniger offiziellen Teil seiner Rede beendet zu haben schien, doch noch nicht ganz zufrieden war. Er fügte nämlich seiner Rede, diesmal ohne jede Stütze im Stichwortkatalog, also improvisierend, folgende Worte hinzu:

„Sollte sich eines nahen oder fernen Tages herausstellen, dass diese Universität eines Tages ausschließlich oder auch nur vorwiegend unter wirtschaftlichen Gesichtspunkten geleitet und ihre Arbeit ausschließlich nach ökonomischen Gesichtspunkten bewertet wird, während ihre sozialen Aufgaben vernachlässigt werden, so werde ich mich aus dem Grab, in dem ich mich bis dahin vermutlich befinden werde, herausarbeiten und einige Kübel Hohn und Spott über die Universität ausschütten.“

Das war deutlich. Man sah es vermutlich seinem Gesicht an, dass er es bitter ernst meinte. Gerade auch deshalb, weil er anschließend, nun allerdings mit deutlich zurückgenommener Stimme, hinzufügte: „Aber auch dann noch werden sich wenigstens einige Spurenelemente der Zuneigung, ja der Liebe in meinem Spott und Hohn ausmachen lassen. Die aber – und damit verbeugte er sich vor seinem Publikum – verdanke ich Ihnen, meine Damen und Herren.“ Donnernder Applaus war die Folge.

Der Professor hatte den Eindruck, mit diesem Abend zwar in gewissem Sinne einen Trennungsstrich zwischen ‚seiner‘ Universität und sich selber gezogen zu haben. Mit Sicherheit aber keinen absoluten. Den zu ziehen, wäre ihm, trotz aller Erfahrungen, die er in und mit ‚seiner' Universität hatte machen dürfen und zugleich müssen, unmöglich gewesen.

Allerdings sollte man hinzufügen, dass er ganz am Anfang seiner Dankesrede, indem er sich auf die Glückwünsche des Rektors bezog, den Wunsch geäußert hatte, nicht nur er selber, der es ja nun hinter sich habe, möge den 80. Geburtstag erleben, sondern auch seine und des Rektors Universität. So ganz sicher war er dessen nämlich durchaus nicht mehr. Sehen wir zu, was noch zu diesem Thema zu sagen sein wird. Es wird sich dabei vermutlich um wesentlich mehr Betrübliches als Erfreuliches handeln.

Der Professor konnte das damals zwar noch nicht wissen. Ahnen aber konnte er es. Er hatte es im Grunde von Anfang an kommen sehen. Allerdings wusste er, dass er auch das, zwar nicht ohne jede innere Erregung, im großen Ganzen aber nahezu gleichmütig, jedenfalls psychisch so gut wie unzerstörbar, hinnehmen werde. Ein Nichternstnehmen der speziell sozialen Aufgabenstellung einer als Gesamthochschule gegründeten Universität, und auch noch ausgerechnet einer Ruhrgebietshochschule, hält er trotzdem für skandalös. Er kann nur hoffen, dass möglichst viele Menschen es ebenfalls skandalös finden und dass sie sich – wehren, und zwar mit allen Mitteln, die ihnen zur Verfügung stehen. Wobei allerdings sehr die Frage ist, ob ihnen überhaupt die nötigen Mittel zur Verfügung stehen oder, weit schlimmer noch, ob sie tatsächlich auch als Skandal empfinden, was ein Skandal ist.

Der Professor, inzwischen älter und weiser, vor allem aber resignierter geworden, ist sich dessen tatsächlich nicht mehr so sicher. Sehen wir zu. Ein Trost bleibt ihm jedoch: Er hat vermutlich getan, was er konnte. Was wollen wir mehr?

Wirtschaftsversager

Lebend und liebend
in der uns verordneten
Raubtiergesellschaft,
ist unsere eigene
Raubtiernatur

betrüblicherweise
nur kärglich
entwickelt.

Was der
Weltwirtschaft
schadet.

Und dem
Seelenheil
nützt.

XXII

Sie pfiff beständig
auf vorletzten
Löchern.
Die volle
(Tonleiter-)
Entfaltung
erreichte sie
nie.

Entwicklung in absteigender Linie

Am Anfang stand eine Utopie. Utopien sind Leitvorstellungen. Als Bau- und Organisationspläne eignen sie sich nicht. Ein gewisses Maß an Pragmatismus fordert immer seinen Tribut. Gerade aber weil das so ist, sind

Utopien als Leitvorstellungen unverzichtbar. Sie erzwingen Korrekturen. Damit aber helfen sie vermeiden, dass es zu Entwicklungen in allzu absteigender Linie kommt.

Was von uns bleibt?
Ein klein Gedicht,
Ein Geigenton
im Mondenlicht.
Ein Quentchen Freud.
Ein Quentchen Weh.
Ein flücht'ger Stapf
Im Weltenschnee.
(1942)

Als die fünf nordrhein-westfälischen Gesamthochschulen im Jahr 1972 gegründet wurden, und zwar, was ihr offizielles Gründungsdatum betraf, an einem einzigen Tag, geschah dies vor dem Hintergrund einer hochschulpolitischen Diskussion, an deren vorläufigem Ende die Forderung nach der Gesamthochschule als allgemeinverbindlicher Form aller Hochschulen der Bundesrepublik Deutschland stand. Sämtliche bereits bestehenden Universitäten und Fachhochschulen, einschließlich der Pädagogischen Hochschulen, sollten in den neuen in sich stark binnendifferenzierten Gesamthochschulen aufgehen, so dass ‚Integrierte Gesamthochschulen' entstanden. Diese vorerst noch verbindliche Konzeption war in hohem Maße eine Frucht der nicht nur hochschulpolitisch bewegten Jahre der Studenten- und Assistentenbewegung.

Da dem so war, ist zu verstehen, dass die ursprüngliche Allgemeinverbindlichkeit des Konzepts schon bald verloren ging. In den vorwiegend sozialdemokratisch regierten Ländern hielt es sich länger als in den christdemokratisch regierten. Immerhin gründete ausgerechnet der Freistaat Bayern in Bamberg eine Gesamthochschule, die allerdings von Anfang an nicht wirklich ‚integriert', sondern bestenfalls additiv war. Sie sollte sich schon bald, jedenfalls was ihren Namen anging, in eine Universität verwandeln. Zum Zeitpunkt der Gründung seiner fünf Gesamthochschulen war das Land Nordrhein-Westfalen mittlerweile das einzige Bundesland, das an der noch vor kurzer Zeit so gut wie allgemeinverbindlich gewesenen Konzeption der Integrierten Gesamthochschule festhielt.

Vermutlich hoffte man damals, dass das schiere Gewicht des weitaus volkreichsten Bundeslandes sich letztlich gegen alle Widerstände durchsetzen werde. Das führte dazu, im einschlägigen Gesetz auch die Einbringung aller bereits bestehenden Hochschulen, einschließlich der Universitäten, zuerst in sogenannte ‚Gesamthochschulbereiche', die der Kooperation und Integrationsvorbereitung dienen sollten, dann aber, nach einigen Jahren, die Zusammenführung in Integrierte Gesamthochschulen verbindlich vorzuschreiben.

Vor allem diese gesetzliche Vorgabe sollte sich als ungewöhnlich utopisch erweisen. Die Landesuniversitäten sperrten sich von Anfang an, wenngleich in unterschiedlich schroffer Weise. Die reichlich utopische Vorgabe als solche aber erschwerte den Weg der fünf neu gegründeten Hochschulen, die man ohnedies als *Newcomer* mit Reformauftrag mit erheblicher, im Grunde sogar verständlicher Reserve in die illustren Reihen der bereits bestehenden Universitäten aufnahm. Waren sie doch nicht lediglich *Newcomer*, die in naher Zukunft wohl einen nicht unbeträchtlichen Teil der Personal- und Sachmittel auf sich und von den Universitäten abziehen würden, sondern zu allem Überfluss auch noch allgemein verpflichtende Modelle, an denen sich die künftigen Hochschulen, unter ihnen sämtliche noch bestehende Landesuniversitäten und die Technische Hochschule Aachen, zu orientieren hätten.

Es ist nur allzu verständlich, dass der ihnen vom Gesetzgeber aufgehalste hochschulpolitische Modellcharakter den neu gegründeten fünf Gesamthochschulen von Anfang an als eine schwere, eine eigentlich unzumutbare Hypothek erscheinen musste. Das fiel umso stärker ins Gewicht, als sich längst nicht alle ihre Hochschulangehörige mit dem Konzept der Integrierten Gesamthochschule identifizieren konnten. Das galt sowohl für die in die fünf Neugründungen von Anfang an eingebrachten als vor allem auch für die aus anderen Universitäten inzwischen berufenen Hochschullehrer, die auf die Dauer die Mehrzahl bilden sollten.

Vor allem das Fehlen der Bezeichnung ‚Universität' in ihrem Namen machte vielen, an einigen der fünf Gesamthochschulen sogar den meisten Professoren zu schaffen. Ihr in diesem Zusammenhang immer wieder vorgetragenes Argument bezog sich vor allem darauf, dass man sich im außerdeutschen Raum unter der Bezeichnung ‚Gesamthochschule' so gut wie gar nichts vorstellen könne, während der Begriff ‚Universität' grenzübergreifend verständlich sei. Hier handelte es sich also um eine Art ‚Briefkopfproblem'.

Mensch und Hund

Herr Bamm, der war ein Exemplar,
das uns insofern ähnlich war,
als er bezüglich seiner Lebensrichtung
der Korrektur bedurfte und Verdichtung.
Zum Zwecke der Gemütsentfaltung
bedient er sich deshalb der Hundehaltung.

Spazierengehend führt er an der Leine
ein Hundevieh, das zu ihm passt wie eine
schlechte Kopie, die man für ihn gemalt hat.
Wofür er auch entsprechend viel bezahlt hat:
Mittlerer Wuchs, kurzohrig, krauses Haar,
die Beine leicht gekrümmt, recht füllig zwar,
nicht mehr ganz jung, jedoch voll Übermut,
manchmal gehorsam, immer herzensgut,
deshalb nicht allzu bissig, stubenrein.
So etwa sollten alle Hunde sein,
auf uns bezogen, nur für uns bestimmt,
teils Spiegelbild, teils auf Kultur getrimmt.

Was unverzichtbar ist, denn es bedingt,
dass es uns Menschen mühelos gelingt,
sich an entsprechend menschgemäßen Klassehunden
emporzuschwingen, seelisch zu gesunden.
Wer deutsche Hundeliebe kennt,
der weiß es: unser Mann liegt voll im Trend.

Betrachtet man es aus der Hunde Sicht,
so ist die Lage so verschieden nicht.
Auf jeden Fall sieht man bestätigt hier
die Weltenharmonie von Mensch und Tier.
Die stellt sich manchmal ganz problemlos her.
Sie zu erhalten, das jedoch ist schwer.

Bamms Leben war durchaus nicht immer statisch.
Zuweilen ist es eher schon erratisch.
Wer sich emporschwingt, der pflegt nicht zu bleiben
wo er ursprünglich war, er lässt sich treiben
in andere Sphären, Lebensweisen, Höhen.
Den Hunden fällt es schwer, das zu verstehen.
Sie haben, quer durch's weite Feld der Rassen,
sich diesen Höhenflügen anzupassen.
Menschmaßgerecht wird man sich wandeln müssen.
Wie schwer das fällt, pflegt jeder Hund zu wissen.

So mancher fängt als Pekinese an,
sieht sich emporgestuft zum Dobermann.
Kaum ist er Windhund, strebt er weiter
auf der Mensch-Hund-Karriereleiter.
Bald wird man sich zum Bernhardiner wandeln.
Entsprechend müssen alle Hunde handeln.
Zumindest dann, wenn ihre Herrn der Ehrgeiz frisst
und sie kometenartig in soziale Höhen schießt.

Darüber aber soll man keinesfalls vergessen:
Dergleichen Höhenflüge sind vermessen.
Nicht nur an Aufstieg, auch an Absturz ist der Hund gekoppelt.
Die Rückverwandlung sieht sich drum verdoppelt.
Wo Milliardäre, Medienstars ins Leere purzeln,
da kommen wir tatsächlich an die Wurzeln
aller Mensch-Hund-Symbiosen: Hund muss fallen,
wo Mensch gefallen ist. So ist's nun mal auf Erden.
Dann muss der Bernhardiner wieder Pinscher werden.

Ein Einzelhund schafft diese Wandlung schwerlich.
Sieht man die Gattung an, ist sie erklärlich.
Wie auch Herr Bamm, der uns hier eingeführt hat,
stets eine Hundegattung an der Lein geführt hat.

Grundsätzlich zerren weder Spitz noch Bernhardiner,
noch Schäferhund, Retriever, Dalmatiner
an unseren Leinen. Dies ist der Befund:
An unseren Hundeleinen lebt und webt DER Hund.

Aber darüber hinaus befürchtete man auch eine unnötige, wenn nicht gar gefährliche Isolierung von den Universitäten, die sich beispielsweise bei späteren Berufungen an andere Universitäten als nachteilig erweisen könnte. Es kam hinzu, dass eine der neugegründeten Gesamthochschulen, Essen, ein Universitätsklinikum aufwies, das vorher als Universitätsklinikum der Ruhr-Universität Bochum gedient hatte, davor aber auch schon einmal das Universitätsklinikum II der Universität Münster gewesen war. Eine ‚Herabstufung' zum Gesamthochschulklinikum ließen die Mediziner nicht zu, wie denn überhaupt die Essener Medizinische Fakultät sich als besonders integrationsresistent erweisen sollte. Vermutlich zähneknirschend musste das Wissenschaftsministerium der Essener Neugründung folglich schon bald die Bezeichnung ‚Universität Gesamthochschule' zugestehen. Die Wuppertaler Hochschule verfiel auf die Bezeichnung ‚Bergische Universität Gesamthochschule'. Die restlichen drei Hochschulen schwankten vorerst. Aber das neue Hochschulgesetz von 1980 subsumierte letztlich alle fünf Neugründungen unter den Begriff ‚Universität Gesamthochschule'. Unter dieser Bezeichnung wurden die fünf Neugründungen auch noch im Landeshochschulgesetz des Jahres 2000 geführt, und zwar als eigene Gruppe hinter der Gruppe der Universitäten ohne Zusatz. Professor Brüll hat als Emeritus erleben dürfen oder eher doch wohl müssen, dass sich seine eigene Hochschule aus dieser Gruppe heraus und zu den älteren Universitäten hin gestohlen hat, wenngleich lediglich terminologisch. An ihrer offiziellen, nämlich gesetzlichen Zuordnung hat sich damit nämlich nichts geändert.

Die gelben und nahezu gelben Küken, gerade eben aus ihren Eiern geschlüpft, waren vorerst kaum voneinander zu unterscheiden. Offenbar fielen sie allesamt in die Kategorie ‚Huhn', eine zweifellos hoch angesehene, da den Menschen nützliche Kategorie. Schon bald aber sollte sich zeigen, dass einige der Küken recht absonderliche Neigungen entwickelten. Sie strebten nämlich dem Wasser zu, einem anerkannt unsicheren, andererseists aber auch wieder verheißungsvollen Element. Sollte es sich hier etwa um Entenküken, ausgerechnet um Stockentenküken handeln, die bekanntlich (zumindest in der herrschenden Lehrmeinung) weit weniger nützlich sind?

Verständlich, was nun in der entigen Küken-Minderheit vorging. Minderheiten haben es bekanntlich schwer. So ist hoch zu würdigen, dass zwei Entenküken trotz allem entschlossen dem Wasser zustrebten, um schon bald paddelnd das Weite zu suchen. Sie bekannten sich also tapfer zu ihrem (Stock-) Ententum. Die übrigen dagegen, offensichtlich weniger charakterstarke Exemplare, hielten es für ratsam, fortan nichts als ‚Hühner' zu sein. Jedes Gewässer mieden sie wie die Pest. Auch akustisch passten sie sich den wirklichen Hühnern an. Zwar waren und blieben sie ‚anders'. Aber das wollten sie nicht zugeben. Sie brachten es sogar fertig, das Hohngelächter der richtigen Hühner gar nicht erst wahrzunehmen. Während die ganze Welt um sie herum in den uns allen bekannten Ruf ausbrach: „Da lachen ja die Hühner!" Mit Recht.

Brüll hat nie allzu viel von Prestigeproblemen gehalten. So sind ihm die eben behandelten Dinge, insofern sie lediglich die terminologische Oberfläche betrafen, immer vergleichsweise gleichgültig gewesen. Allerdings war ihm von Anfang an klar, das sich unter der terminologischen Oberfläche so manches weitere Problem verbarg, das wesentlich ernster genommen werden musste. Zumal sich in manchen ‚Problemen' berufsspezifische Sehnsüchte verbargen, die sich durchaus nicht nur auf Fragen des eigenen fachlichen Prestiges und der Berufbarkeit an andere Hochschulen bezogen.

Erwies sich doch auch das den neuen Hochschulen zugrunde liegende Integrationsprinzip von Anfang an nicht als unproblematisch, zumal es nicht nur die Integration bisher selbständiger Studiengänge, sondern auch die Zusammenführung bisher voneinander isoliert gewesener Hochschullehrer betraf. Die Lehrenden der bisherigen Fachhochschulen waren noch vor wenigen Jahren Bauräte / Oberbauräte und dergleichen an Höheren Technischen (Wirtschaft- und Sozialwissenschaftlichen) Fachschulen gewesen, hatten einen Oberbaudirektor etc über sich gehabt, waren also hierarchisch geordnet und durchaus noch nicht an Selbstverwaltung gewöhnt. Ein Teil ihrer Lehrkörper war nicht promoviert, geschweige denn habilitiert. Von einem Tag auf den anderen hatten diese Dozenten mit Universitätsprofessoren in einem gemeinsamen Lehrkörper zusammen zu arbeiten, dabei aber ein größeres Lehrdeputat in Kauf zu nehmen.

Verständlicherweise waren an dieser Stelle so manche Schwierigkeiten zu überwinden, die zugleich auch Schwierigkeiten bezüglich der für diese Art von Kollegen vorzusehenden Beteiligung an der Forschung waren. Im Laufe der Zeit konnten die meisten dieser Schwierigkeiten jedoch überwunden werden, zumal altersbedingte Abgänge Neuberufungen mit sich brachten. Hindernde Traditionen und Gewohnheiten konnten also allmählich in den Hintergrund treten, obgleich das Problem im rein rechtlichen Sinne bestehen blieb. Letzteres sollte sich in krasser Form in zwei Verfahren vor dem Bundesverfassungsgericht erweisen, dessen Rechtsprechung die ohnedies gegebene Problematik noch weiter verschärfte, indem sie zu überaus komplizierten Abstimmungsverfahren in allen beschlussfassenden Gremien, vor allem aber im Senat, führte und in Duisburg sogar eine an sich anstehende Rektorwahl um Jahre verzögerte.

Als noch wesentlich dauerhafter, vor allem aber beschwerlicher sollte sich folgende Problematik erweisen: Da die neuen Hochschulen als Integrierte Gesamthochschulen sowohl Gymnasialabsolventen als auch Fachoberschulabsolventen nicht nur aufnahmen, sondern grundsätzlich auch zum Diplomabschluss eines Langzeitstudienganges führen sollten, erwiesen sich alle Bestrebungen, ‚universitätsähnlicher' zu werden, letztlich als Gefährdungen für die Integration, damit zusammenhängend aber auch für die Studienchancen jener Studenten, die kein Gymnasialabitur abgelegt hatten. Wobei zu vermerken ist, dass das Kultusministerium des Landes die Öffnungspolitik des Wissenschaftsministeriums schon von Anfang an entscheidend behindert hatte: Alle in Lehrämter führende Studiengänge blieben von der Integration ausgeschlossen.

Damit nicht genug. Schon in den ersten Gründungsjahren versuchte das Kultusministerium, auch den Zugang von Fachoberschulabsolventen in die im Gegensatz zu den Lehramtsstudiengängen integrierten Studiengängen zu behindern, obgleich inzwischen feststand, dass ein großer Teil eben dieser Studenten auch in den Langzeitstudiengängen gut mithalten konnte. Das Kultusministerium setzte die Einrichtung von ‚Brückenkursen' durch, die für Fachoberschulabsolventen verbindlich, für Gymnasialabsolventen fakultativ sein sollten. Im Grunde sollten sie dazu dienen, den Fachoberschulabsolventen den Zugang zu den Langzeitstudienabschlüssen insofern zu versperren, zumindest aber zu erschweren, als sie, wenigstens anfangs, rigoros gymnasiale Kriterien anlegten und das Curriculum der Brückenkurse entsprechend zu gestalten versuchten. Es entbrannte folglich ein heftiger Streit, aus dem sich das Wissenschaftministerium leider im wesentlichen heraushielt. Professor Brüll dagegen führte u. a. einen Leserbriefkrieg und legte sich auf diese Weise mit dem Kultusminister seines Landes an, der immerhin zu eben jener Partei gehörte, deren Mitglied er ebenfalls war und der ihm auch als Quäker zumindest nahestand. Letztlich wurde ein Kompromiss erzielt. Die Einführung der Brückenkurse wurde zwar nicht zurückgenommen, ihre Orientierung an gymnasialen Kriterien jedoch weithin aufgegeben. Die Integration der Studiengänge, die immerhin zum Kern der Gründungskonzeption gehörte, wurde auf diese Weise zwar nicht ganz fallen gelassen. Sie wurde jedoch stark verwässert.

Als Professor Brüll schon über achtzig war, feierte das illustre Kölner Gymnasium, an dem er vor vielen Jahren einmal unterrichtet hatte, bevor er nach Düsseldorf ins Kultusministerium versetzt wurde, sein 175-jähriges Jubiläum. Am Festakt nahm er als einer der Ältesten teil. Einige alte Kollegen waren noch übrig geblieben. Man erkannte sich nach einiger Mühe wieder und tauschte Erinnerungen aus, bevor der eigentliche Festakt begann. Auch der damals noch junge Kollege X, einer der Brüllschen ehemaligen Referendare, ein ungewöhnlich begabter, nunmehr ebenfalls sehr alter Mann kam auf den Professor zu. „Erinnern Sie sich noch an Ihren fulminanten Brief an den Kultusminister?", fragte er. Er tat es mit spöttischem Lächeln. Brüll erinnerte sich nicht. Bis ihm einfiel, dass ‚sein' ehemaliger Referendar damals schon bald Assistent der Romanistik an der Kölner Universität, einige Jahre später Referent im Kultusministerium geworden war. Sollte er damals etwa einen jener bitterbösen Briefe bearbeitet haben, die Brüll als Rektor an den Minister gerichtet hatte?

So war es tatsächlich. „Aber Sie haben in Ihrem Schreiben immerhin darauf hingewiesen", fuhr der ehemals junge Kollege fort, "dass der Ministerialbeamte, der für die Malaise zuständig sei, ‚sonst doch ein ganz vernünftiger Mann sei, zumindest vor mehreren Jahren noch gewesen sei'. Dafür zumindest bin ich Ihnen dankbar, obgleich ich mich seinerzeit sehr über Sie geärgert habe." Beides konnte Brüll verstehen. Man lachte kurz, setzte sich dann, denn der offizielle Akt begann.

Was aber die besagte ‚Malaise' betraf: Da sich Kultusministerium und Wissenschaftsministerium damals nicht einigen konnten, führte das Lehrerstudium an den neuen Gesamthochschulen mehrere Jahre lang zu einem Examensabschluss, der bestenfalls für den Dienst an Gesamtschulen, nicht jedoch an den damals noch vom (sozialdemokratischen!) Kultusministerium bevorzugten und als maßstabgebend angesehenen Gymnasien des Landes gültig war. Die Studierenden an überlieferten Universitäten, also die weitaus größere Zahl, studierten ‚schulartenbezogen', während die Studierenden der Gesamthochschule dagegen ‚stufenbezogen' studierten. Da das Kultusministerium jedoch den stufenbezogenen Abschluss, der in stärkerem Maße auch fachdidaktische Anteile enthielt, für seine Gymnasien nicht anerkannte, hatten die Duisburger Absolventen, falls sie Gymnasiallehrer werden wollten, ihr Abschlussexamen vor einem ortsfremden, ausschließlich auf Gymnasien bezogenen staatlichen Prüfungsamt abzulegen. Immerhin durften Professoren der eigenen Hochschule an diesen im Grunde ‚fremden' Prüfungen teilnehmen.

Diese Lage war an sich schon unzumutbar. Bedenkt man aber, dass hier ausgerechnet Studierende benachteiligt wurden, die an eben jenen Reformhochschulen studiert hatten, auf die das Land (jedenfalls offiziell und außerhalb des Kultusministeriums) damals noch ganz besonders stolz war, war sie geradezu skandalös. Eben dies hat Professor Brüll denn auch immer wieder gesagt und geschrieben. Auf einem bildungspolitischen Kongress seiner Partei hat er darüber hinaus im Beisein der betroffenen Minister ein ungemein deutliches Referat gehalten. Das hatte denn auch zur Folge, dass man schon nach wenigen Wochen ein neues, nunmehr ‚stufenbezogenes' staatliches Prüfungsamt für Essener und Duisburger Examenskandidaten einrichtete und in den anderen Prüfungsregionen entsprechend verfuhr.

Das also war endlich geregelt. Nicht dagegen geregelt war die leidige Frage der immer noch grundverschiedenen Prüfungsordnungen. Dabei war die grundsätzliche Stufenbezogenheit des nordrhein-westfälischen Schulwesens, mithin auch der Lehrer, in der offiziell vertretenen Politik keineswegs strittig. Was nicht ausschloss, dass der Kultusminister, der eine ganze Anzahl altbewährter Gymnasial-Streitrösserer mit sich ins Ministerium genommen und in seinen Beraterstab gesetzt hatte, die Entwicklung weiter blockierte. Eines dieser ‚Streitrösser' muss auch Brülls ehemaliger Referendar gewesen sein, ein „sonst doch eher vernünftiger junger Mann." Wesentlich dogmatischer allerdings war dessen zuständiger Abteilungsleiter. Als das Kultusministerium letztlich nicht umhin konnte, seine retardierende Position vor den gesammelten Rektoren und Kanzlern des Landes zu vertreten, geriet er denn auch in einen verbissenen Zweikampf mit Professor Brüll. Letzterer siegte zwar nach Punkten, hatte aber insofern doch einige Blessuren mit nach Hause zu nehmen, als er hatte erfahren müssen, dass nicht ein Einziger der anwesenden Rektoren und Kanzler ihn unterstützt hatte. Auch die Rektoren der Gesamthochschulen hatten sich in (uninteressiertes) Schweigen gehüllt. Nun ja, Brüll war der Einzige, der selber schon einmal Gymnasiallehrer gewesen war und folglich die Materie auch von Innen her kannte. Fortan wusste er jedenfalls, wie wenig ernst man die Lehrerausbildung an Universitäten (seien diese auch Gesamthochschulen) im Lande nahm. Im Grunde hatte er es allerdings auch vorher schon gewusst.

Ein weiteres Grundprinzip der Neugründungen war die sogenannte ‚Regionalisierung'. Bisher hochschulferne Regionen sollten endlich wissenschaftlich erschlossen werden mit dem Ziel, die wirtschaftliche Modernisierung, aber auch die kulturelle Entwicklung der jeweiligen Region zu fördern. Man kann davon ausgehen, dass beides in nicht geringem Maße tatsächlich erreicht wurde. Ebenso wichtig war den Gründern jedoch der Umstand, dass Kindern aus bisher hochschulfernen sozialen Schichten nunmehr die Möglichkeit erschlossen wurde, ohne allzu große Nebenkosten in der Nähe ihrer Elternhäuser zu studieren. Es sollte sich denn auch nach kurzer Zeit herausstellen, dass der Anteil von Studenten aus

Arbeiterfamilien und kleinbürgerlichen Verhältnissen in diesen neuen Hochschulen besonders hoch war. In Duisburg lag er bezeichnenderweise eine Zeitlang höher als in allen anderen Universitäten der Bundesrepublik. Dazu aber hatte vor allem die Tatsache beigetragen, dass auch Fachoberschulabsolventen der Zugang zu grundsätzlich allen durch die neuen Hochschulen angebotenen Hochschulabschlüssen möglich war, sieht man einmal von den Staatsexamina ab, die in Lehrämter führen. Gerade in strukturschwachen Städten und Regionen pflegt bekanntlich der relative Anteil der Gymnasialabsolventen gegenüber stärker mittelständisch und großbürgerlich geprägten Regionen besonders niedrig zu sein. Eine Hochschule, die dieser Tatsache Rechnung trägt, erfüllt also damit gleichzeitig eine ungemein wichtige soziale Aufgabe. Wer die Integration aufweicht, trägt folglich dazu bei, die Erfüllung dieser sozialen Aufgabe zu erschweren.

Nun scheint allerdings die bewusste Wahrnehmung sozialer Aufgaben bisher nie so recht zu den Aufgaben deutscher Universitäten gehört zu haben. Zumindest nicht zu jenen Aufgaben, die ausdrücklich im Vordergrund standen. Bedenkt man zudem die Tatsache, dass zumindest die im Laufe der Jahre neuberufenen Professoren und Mitarbeiter vorwiegend in traditionelleren Universitäten und Technischen Hochschulen wissenschaftlich sozialisiert worden waren, so ist leicht zu verstehen, dass das Adjektiv ‚integriert', das den neuen Hochschulen in ihrem Aufgabenkatalog (wenn schon nicht in ihrem Namen) vom Gesetzgeber verbindlich zugeordnet worden war, für sie nicht jene große Bedeutung hatte, die der mit diesem Adjektiv verbundenen spezifisch sozialen Aufgabenstellung entsprochen hätte.

Die Sache wurde zudem dadurch erschwert, dass das zuständige Ministerium den neu gegründeten Hochschulen, gerade auch in bezug auf deren Integration, überaus starre Vorgaben gemacht hatte. Ein sogenanntes ‚Ypsilon-Modell' wurde verbindlich vorgeschrieben. Es sah ein identisches Fach-Grundstudium für alle ein integriertes Fach Studierenden vor, um in seinen oberen ‚Ästen' sowohl einen Kurzzeit- als auch einen Langzeit-Ast aufzuweisen. Es sollte sich aber zeigen, dass fast alle Studierenden letztlich den Langzeit-Ast wählten, nachdem sie die Brückenkurse erfolgreich passiert hatten. Letzteres aber traf auf den weitaus größeren Teil der Studierenden dieser Fächer zu.

Der Kurzzeit-Ast war schon allein deshalb unattraktiv, weil sich die zuständigen Ministerien auf Bundesebene nicht dazu hatten durchringen können, den Unterschied zwischen Höherem öffentlichen Dienst (bei Langzeit-Diplom) und Mittlerem gehobenen Dienst (bei Kurzzeit-Diplom) aufzugeben, zugleich damit aber auch die mit den verschiedenen Diplomabschlüssen verbundene Einstufung in ‚Laufbahnen'. Die jeweilige Einstufung wirkt sich jedoch unmittelbar auf die zu zahlenden Gehälter aus und wird in der Regel auch in der freien Wirtschaft entsprechend berücksichtigt. Hier zeigt sich auf drastische Weise, dass gesellschaftlich relevante Reformen eben nicht allein auf dem Weg über Reformen des Bildungswesens erreichbar sind. Auch an dieser Stelle wurde also auf ernüchternde Weise spürbar, dass der wahrhaft mutige Sprung des Landes Nordrhein-Westfalen in die Gesamthochschulkonzeption hinein ein – Alleingang war.

Derartiges bleibt nicht ohne Folgen, positive, vor allem aber negative. Zu den negativen gehört leider, dass das Land seiner Außenseiterposition schon allzu schnell überdrüssig wurde, was allerdings zusätzlich durch finanzielle Engpässe nahegelegt wurde. Was die Baumaßnahmen, die Sach- und Personaletats betraf, orientierte man sich schon bald nicht mehr an den ursprünglichen Planungsdaten. Mit anderen Worten: Man gründete die neuen Hochschulen nicht wirklich zu Ende. Als wenig später allgemeine Kürzungen, vor allem aber Stelleneinsparungen landesweit anstanden, behandelte man die nicht ‚zu Ende' gegründeten neuen Hochschulen so, als seien sie volletablierte Universitäten. Man zog von ihnen also anteilmäßig ebenso viele Planstellen und Sachmittel ab wie von den anderen Universitäten, mochten die im Laufe der Jahre auch beträchtliche Speckgürtel angelegt haben, während die Gesamthochschulen magere Knochengestelle geblieben waren und nun zunehmend in eine kritische Phase gerieten.

Als Professor Brüll am Anfang des Jahres 2000 seine Dankesrede zum 80. Geburtstag hielt, konnte er davon ausgehen, dass eine weitere Abmagerungsrunde unmittelbar bevorstand. Bei der würde voraussichtlich nicht zu vermeiden sein, dass ganze Fächer und Fächergruppen dem Rotstift zum Opfer fielen. Aus nichts als ökonomischen Gründen, so gut wie ohne Rücksicht auf sachliche Angemessenheit, vor allem aber auf das aus sozialen Gründen Gebotene. Es war nicht mehr zu übersehen: Das Land Nordrhein-Westfalen, seine Politiker, das zuständige Ministerium verstießen mehr oder weniger bewusst nicht nur gegen die Grundsätze, die vor noch nicht einmal dreißig Jahren dem überaus mutigen Akt der Gesamthochschulgründungen zugrunde gelegen hatten. Sie widersprachen mit ihren Kürzungsaktionen auch der zur gleichen Zeit von ihnen lauthals geforderten und in Wahlkämpfen immer wieder versprochenen stärkeren Berücksichtigung von Bildung und Wissenschaft. So kurzfristig und widerspruchsvoll kann Politik, gerade auch Hochschulpolitik angelegt sein! Professor Brüll sollte seinen Spott-und Hohn-Kübel bereithalten. Schon allzu bald wird er vermutlich in Aktion treten müssen. Sehen wir zu.

Frage der Fragen

Am Ende der Reise
die Frage:
Wozu soll es gut sein,
dass wir schon seit Jahren
mit einknickenden Beinen,
zitternden Händen,
verschleiertem Blick
schwerleibig durch
aufreizend jung gebliebene
Landschaften tappen
auf der Suche nach dem
so gut wie endgültigen
Loch?

Es sei denn, die
Frage der Fragen
stellen zu dürfen,
hat Sinn in sich selbst,
bevor das Ende,
der Anfang

uns aufnimmt.

Die im Jahr 1972 gegründeten Gesamthochschulen sollten vor allem soziale und regionalpolitische Funktionen haben. Beide Funktionen sind gerade auch für die Städte der Ruhrgebietsregion mit ihrer industriellen Struktur, die sich zudem beträchtlich zu wandeln hat, von äußerster Wichtigkeit. Demgegenüber sollte eigentlich die Frage, ob „sich das auch rechnet", in den Hintergrund treten können, zumal dann, wenn man dieses ‚Sich-Rechnen' nur auf den gegebenen Augenblick bezieht. Auf die Dauer ‚rechnet es sich' nämlich mit Sicherheit, zumindest für die betroffenen Städte und Regionen und – ihre Menschen.

Allerdings fragt sich Professor Brüll, ob seine Duisburger Hochschule in der Vergangenheit tatsächlich alles getan hat, um zu rechtfertigen, dass man sie nicht allzu rigoros den augenblicklich allein geltenden wirtschaftlichen Kriterien unterwirft und dass man zumindest den Faktor ‚Nachhaltigkeit' mit in die Erwägungen voll einbezieht. Indem er versucht, diese Frage zu beantworten, kommt er leider, vermutlich im Gegensatz zu den meisten seiner Kollegen, nicht um die traurige Feststellung herum, dass man sich in den vergangenen Jahren weit intensiver darum bemüht hat, die Universität Gesamthochschule (trotz ihrer im Vergleich zu etablierten Universitäten wesentlich schlechteren Sach- und vor allem Personalausstattung) zu einer ‚richtigen' Universität ohne Gesamthochschul-Zusatz zu machen. Die Pflege ihrer eigentlich vorgesehenen, speziell auf die örtlichen Verhältnisse zugeschnittenen sozialen Brückenfunktion scheint man dagegen vernachlässigt zu haben. Das Ziel, jungen Menschen aus sozial schwächeren Schichten in der Regel also Fachoberschulabsolventen, den Einstieg in ein Studium, nicht zuletzt auch ein Langzeitstudium zu sichern, wurde offenbar als weniger wichtig betrachtet. Hier war schließlich auch kein akademisches Prestige zu gewinnen.

Man hat seinerzeit sehenden Auges versucht, – um es so krass zu formulieren, wie es der alte Professor Brüll zuweilen liebt, – aus der Reihe der nordrhein-westfälischen Gesamthochschulen auszuscheren und hat sich damit, und zwar ohne Not, für die Zukunft der Möglichkeit begeben, als eine neue Universität anderer Art und spezifischer Aufgabenstellung einen gewissen Sonderstatus eingeräumt zu bekommen, der sich dann auch im Hinblick auf eventuell anstehende Sparmaßnahmen günstig hätte auswirken können. Das aber geschah ausgerechnet in einem Augenblick, in dem sich die allgemeine Förderung der Fachhochschulen sowohl auf Bundes- wie auf Landesebene immer stärker bemerkbar machte. Hätte die Duisburger Hochschule nicht versuchen sollen, mit ihrem Pfund zu wuchern, das im Immer-noch-Vorhandensein von Kurzzeitstudiengängen bestand? Waren die doch den Studiengängen an Fachhochschulen immerhin vergleichbar, wenn auch nicht mit ihnen voll identisch.

Außerdem zeichnete sich damals schon ab, dass gerade in den „harten Fächern" der Zuspruch künftiger Studenten in bedrohlicher Weise abnahm. An allen Universitäten, also nicht nur an den Gesamthochschulen, sollte die Zahl der Studierenden dieser Fächer tatsächlich auf nahezu die Hälfte sinken, ein Umstand, der besonders in kleineren Universitäten unmittelbar ins Auge fällt und deren Existenz in Frage stellen kann. Gerade aber die Kurzzeitstudiengänge hätten zur Verbreiterung der Studentenbasis in diesen Fächern beitragen und gefährliche Situationen verhindern helfen können.

Rachedurstiger Dienstweg

Im Jahre 1994 hatte die Stadt Duisburg den vierhundertsten Todestag Gerhard Mercators zu feiern, jenes großen Kartographen, der sein Hauptwerk in ihren Mauern geschaffen hatte. Ein möglichst großes, möglichst weit überregional wahrgenommenes Fest war vorgesehen. Aber die Stadt war seit Jahren überaus knapp bei Kasse. So traf es sich gut, dass der Rektor der Universität Gesamthochschule Duisburg, der nun kein Gründungsrektor mehr war, sondern ein ganz normaler, nämlich der erste gewählte Rektor, darauf brannte, einen spürbaren Neuanfang zu machen, zumindest aber eine deutlich sichtbare Zäsur zu setzen, die ihm und seiner Hochschule dabei half, sich möglichst drastisch vom mittlerweile vorwiegend als hinderlich empfundenen, jedenfalls nur wenig prestigehaltigen Charakter einer Gesamthochschule abzusetzen.

Hochschule und Stadt einigten sich folglich ohne allzu große Mühe darauf, das zuständige Ministerium zu bitten, der Hochschule zur Feier des Mercator-Tages die Bezeichnung ‚Gerhard-Mercator-Universität' zu verleihen. Nur allzu gern wäre man auch den lästigen Zusatz ‚Gesamthochschule' damals schon losgeworden. Das gelang allerdings nicht. Immerhin aber führte man einen langen erbitterten Streit mit dem Ministerium, das bis zuletzt darauf bestand, dass der Zusatz an möglichst sichtbarer Stelle angebracht bleibe, während die Hochschule selber ihn am liebsten so gut wie unsichtbar gemacht hätte. Das Ministerium siegte, was ohnedies in derartigen Fällen zu erwarten ist, jedenfalls dann, wenn es sich nicht um eine der traditionsgehärteten großen Universitäten, wie beispielsweise die Universität Bonn, handelt. In die noblen Reihen eben dieser Traditionsuniversitäten aber wollte der Duisburger Rektor seine kleine Neugründung durch die geplante Namensgeber-Aktion ja gerade hineinkatapultieren. Dabei gedachte er sich der alten Universität Duisburg zu bedienen, die in den Jahren 1655 bis 1818 tatsächlich existiert hatte. Diese Universität war zwar als durchaus achtbar zu betrachten, sie war aber immer die zweitkleinste Universität im damals noch recht universitätsreichen deutschen Sprachraum gewesen. Als brandenburgisch-klevische Landesuniversität war sie zudem calvinistisch, was sie, in vorwiegend katholischem Umfeld befindlich, dazu verurteilte, klein zu bleiben. Letztlich war denn auch nicht zu verhindern, dass sie der Humboldt'schen Universitätsreform zum Opfer fiel. Ihre Nachfolgerin sollte ausgerechnet die Universität Bonn werden, die damals noch als eine Reformuniversität betrachtet werden konnte. Wie haben sich die Duisburg jahrelang nach den beiden Rektor-Zeptern gesehnt, die sich nunmehr in Bonn befanden (eine Kopie haben sie sich allerdings anfertigen lassen), desgleichen nach der nun zum größeren Teil ebenfalls in Bonn befindlichen ehemaligen (kleinen) Duisburger Universitätsbibliothek! (Nach der allerdings weniger. Wer sehnt sich schon nach Büchern?)

Dem Professor Brüll, aber auch seinen beiden Amtsnachfolgern, die ebenfalls noch ‚Gründungsrektoren' der nun langsam immer stärker verleugneten Gesamthochschule gewesen waren, passte die ganze Linie nicht. Die beiden Amtsnachfolger, Werner Schubert und Adam Weyer, mögen immerhin um einige Grade duldsamere Menschen gewesen sein. Sie äußerten sich jedenfalls weniger drastisch. Dem Professor Brüll jedoch platzte der Kragen. Hatte der neue Rektor ihm doch ins Gesicht zu sagen gewagt, er werde bei der großen Namensgebungsfeier (die selbstverständlich in der Mercatorhalle, der zentralen Halle und ‚Guten Stube' der Stadt stattfinden werde) die Gesamthochschule Duisburg, vor allem deren Gründung vor genau 22 Jahren, mit keinem Wort erwähnen. Es komme ihm nämlich ausschließlich darauf an, ‚seine' Hoch-

schule bruchlos mit der alten Universität Duisburg zu verbinden und mithin, sozusagen mit einem einzigen Federstrich, zu einer ‚alten Universität' zu machen. Auch die Stadt habe nichts dagegen einzuwenden. (Was nicht weiter verwunderlich war).

Worauf Professor Brüll beschloss, für seine Person nicht an der Feier teilzunehmen. Auch seine beiden Nachfolger blieben der Feier fern. Allerdings hatte Professor Brüll hinter den Kulissen kräftig in deren Vorbereitung eingegriffen. Dem damaligen Ministerpräsidenten des Landes war er nämlich seit vielen Jahren freundschaftlich verbunden. Dieser Ministerpräsident aber war zur Zeit der Hochschulgründung Wissenschaftsminister gewesen. Er hatte sehr wohl gewusst, was er mit deren Gründung bezweckte. Inzwischen hatte er zwar erfahren müssen, dass sich das hochgespannte Gründungskonzept nicht ganz durchhalten ließ. Einige wesentliche Bestandteile ließen sich jedoch sehr wohl retten. Es konnte ihm also keinesfalls recht sein, wenn man sich mittels der in Duisburg geplanten Namensgeberaktion allzu deutlich von seinen anderen Reform-Neugründungen des Jahres 1972 absetzen wollte. Brüll sorgte denn auch dafür, dass der Ministerpräsident die Hintergründe der Duisburger Aktion noch rechtzeitig vor der Feier erfuhr.

Mit den Folgen dieser Mitteilungen jedoch hatte er beim besten Willen nicht gerechnet, der amtierende Rektor allerdings noch weit weniger. Nach einigen Tagen nämlich erhielt Brüll den Auftrag, die – Rede des Ministerpräsidenten zu entwerfen. Diese Aufforderung aber war, es ist kaum zu glauben, auf dem langen Dienstweg, also letztlich auch über Rektor und Kanzler seiner eigenen Hochschule an ihn gelangt. Wie sich der Rektor wohl gefreut haben mag! Allerdings wurde über den Fall später nie gesprochen. Er war allzu delikat.

So kam es jedenfalls dazu, dass der Ministerpräsident in seiner Festrede sehr ausführlich der Gründung der Duisburger Hochschule im Jahr 1972, ihres Reformauftrages und – der drei Vorgänger des Rektors gedachte. Gerhard Mercator aber wird in seiner Gruft in der Salvatorkirche (die manche Duisburger irrtümlich immer wieder ‚Mercatorkirche' nennen) darüber vermutlich geschmunzelt haben. Er hat übrigens nie dem Lehrkörper der alten Universität Duisburg angehört, was allerdings nicht ausschließt, dass er im vorhergehenden Jahrhundert vor allem deshalb aus Flandern nach Duisburg gezogen war, weil es damals bereits so aussah, als käme eine Universitätsgründung dort zustande. Die aber verzögerte sich wegen der Reformationswirren um ungefähr einhundert Jahre.

Immerhin: von nun an gab es die ‚Gerhard-Mercator-Universität. Gesamthochschule'. Wie lange mag es sie wohl noch geben?

Man entschloss sich also, eine ‚Universität ohne Zusatz' zu werden. Dabei hätte man wissen müssen, dass man sich und die Öffentlichkeit damit betrog. Rein rechtlich, im wieder einmal (2000) novellierten Landeshochschulgesetz, wird die Duisburger Hochschule nämlich nach wie vor in der Rubrik ‚Universitäten Gesamthochschulen' geführt. Zu allem Überfluss hatte das Ganze nun auch noch einen Namen bekommen. Mit großem städtischen Pomp wurde es, wie wir gesehen haben, im Jahr des Mercatorjubiläums ‚Gerhard-Mercator-Universität' getauft. Alle Briefumschläge und Briefbögen, die noch die alte Bezeichnung enthielten, wurden von einem Tag auf den anderen aus dem Verkehr gezogen. Das jedenfalls verfügte die Universitätsleitung, zumindest aber die Universitätsverwaltung. Handelte es sich hier etwa um eine (getarnte) Sparmaßnahme oder nicht doch weit eher um eine unnötige Verschwendung?

Die Mercator-Namensgebung bildete sozusagen das Sahnehäubchen des Ganzen. „Aber was nennt sich in Duisburg nicht alles ‚Mercator'? Festsäle, Apotheken, Tankstellen, Großmärkte, Pinten, vermutlich hier und da auch – ein Pisspott", kann sich Professor Brüll nicht verkneifen zu sagen. Demnächst wird vermutlich auch die ehrwürdige Salvatorkirche entsprechend umbenannt, glaubt er zu wissen. Wie viele Duisburger Bürger kennen schon die Bedeutung des lateinischen Wortes ‚Salvator'? Und die ‚richtigen' Universitäten? Die haben vermutlich damals laut gelacht und werden vermutlich auch weiterhin lachen.

Als die Börsenkurse auch am sechsten Tag noch nicht abgestürzt waren, wurde X unruhig, wusste er doch, dass die fragliche Gesellschaft so gut wie pleite war. Im Gegenteil: die Kurse wiesen auch weiterhin eine stetig steigende Tendenz auf, wenngleich eine vernünftigerweise nur leicht steigende. Zugegeben, so etwas kann vorkommen. Es hat mit der starken Abhängigkeit des Börsengeschehens von der menschlichen Psyche und deren eventuellen Psychosen zu tun.

Aber nach mittlerweile drei Wochen? Wie wird es dann erst in zwei Monaten aussehen? Zumal die Kurse stetig weiter nach oben ziehen. Bisher war man doch wenigstens noch von einem gewissen Zusammenhang von Leistung, Ertrag, Substanz und Börsenkurs ausgegangen. Wie sonst ließe sich auch ernsthaft von Shareholder Value sprechen, von ‚Value', was bekanntlich so viel heißt wie ‚Wert'? Wert oder Unwert, das scheint hier tatsächlich die Frage zu sein, sagte sich X, eine Frage, die sich nicht nur auf das augenblickliche Wirtschaftsgeschehen beziehen lässt. Leider.

Auf dem Höhepunkt dieser Entwicklung rief der ehemalige Kultusminister, emeritierte Professor und Ehrensenator der Duisburger Hochschule Fritz Holthoff den Professor Brüll unerwartet an. Er las ihm einen ausführlichen Brief an den damaligen Rektor vor. In diesem Brief bat er dringend darum, Professor Brüll endlich ebenfalls zum Ehrensenator der Hochschule ernennen zu lassen, deren erster Gründungsrektor er schließlich doch gewesen war. Waren doch Ehrensenatoren- und Ehrenbürgerwürden in den letzten Jahren geradezu vom Himmel geregnet. Sie hatten neben der Mercator-Benamsung mit dazu beigetragen, die zunehmende Schwäche der Universität in der Öffentlich gnädig zu verdecken. Brüll hatte immer wieder den Kopf schütteln müssen.

Zugegeben, jetzt war er zur Abwechslung zuerst einmal so etwas wie gerührt. Es geschieht nämlich selten, dass Mitmenschen sich ungebeten für einen einsetzen. Andererseits war die Bitte aber verständlich. Ohne das Dreieck Holthoff-Krings-Brüll wäre die Hochschule in ihrer kritischsten Zeit wohl kaum zu retten gewesen. Wobei man den damaligen Wissenschaftsminister, Johannes Rau, mit einbeziehen muss. Der allerdings hätte damals ohne die Unterstützung des ‚Dreiecks' in Duisburg nur wenig erreichen können, zumal der Rat der Stadt Duisburg in einem Augenblick auf Konfrontation setzte, in dem kompromissbereite Kooperation dringend angesagt war.

Die Bitte Holthoffs an den Rektor war also nicht nur verständlich. Sie war berechtigt. Professor Brüll gibt zu, dass er sich zeitweise darüber gewundert hat, dass ‚seine' Hochschule bisher nicht von selber auf den doch eigentlich naheliegenden Gedanken gekommen war, den Fritz Holthoff nun brieflich äußerte. Trotzdem bat er Holthoff, den Brief nicht abzusenden, konnte er sich doch mit dem neuen Kurs der Universität, vor allem aber des gerade amtierenden Rektors, nicht identifizieren. Es war ja nur allzu offensichtlich, dass der amtierende Rektor, der erste ‚gewählte' Rektor nach insgesamt drei ‚Gründungsrektoren', das Faktum der im Jahre 1972 ausdrücklich als eine Reformhochschule gegründeten Gesamthochschule so gut wie überspringen und die nunmehrige Gerhard-Mercator-Universität unmittelbar an die alte Duisburger Universität der Jahre 1655 bis 1818 anschließen wollte. Auch die für eine junge Hochschule eigentlich unangemessen hohe Zahl von Ehrenpromotionen, Ehrenbürger- und Ehrensenatorenwürden war Brüll zuwider. Aber gerade auch sie passte exakt in den nun geltenden neu-‚alten' Rahmen. In den wollte er sich nicht eingefügt sehen. Er bat also den Kollegen Holthoff, seinen gutgemeinten Brief nicht abzusenden. Professor Holthoff dürfte zwar zuerst einmal den Kopf geschüttelt haben. Ernsthaft übelgenommen hat er es Herrn Brüll aber auch nicht. So ganz unverständlich nämlich war dessen Handlungsweise nicht.

Es war denn auch nur folgerichtig, dass Brüll den zum Zeitpunkt seines achtzigsten Geburtstages amtierenden Rektor (es war mittlerweile ein anderer) bat, von der Verleihung der Mercator*medaille* an ihn ebenfalls abzusehen. Der Rektor vermerkte das denn auch in seiner Begrüßungsrede zur Geburtstagsfeier ausdrücklich, diesmal (originellerweise) ausgerechnet im Mercatorsaal des neuen der Universitätsgesellschaft gehörenden Mercatorhauses. Seine beiden Ablehnungen hat Professor Brüll nicht etwa als ‚feindliche Akte' betrachtet, schon gar nicht als Missachtung des bedeutenden Gelehrten und Kartographen Gerhard Mercator. Er steht selbstverständlich auch weiterhin zu ‚seiner' Universität. Aber um eine möglichst saubere innere Grenzziehung ging und geht es ihm durchaus.

Wie sich die allgemeine Lage zum Zeitpunkt seiner Geburtstagsfeier darbot, konnte Professor Brüll die Konsolidierungspolitik des damals gerade amtierenden Rektors, des dritten gewählten Rektors, sogar zur Not verstehen. Sie war aufgrund der angedeuteten Vorgeschichte so gut wie unvermeidbar. Man wird den Weg, den man nun einmal (leider, meint Professor Brüll) beschritten hat, wohl tatsächlich weitergehen müssen. Zu einer radikalen Kehrtwendung ist es nun zu spät. Zumindest die Professoren, und hier wiederum vor allem diejenigen der ‚harten Fächer', also der

Naturwissenschaften und Technologien, wären dazu auch gar nicht bereit. Verständlicherweise.

So wird also kein Weg daran vorbeiführen, die bereits starken Fächer noch stärker zu machen, auch wenn das auf Kosten des teilweisen oder sogar totalen Verzichts auf nur schwach ausgelastete, hier und da wohl auch qualitativ weniger leistungsfähige Fächer geht. Konzentriert man sich nicht auf seine zweifellos vorhandenen Stärken, wird man auf die Dauer mit den traditionellen Universitäten, aber auch mit den jungen, vom Land besser geförderten, wie etwa Bielefeld, Bochum, Dortmund und Düsseldorf, nicht konkurrieren können, vor allem nicht im Zeitalter ständiger ‚Evaluierungen' und deren Folgen für den jeweiligen Teil-Globalhaushalt.

Was diesen Teil-Globalhaushalt angeht, so ist die Universität Duisburg insofern zusätzlich benachteiligt, als sie sich im Laufe ihrer verwickelten Gründungsgeschichte mit einer erheblichen Zahl von sogenannten ‚An-Instituten' umgeben hat, in der Regel in der Rechtsform einer GmbH oder eines eingetragenen Vereins. Damit hat sie einem der Ziele der damaligen Gesamthochschul-Gründungen exakt entsprochen. Indem sie nämlich ihre An-Institute vergleichsweise weit in der Niederrhein-Region streute, entsprach sie dem vorrangigen Ziel der ‚Regionalisierung'. Sie wurde folglich darin auch von der damaligen Landesregierung unterstützt. Sie konnte damit damals in etwa die Nachteile wettmachen, die aus dem Umstand entstanden waren, dass ihre eigenen Laboreinrichtungen vor Ort noch nicht vollständig erstellt werden konnten.

Nun allerdings schien sich der damalige Vorteil als ein Nachteil zu erweisen, insofern nämlich, als die ‚Drittmittel', deren Höhe für die Bemessung des Teil-Globalhaushaltes in hohem Maße mit maßgebend sind, zu einem nicht unbeträchtlichen Teil in den An-Instituten, also nicht in der Universität selber, anfallen. Was deren Teil-Globalhaushalte negativ beeinflusst. An dieser Stelle sind schon seit längerem Verhandlungen mit dem Wissenschaftsministerium im Gange. Zu einem wirklichen Durchbruch scheinen sie jedoch bisher noch nicht geführt zu haben.

Professor Brüll fiel dazu Folgendes ein: Vor einigen Jahren, als er sein vierzigstes Dienstjubiläum begehen durfte, hatte er seinen engeren Kollegen zur Feier des Tages einen in buntes Papier eingewickelten Lolly, also einen Lutscher, geschenkt mit den auch damals schon beziehungsreichen Worten „Trotz bunter

Verzierung schwindet Substanz." Obgleich er doch eigentlich nicht zu hochschulpolitisch symbolhaltiger Rede neigt.

Über den Verbleib oder Nichtverbleib der Lehrerausbildung in Duisburg schien im Augenblick (2000) ohnedies zentral, nämlich in Düsseldorf entschieden zu werden, und zwar für das ganze Land. Man dachte immer wieder einmal daran, sie auf einige wenige Schwerpunkte zusammenzuziehen. Dabei vergaß man, dass gerade die Lehrerausbildung auf vergleichsweise kleine Arbeitsgruppen, vor allem aber auf zureichend viele Praktikumsplätze an Schulen angewiesen ist. Nimmt die Lehrerausbildung, mehr oder weniger zwangsläufig, einen unpädagogischen Charakter an, indem sie nämlich in Massenveranstaltungen vermittelt wird, dürfte auch der Unterricht jener Lehrer, die sie zu durchlaufen hatten, eines Tages reichlich unpädagogisch ausfallen. Medizinern mutet man einen Massenbetrieb, fern aller Praxis, nicht zu. Darf man ihn zukünftigen Lehrern zumuten?

Allerdings hätte die Konzentration der Lehrerausbildung auf einige wenige Universitäten einen, wenngleich höchst dubiosen Vorteil, zumindest für den Finanzminister: Indem nämlich das zuständige Ministerium im Anschluss an die Konzentration einen (möglichst engen) Numerus Clausus verhängte, könnte es den Lehrernachwuchs drosseln, zumindest aber regulieren. Was jedoch so gut wie nutzlos wäre, es sei denn, es geschieht darüber hinaus folgendes Wunder: Der statistisch errechnete Lehrerbedarf entspricht zum ersten Mal in der Geschichte der deutschsprachigen Menschheit wenigstens in etwa der Realität. Wer aber könnte Derartiges im Ernst erwarten?

Leider ist aber auch hier daran zu erinnern, dass eine für Duisburg negative Vorentscheidung bereits vor Jahren gefallen war, allerdings ohne die Schuld der Universität. Man hatte nämlich damals die gesamte Grundschullehrerausbildung in die benachbarte, wesentlich größere Universität Gesamthochschule Essen verlagert, wenig später auch das Fach Katholische Theologie. Einige andere Fächer, wie beispielsweise Kunst- und Musikerziehung, wurden ganz gestrichen. Es hat damals zwar Proteste gegeben. Die aber haben so gut wie nichts bewirken können. Auch damals schon meinten die zuständigen Stellen, vor allem ‚rechnen zu müssen'. Der Stadt und Region Duisburg aber schien die gerade auch in sozialer Hinsicht schmerzhafte Amputation so gut wie gleichgültig zu sein.

Auch die nun bald wieder anstehenden Proteste dürften vermutlich nichts erreichen. Man wird vielmehr weiter ‚rechnen' und harthörig bleiben. Das aber ist ein Skandal. Denn gerade die eventuelle Abwanderung der lehrerausbildenden Fächer schwächt nicht nur die Universität als solche, sondern nicht zuletzt auch deren sozialen Auftrag. Ist doch der Lehrerberuf seit altersher ein wichtiges und beliebtes Einstiegstor für Studenten, vor allem aber auch Studentinnen ‚der ersten akademischen Generation' gewesen. Dieses Tor ausgerechnet in einer Stadt wie Duisburg, einer Stadt mit krassen Erziehungsdefiziten, zu schließen, wäre fürwahr eine – Torheit, wenn nicht gar ein Verbrechen. Aber mit Torheiten hat man bekanntlich zu rechnen, wenn vorwiegend, wenn nicht gar ausschließlich, wirtschaftliche Kriterien den Ausschlag geben.

Berührungsängste

Es hatte schon recht seltsam angefangen. In seinem Buch ‚Begegnungen' (Duisburg 2000) schreibt der nunmehrige Alt-Oberbürgermeister Josef Krings über den offiziellen Gründungsakt der Gesamthochschule Folgendes: „Vormittags tagte der Senat zum ersten Mal und Oberbürgermeister Masselter nahm daran teil. Gegen zwei Uhr erreichte mich ein Telefonanruf, der Oberbürgermeister fühle sich nicht wohl. Ich solle bitte seine (nachmittägliche. H.S.) Rede übernehmen und ihn vertreten. Die Rede gefiel mir nicht, doch zur Umformulierung blieb mir keine Zeit. Ein paar Stichworte mussten genügen. Mein Thema lag auf der Hand: Bei andauernder Stahlkrise und hoher Arbeitslosigkeit war die Gesamthochschule der wichtigste Hoffnungsträger für die Zukunft der Stadt und der Region."

Das waren angemessene und deutliche Worte. Josef Krings, der unmittelbare Nachfolger von Arnold Masselter als Oberbürgermeister, hat denn auch immer zu ihnen gestanden. Dass sich aber ausgerechnet bei der offiziellen Eröffnung der noch amtierende Oberbürgermeister „nicht wohl fühlte" und sein (qualitativ offensichtlich nicht zureichendes) Redemanuskript überaus kurzfristig an einen seiner Vertreter weitergeben musste, spricht für sich. Es mag sein, dass ihn der Verlauf der öffentlichen ersten Sitzung des Gründungssenats, die (im Jahr

1972!) unter Beteiligung mehrerer Studenten nicht ganz un-turbulent vor sich gegangen war, geschockt hat. Derartiges war er als ehemaliger Metaller nicht gewohnt, schon gar nicht in einem ihm gänzlich fremden akademischen Rahmen. Es gab also Berührungsprobleme. Mochte auch das Verhältnis zwischen der Hochschule und der Stadt später so gut wie spannungslos sein: Gewisse Berührungs- und Verständigungsprobleme hat es immer gegeben. Was nicht verwunderlich ist, bedenkt man, dass Duisburg eine Stahl- und Arbeiterstadt war und in hohem Grade auch heute noch ist. Die Gewöhnung an eine Universität braucht nun einmal ihre Zeit, vermutlich sogar mehrere Generationen.

Für eine Industriestadt wie Duisburg gilt das vermutlich besonders nachdrücklich. Hat doch ziemlich genau 29 Jahre nach der Gründung der Hochschule die ‚regierende' Oberbürgermeisterin alle Professoren zu einem Empfang in den Saal des städtischen Technologiezentrums geladen, um sie dort letztlich - eine geschlagene Dreiviertelstunde auf sich warten zu lassen, ohne wenigstens eine Vertretung zu entsenden oder eine Entschuldigung vorwegzuschicken. Das Klima war dann auch entsprechend frostig.

Es mag immerhin verzeihlich sein, dass eine Lokalpolitikerin nur wenig Verständnis für die Wissenschaft und deren Institutionen aufbringen kann. An die mit Universitäten verbundenen Arbeitsplätze sollte sie aber doch denken können. Schließlich ist (oder vielmehr war) die Universität Duisburg der zweitgrößte Arbeitgeber der Stadt ...

Was aber bleibt für den alten Professor und ehemaligen Gründungsrektor übrig? Vermutlich vor allem dies: Er wird sich auch weiterhin unbändig freuen, wenn er einen Absolventen ‚seiner' Universität trifft, der seinen beruflichen Weg nicht ohne die Besonderheiten einer Gesamthochschule hätte gehen können. Besonders groß wird seine Freude dann sein, wenn der betreffende Absolvent vorher auch noch das Sozialwissenschaftliche Aufbaugymnasium in Duisburg-Meiderich, das spätere Theodor-Heuss-Gymnasium, durchlaufen hat, eine sozialwissenschaftliche Versuchsschule mit Koedukation, die zu ihrer Zeit gegen nahezu alle geltenden pädagogischen Dogmen des Landes verstieß. Denn diese Schule hat er, damals in grauer Vorzeit, ebenfalls als eine Art Gründungsdirektor, geleitet.

Diese ungewöhnliche und deshalb der damals noch christdemokratisch beherrschten Schulverwaltung nur mit äußerster Mühe aus den Zähnen gezogene Versuchsschule, hatte sich jahrelang gezielt der Förderung sozial benachteiligter Kinder, vor allem aus dem Duisburger Norden, einem ausgesprochenen Krisengebiet, angenommen. Die persönliche Initiative Fritz Holthoffs, des damaligen Duisburger Schuldezernenten, sozialdemokratischen schul- und kulturpolitischen Sprechers im Landtag und späteren Kultusministers, hat sogar dafür sorgen können, strenggenommen verbotenerweise, mit inoffiziellen Stipendien dazu beizutragen, dass gymnasialbegabte Kinder ihren Eltern und der jeweiligen Hauptschule erfolgreich abgeworben werden konnten.

An derartiges scheint heute keiner mehr zu denken. Es ‚rechnet sich nicht'. Obgleich doch ein wirklich nachhaltiger Wandel von Stadt und Region in erster Linie auf dem Wege über die rechtzeitige Förderung ihrer jüngeren Bürger, vor allem aber der sozial benachteiligten unter ihnen, bewerkstelligt werden kann. So dass es sich letztlich eben doch ‚rechnet', wenn auch nicht hier und jetzt. Dabei sollte nicht vergessen werden, meint Professor Brüll, dass Duisburg, wenngleich in einer verkehrsgünstigen Lage befindlich, letztlich zwischen zwei beachtlichen Metropolen, nämlich Düsseldorf und Essen, liegt und in einiger Nähe zur tatsächlichen rheinischen Metropole, nämlich Köln. Mit denen wird es nicht in Konkurrenz treten können. Aber es sollte auch nicht dulden, dass es zu deren - Abstellraum wird.

Utopien, Illusionen und markige Worte helfen hier nur sehr begrenzt weiter. Professor Brüll hat sich vor allzu markigen Worten und Taten in puncto ‚Zukunft' stets gehütet. Er hat stattdessen immer wieder zur eher stillen List gegriffen, manchmal erfolgreich, weit häufiger allerdings ohne wahrnehmbaren Erfolg. Hier aber kommt es weniger auf sichtbare Augenblickserfolge an. Nur eine auf Nachhaltigkeit achtende Arbeit kann hier etwas bewirken. Auf die Dauer. Nur eine solche Arbeit, immer wieder mit List und listenreicher Verführung durchsetzt, kann letztlich auch zu der notwendigen graduellen Mentalitätsänderung, vor allem aber zu einer höhergradigen Qualifizierung der Bürger sozialer Krisenregionen führen. Diese Arbeit aber ist im Laufe der vergangenen nunmehr dreißig Jahre in hohem Maße gerade auch von der Universität Duisburg Gesamthochschule geleistet worden. Dessen kann er sicher sein. Das tröstet ihn ungemein. Mag auch immer kommen, was nicht zu verhindern zu sein scheint. Geleistetes kann niemand zurücknehmen. Die Folgen auch nicht.

Im übrigen wird vermutlich eines fernen oder auch weniger fernen Tages wieder einmal eine Art allgemeiner *Paradigmenwechsel* fällig sein. Die Phase des ökonomischen Neoliberalismus, ganz gewiss auch die der sogenannten Globalisierung, die in Wirklichkeit weit eher eine gefährlich ungeregelte Amerikanisierung ist, wird nicht ewige Zeiten dauern. Selbst die reichlich opportunistisch und lendenlahm gewordene deutsche Sozialdemokratie wird sich hoffentlich eines Tages wieder an ihren sozialistischen Kern erinnern, was nicht unbedingt bedeuten muss, dass sie zu einer ‚sozialistischen Partei' wird. Möge man eines Tages wieder an Utopien zu denken wagen, vor allem aber an deren Funktion, als (gewiss nie ganz erreichbare) Leitbilder zu dienen und in die erwünschte und gesellschaftlich zu fordernde Richtung anzutreiben, in eine Richtung, die allen Menschen ein besseres Leben möglich macht. Nicht nur einigen wenigen.

Allerdings wird das nicht zu erreichen sein, indem man die Universitäten sich selber überlässt. Die im Augenblick allerorts einschränkungslos gepriesene Förderung einer möglichst hochgradigen ‚Autonomie' der Hochschulen wird lediglich deren in aller Regel überaus begrenzten Eigeninteressen dienen und zudem in immer stärkerem Maße von Forderungen der Wirtschaft und deren Drittmitteln abhängig sein. Fächer, die sich dem nur in Grenzen fügen können, werden unter die Räder geraten. Soziale Notwendigkeiten, die sich nicht unmittelbar mit wirtschaftlichen Wünschen vertragen, sind dann in Gefahr, großzügig übersehen zu werden.

Es ist deshalb dringend zu wünschen, dass sich der Staat nicht ganz aus dem Hochschulsektor zurückzieht. Einer unkontrollierten Selbstverwaltung der Universitäten durch ihre eigenen Professoren und Verwaltungen ist jedenfalls nicht zu trauen. Nicht zuletzt auch die (kurze) Geschichte der nordrhein-westfälischen Gesamthochschulen dürfte dafür einige eindrucksvolle Belege geliefert haben.

Wie bereits angedeutet wurde, haben alle in Frage kommenden Professoren unserer Universität den ehrenvollen Ruf an die (niederrheinische) Narrenakademie in Dülken abgelehnt. Das ist umso verwunderlicher, als Johann Wolfgang von Goethe, als er noch lebte, einer ihrer Ehrendoktoren war.

Abendstimmung.

Friedliche Landschaft.
Monetenbewegungen
global und verwirrend
wie Heringsströme
ohne Sinn und Verstand.

Scheinbar Solides
treibsandunterspült,
nicht auf Dauer
zu halten.

Fusionen,
Konzentrationen,
Firmenabwicklungen
setzen dich
frei.

Da stehst du nun,
Freigesetzter,
nichts als
Börsenkurse
im Blick.

Steigende,
fallende,
fallende,
steigende,
Boomblasen
bildende, die
gelegentlich
platzen.

In immer noch
friedlicher
Landschaft.

Blutrote Sonne
versinkend
im Meer.

Dann Schwärze.
Dann Nacht.

Höflichkeit

Nichts für ungut,
sagte der
Scharfrichter,
als er der Dame
den Kopf
abschlug

XXIII

Folgen eines zweifelhaften „Qualitätspaktes"

(Noch stärker als im vorigen Kapitel orientiert sich die Darstellung am zeitlichen Ablauf der einzelnen Folgen des „Qualitätspaktes", das heißt an den einzelnen Verhandlungsetappen. Es handelt sich also weniger um eine zusammenfassende Rückschau als um einen die einzelnen Etappen begleitenden kritischen Bericht.)

Dem Land Nordrhein-Westfalen sind seine Hochschulen zu teuer geworden. Es muss sparen, das heißt, konzentrieren, rationalisieren. Daran kann kein Zweifel bestehen. Auch Professor Brüll bezweifelt es nicht. Dass ein so eng gespanntes Hochschulnetz wie das nordrhein-westfälische vielfache Kreuz- und Querverbindungen, Kooperationen und Schwerpunktbildungen möglich macht, ist ihm klar. Dass nicht alle Fächer und Fächerkombinationen an jeder einzelnen Universität vertreten sein müssen, ebenfalls. Weshalb sollten sich Studierende, aber auch Lehrende, nicht gelegentlich einmal um einige Kilometer bis zur nächsten Universität bemühen können? In fast allen Fällen handelt es sich ja tatsächlich um nur geringe Entfernungen, die leicht zu bewältigen sind.

Ob man aber ein solches Straffungsvorhaben, das doch in erster Linie ein Sparprogramm ist, ausgerechnet unter dem Markenzeichen „Qualitätspakt" durchführen sollte, ist eine andere Frage. Immerhin, die seinerzeit zuständige Ministerin, von der Professor Brüll weiß, dass sie eine außergewöhnlich resolute Frau ist, die notfalls auch „über Leichen geht", hat in ihrem „Pakt" jeder einzelnen Universität zumindest eine grundsätzliche „Bestandssicherung" zugesagt. Die aber sollte selbstverständlich nur für jene Universitäten gelten, die auch tatsächlich den ihnen angebotenen „Pakt" mit dem Ministerium abschließen.

Schon hier zeigt sich die enorme Ungleichheit in bezug auf die Ausgangsvoraussetzungen der einzelnen Universitäten. Wer wollte schon ernsthaft wagen, den Bestand von Universitäten wie Bonn, Köln, Münster, aber auch (ja gerade auch) der RWTH Aachen ernstlich in Frage zu stellen, und sei es auch nur dadurch, dass man sie bei den ohnedies geplanten Planstellenkürzungen proportional stärker als die in den „Pakt" eingebundenen jüngeren und folglich schwächeren Universitäten heranzöge? Konnten sie doch immer mit der schieren Macht ihrer ‚Geschichte', vor allem aber ihrer durchschlagskräftigen Juristischen Fakultäten drohen, die zudem mit den Verwaltungsgerichten eng verbandelt zu sein pflegen. Den immer noch vergleichsweise schwachen Pflänzchen der zahlreichen Neugründungen, vor allem den Gesamthochschulen, konnte man allerdings auf diese Weise sehr wohl die „Qualitätspakt"-Daumenschrauben anlegen, wussten sie doch, dass ihre Existenz ohnedies seit ihrer Gründung an einem seidenen, zudem im Laufe der Jahre immer dünner gewordenen Faden hing.

Letztlich haben sich dann doch alle Universitäten des Landes, wenngleich hörbar zähneknirschend, am „Qualitätspakt" beteiligt. Schon vor

Vertragsabschluss hatte man ihnen die Zahl der Planstellen mitgeteilt, die im Laufe der Jahre eingespart werden sollten. Dabei aber war man im Ministerium (wieder einmal) rein schematisch vorgegangen, indem man nämlich in allen Fällen die grundsätzlich gleichen zahlenmäßigen Relationen zugrunde gelegt hatte. Das musste zu Lasten der noch nicht zureichend ausgebauten neuen Universitäten gehen. Die nämlich hatten in den kurzen Jahren ihrer Existenz noch keinerlei ‚Speck' ansetzen können, sondern boten sich, jedenfalls in den meisten Fällen und Fächern, als magere, durchsichtige Skelette dar.

Bedenkt man zudem (und Brüll bedenkt das mit Nachdruck), dass man in Nordrhein-Westfalen eben gerade dabei war, seine Universitäten schrittweise an Teil-Globalhaushalte zu gewöhnen, über die sie dann weithin nach eigenem Ermessen verfügen durften, so fällt die Ungleichheit der Ausgangspositionen der einzelnen Universitäten ganz besonders scharf ins Auge, richten sich die Mittel für die jeweiligen Teil-Globalhaushalte doch zu einem gewichtigen Teil nach den von den jeweiligen Universitäten erbrachten „Leistungen", die wiederum in Evaluierungen gemessen werden. Dabei spielt u. a. auch die Höhe der eingeworbenen ‚Drittmittel' eine Rolle. Gerade an dieser Stelle aber haben die Neugründungen, bei im Schnitt trotz allem beachtlichen Leistungen, noch nicht mit den ‚alten' Universitäten, vor allem der RWTH Aachen, gleichziehen können. Die ihnen nunmehr zur freien Verfügung zugewiesenen Teil-Globalhaushalte sehen sich folglich, da sie sich alljährlich an den Ergebnissen von neuen Evaluierungen zu richten haben, von Jahr zu Jahr stärker eingegrenzt, und zwar je nach den geradezu zwangsläufig geringer werdenden ‚Drittmitteln'. Unzureichende Globalhaushalte ziehen nämlich noch unzureichendere Globalhaushalte Jahr für Jahr nahezu zwangsläufig hinter sich her. (Professor Brüll seufzt vernehmlich, hat er doch lebenslang ausgerechnet in einem Fach gearbeitet, in dem das Einwerben nennenswerter Drittmittel ganz besonders schwierig und selten ist).

Monatelang haben Evaluierungskommissionen im Zuge des „Qualitätspaktes" die einzelnen Universitäten überprüft, also, wie man heute zu sagen pflegt, „evaluiert". In der ersten Evaluierungsstufe kamen Kommissionen zum Zuge, die jeweils vier Universitäten zu überprüfen hatten, im gegebenen Fall die Universitäten Düsseldorf, Duisburg, Essen und Wuppertal. Deren Ergebnisse fließen sodann in die Beratungen und Beschlüsse einer zentralen Kommission ein, die inzwischen ihrerseits dem Ministerium ihre Vorschläge unterbreitet hat. Das Ministerium wird sodann dem Kabinett seine Beschlüsse vorlegen. Das Kabinett hat dann endgültig zu entscheiden. Allerdings ist damit zu rechnen, dass letztlich auch der Landtag mit dem gesamten Paket, zumindest aber mit einigen seiner Teile, intensiv befasst wird. Ist doch eher unwahrscheinlich, dass alle Landtagsfraktionen der Vorlage zustimmen, zumal die politischen Parteien gerade in einer solchen Frage mannigfachen Einflüssen, nicht zuletzt auch regionalen, ausgesetzt sind. Woraus sich ergibt, dass sich im Augenblick (Anfang 2002) noch nichts auch nur einigermaßen Eindeutiges sagen läßt.

Umso verwirrender ist, dass gänzlich unnötige Diskussionen und Ängste immer wieder von Zeit zu Zeit in den einzelnen Universitäten und deren akademischen Disziplinen aufbrechen. Verständlich ist das schon, ist doch den vorläufig noch inoffiziellen Mitteilungen einiger Mitglieder von Evaluierungskommissionen das eine oder andere zu entnehmen. Weitaus schlimmer ist, dass das Ministerium sich angewöhnt zu haben scheint, den verschiedenen Rektoren (und Kanzlern) seiner Universitäten, ebenfalls inoffiziell, „auf den Zahn zu fühlen", nämlich mit dem Ziel zu erkennen, welche konkrete Maßnahme von der jeweiligen Universität (a) keinesfalls, (b) nur gegen große Proteste, (c) ohne nennenswerten Widerstand, ja, vielleicht sogar (d) bereitwillig akzeptiert werden dürfte.

An dieser Stelle erwiesen sich zwei schon lange vorher, im wesentlichen theoretisch, in einzelnen Teilen aber auch praktisch vorgenommene Weichenstellungen der Universität Duisburg als fatal. Einerseits hatte sie sich, wie schon gesagt, klammheimlich (und widerrechtlich) aus der im Hochschulgesetz festgeschriebenen Gruppe der ‚Universitäten Gesamthochschulen' verabschiedet, somit zu einer ‚Universität ohne Zusatz' gemacht und zudem auch noch mit dem die Jugendlichkeit der Hochschule gnädig verdeckenden historisch ehrenwerten Namen des Kartographen Gerhard Mercator geschmückt. Jahrelang sang sie, damals noch unter der Leitung eines ausgesprochen optimistischen und rührigen, aber gefährlich unkritischen und gelegentlich populistisch agierenden Rektors stehend, ihrer eigenen wissenschaftlichen Qualität, der überregional, ja international wahrgenommenen Bedeutung ihrer Forschung auf eher fahrlässige

Weise ein uneingeschränktes Loblied. Vor allem die Stadt hörte es gern, war sie doch ganz ungewöhnlich stark auf ihr ‚Image' bedacht. Aber auch die Universität selber hatte anfangs nichts dagegen.

Die rektoralen Lobgesänge waren zwar nicht ganz unberechtigt, aber noch weniger ganz berechtigt, standen doch einigen tatsächlich überaus leistungsfähigen Disziplinen andere (zahlreichere) eher mittelmäßige zur Seite. Grundsätzlich ist das wohl in einer jeden Universität nicht wesentlich anders. In einer Neugründung wirken sich die je gegebenen Unterschiede und Schwächen jedoch stärker, vor allem aber sichtbarer aus. Der damalige Rektor hätte das bedenken müssen. Vor allem aber hätte er sich der Gefahr bewusst sein müssen, dass sowohl die Stadt als auch die Region, vor allem aber die eigene Universität seine werbenden Lobgesänge für bare Münze nahmen. Umso stärker war dann verständlicherweise der allgemeine Schock, als die Notwendigkeit des Sparens, vor allem aber die damit zusammenhängenden Evaluierungen die grundsätzliche Gefährdung der Universität offenbarten. Man sah sich plötzlich auf seine tatsächlichen Gegebenheiten reduziert, auf Gegebenheiten, die nun zu allem Überfluss auch noch in Frage gestellt, zumindest aber reduziert werden sollten.

Eine Glückwunschadresse.

Anlässlich des 75. Geburtstages des verdienten und sehr beliebten Duisburger Alt-Oberbürgermeisters und Ehrenbürgers Josef Krings, mit dem Brüll immer gern zusammengearbeitet hatte, plante eine der drei Lokalredaktionen eine Krings-Sonderseite und bat einige Personen um eine Glückwunschadresse. Professor Brüll ließ, sozusagen aus doppelt gegebenem Anlass, Folgendes drucken:

> Unsere erfolgreiche Zusammenarbeit hatte es wahrhaftig in sich! Schon zu Beginn der Hochschulentwicklung haben Sie mich mit dem zweifelhaften Ehrennamen ‚Kassandra' beglückt. Immer wieder bin ich Ihnen nämlich mit ungebremster Skepsis auf die Nerven gefallen. Sie haben es tapfer ertragen, gelegentlich wohl auch als hilfreich empfunden. Ganz schlimm wurde es in der Mercator-Phase der Universität. Die schien nämlich für Sie und fast alle anderen der Höhepunkt der Universitätsentwicklung zu sein. Ich als Ihre Kassandra aber sah in ihr eher den Anfang vom Ende (in Unabhängigkeit). Einig sind wir beide

uns immer, wenn es um die soziale Bedeutung der Hochschule für Stadt und Region geht, etwa darin, dass möglichst viel an Lehrerausbildung in Duisburg erhalten bleibt und dass nicht nur Gymnasialabiturienten die Universität besuchen dürfen. Wir wissen, dass Duisburg und seine Region gerade auch an dieser Stelle einen sozialen und bildungsmäßigen Nachholbedarf hat. Auch über die Wichtigkeit der Verbindung zum Niederrhein sind wir uns einig. Schließlich sind wir beide Niederrheiner. Und dann die Mercatorhalle! Mag sein, dass allzu viele Duisburger Einrichtungen den Vornamen ‚Mercator' tragen: Die Mercatorhalle muss uns unbedingt erhalten bleiben! Herzlichen Glückwunsch und geben Sie ihren Optimismus nicht auf! Wir brauchen ihn dringend.

Prof. em. Dr. August Brüll, D Litt (Hon)

(Zur Erläuterung der letzten Bemerkung muss leider gesagt werden, dass die Stadt Duisburg mit Billigung, nein mit eher freudiger Unterstützung ihres Rates und ihrer Verwaltung den Vorsatz hegt, ihre ‚Gute Stube', nämlich die Mercatorhalle samt Konzertsaal abzureißen und durch eine – Spielbank mit einigem Zubehör zu ersetzen. Sowohl Josef Krings als auch Brüll gehören zu den Gegnern dieser Absicht und haben sich folglich auch in mannigfacher Weise entsprechend öffentlich geäußert, allerdings ohne Erfolg: Die Mercatorhalle wurde inzwischen tatsächlich so gut wie abgerissen.)

Die zweite Weichenstellung erwies sich vermutlich als noch fataler. Sie stand mit der ersten in enger Verbindung, war aber im wesentlichen theoretischer Natur, und zwar ohne reale Aussicht, eines Tages auch in Wirklichkeit umgesetzt zu werden. Letzteres aber wurde vom nunmehr amtierenden Rektorat, aber auch einer Mehrheit im Senat nicht so gesehen. Hatte die Universität doch nun nicht nur sich selber gegenüber, sondern auch weithin hörbar, nicht zuletzt auch in Richtung Ministerium, ihr Vorhaben verkündet, von nun an eine zwar bewusst kleine, dafür aber zugleich eine ausgesprochene ‚Elite-Universität' sein zu wollen. Damit trug man zwar der Notwendigkeit einer Schwerpunktbildung Rechnung, ging aber dabei so weit, dass man von einem (allerdings klitzekleinen) Harvard oder Oxbridge, vor allem aber einer Mini-Kopie des weltweit führenden Massachusetts Institute of Technology (MIT) in Boston / USA träumte.

Das war zwar einerseits vermessen und reichlich wirklichkeitsfremd. Andererseits aber lag diesem Vorhaben die Einsicht zu Grunde, dass die Duisburger Universität, so wie sie sich im Augenblick in ihrer ganzen Breite bei gleichzeitig unzureichender Personalausstattung darbot, auf die Dauer voraussichtlich nicht überlebensfähig, mit Sicherheit aber nicht konkurrenzfähig sei. Man hatte sich folglich auf ihre leistungsfähigsten Sektoren zu beschränken und diese im Laufe der Zeit möglichst noch um einige Grade leistungsfähiger zu machen.

Als man ihm ein Handy zum Geburtstag schenken wollte, lehnte er ab mit den Worten: „Bei mir piept es auch so."

Ausgangspunkte waren dabei einige technologische Disziplinen, die tatsächlich überdurchschnittliche, selbstverständlich auch überregional wahrgenommene Leistungen aufzuweisen hatten, außerdem aber auch die überaus allgemeine und unverbindlich gehaltene Zusicherung, für diesen Zweck einen dreistelligen Millionenbetrag aus EU-Mitteln bereitgestellt zu bekommen. Durfte man sich aber auf eine derartige Quasi-Zusage verlassen, und zwar so einschränkungslos, dass man die gesamte Zukunfts-Struktur der Universität darauf abstellte, was gleichzeitig mit dem Verzicht auf einen ihrer wichtigen Sektoren, nämlich die Lehrerausbildung, verbunden war? Durfte man dabei die Verhältnisse der (Arbeiter-) Stadt Duisburg und ihrer Region, in der man sich doch befand und für die man mitverantwortlich war, in den Wind schlagen? Wenngleich die Stadt Duisburg offenbar bereit war, alles, was sie aus sozialen Gründen bisher als notwendig angesehen hatte, tatsächlich zu vergessen, um stattdessen einem überaus dubiosen, gänzlich ungesicherten Pseudo-Elite-Zukunftsprojekt aufzusitzen. Sie stimmte also grundsätzlich zu.

Durfte man vergessen, dass es in Zukunft gar nicht so einfach sein kann, für die Duisburger Universität jene ‚Elite-Professoren' zu gewinnen, auf die eine elitäre Hochschule nun einmal dringend angewiesen ist? Bei der Hochschulgründung vor nahezu dreißig Jahren war in dieser Beziehung manches noch wesentlich leichter gewesen. Das Land hatte die Stellen zentral ausgeschrieben. Jeder, der einen Ruf an eine der neuen Gesamthochschulen annahm, konnte sich dabei, zumindest finanziell, nachhaltig verbessern, sei es durch Höherstufung oder durch Zuweisung eines Sondergehaltes. Derartiges wird in Zukunft nicht mehr möglich sein, zumal auch die Teil-Globalhaushalte der neuen Hochschulen aus den oben bereits genannten Gründen geringer sein und im Laufe der Jahre noch geringer werden dürften als die voll etablierter Universitäten. Das wird zwangsläufig auch auf die sachlichen und finanziellen Angebote durchschlagen, die man künftigen Professoren machen kann. Glaubt man etwa, dass es je gelingen wird, auch Zweit- und Drittberufene anzuziehen? Von der (mangelnden) Anziehungskraft einer Industriestadt wie Duisburg einmal ganz zu schweigen.

Damit aber tritt die Duisburger Universität Gesamthochschule in unnötig geschwächter Verfassung in die nunmehr unumgänglichen Kooperations-, wenn nicht eher Fusionsverhandlungen mit der Universität Gesamthochschule Essen ein. Man wird nämlich ihre eigenen Strukturvorstellungen, abzüglich der Elite-Vorstellungen, dabei zugrunde legen können. Das wäre vermeidbar gewesen. Aber bekanntlich kommt Hochmut vor dem Fall. In Duisburg und am Niederrhein wachsen die Bäume nun einmal so leicht nicht in den Himmel.

Der Gedanke aber, dass eine neue Universität Essen / Duisburg (oder andersherum) die Lehrerausbildung auf beide Standorte aufteilen könnte, ist folglich nie ernsthaft erwogen worden. Das könnte ohne weiteres innerhalb einer Fakultät stattfinden, die meinethalben in Essen ihren offiziellen Schwerpunkt hätte. Nur scheinbar müsste man damit von dem vom Wissenschaftsministerium offensichtlich akzeptierten Vorschlag der Expertenkommission abweichen, die Lehrerausbildung der gesamten Region von den Universitäten Bochum Duisburg und Düsseldorf auf die Universität Essen zu konzentrieren. Hätte doch die Fusion Duisburg/ Essen dann neue Tatsachen geschaffen. Gerade die neuen gestuften Studiengänge (BA, Masters) ließen mannigfache Möglichkeiten der Verteilung zu, indem etwa in einzelnen Fächern die zum BA führende Unterstufe an einem der beiden Standorte, die zu Mastersstudiengängen führende Oberstufe an dem anderen konzentriert würde. Die Verteilung der ‚Oberstufen' auf die beiden Standorte mag dann noch zu einigen Schwierigkeiten führen. Die aber ließen sich vergleichsweise leicht beheben, wenn man sich dabei nach den jeweils ohnedies außerhalb der Lehrerbildung gegebenen Schwerpunkten in den beiden Standorten richtete. Es brauchte dabei durchaus nicht unbedingt zu einer Diskriminierung des einen oder anderen Standortes zu kommen. Auch eine übermässige Belastung der Studierenden durch Ortswechsel ließe sich auf diese Weise unschwer vermeiden.

Gleichzeitig könnte sich auf diese Weise der Standort Essen vor der Gefahr schützen, durch die zu erwartenden übergroßen Zahlen von Lehramtsstudenten auf die Dauer zu einer Art überdimensionierten Pädagogischen Hochschule zu werden. Eine vernünftige Auslagerung vorwiegend lehrerausbildender Fächer oder einzelner ihrer Komponenten auf den Standort Duisburg wäre also auch für den Standort Essen vorteilhaft, zumal nichts dagegen spräche, die in den Lehrerberuf führenden Mastersstudiengänge, also die Oberstufe. grundsätzlich in Essen zu belassen.

Hier zeigt sich, welche negativen Folgen die allzu ausschließliche Festlegung der Duisburger Universität auf das (gescheiterte) MIT-Modell gezeitigt hat. Man hätte schleunigst von diesem Modell abrücken müssen, nachdem die anfangs erhoffte (ohnedies illusorische) großzügige Finanzierung sich in Luft aufgelöst hatte. Stattdessen hat man es, vermutlich zur großen Freude des Wissenschaftsministeriums, weiterverfolgt, auch nachdem es tatsächlich bereits ausgehöhlt war. Stadt und Region haben dem leider zugestimmt, allerdings ohne sich vorher der Mühe unterzogen zu haben, sich intensiv genug mit der hier gegebenen Problematik zu befassen.

Wenn es um Zukunftsvorhaben geht, wird das Revier immer wieder durch Kirchturmspolitik behindert. Damit ist nun endlich Schluss. Wir können aufatmen. Werden doch sämtliche Kirchtürme mit sofortiger Wirkung mit starken Glasfasertauen miteinander verbunden. Nur die Türme, nicht die Kirchengebäude, geschweige denn die Kirchen als Institutionen. So kann auch Rom keine Einwände haben. Durch immer enger werdende allgemeine Kirchturmvernetzung entsteht zwangsläufig das erwünschte Revier-Gemeinschaftsgefühl. Sozusagen als Nebenprodukt bildet sich eine Art Sicherheitsnetz. In das können zu gegebener Zeit alle überzogenen Zukunftsvorstellungen sanft und sicher fallen. Es ist tatsächlich für alles gesorgt.

Hat man sich etwa damit abzufinden, nach vollzogener Fusion in absehbarer Zeit lediglich als Anhängsel der wesentlich größeren, eng benachbarten

Universität Essen zu gelten? Gewiss, es gibt Schlimmeres, vielleicht sogar Unsachgemäßeres. Weshalb hat man aber nicht stattdessen an eine Kooperation, nicht jedoch an eine Fusion gedacht? Kennt man doch mittlerweile die Problematik von Fusionen zur Genüge. Kann aber die Stadt Duisburg, die vor Kurzem noch vermessenerweise die Aussicht genoss, schon bald eine ausgesprochene ‚Elite-Universität' in ihren Mauern beherbergen zu dürfen, dergleichen klaglos hinnehmen?

Vor allem aber: Was wird dann aus der engen Bindung der Duisburger Hochschule an den Niederrhein? Haben doch die Duisburger Historiker, vor allem auch durch ihre Initiative zur Gründung der ‚Niederrhein-Akademie' in Xanten und durch wesentliche Forschungsarbeiten, auch der Germanisten, Sozial- und Wirtschaftswissenschaftler, die ihren Niederschlag in der entsprechenden Schriftenreihe gefunden haben, darunter einen aufschlussreichen geschichtlichen Niederrhein-Atlas, entscheidend zur wissenschaftlichen Erschließung eines bisher eher vernachlässigten Raumes beigetragen. Die Stadt Duisburg ihrerseits hat immer auf ihre (umstrittene) Funktion als ‚Oberzentrum' dieser Region, damit zugleich auf ihre enge Anbindung an die ‚Rheinschiene' Wert gelegt. Sollte die Duisburger Universität jedoch, was zu erwarten ist, demnächst eine allzu enge Verbindung mit der Universität Essen eingehen (müssen), sieht sich Duisburg wieder einmal mit einigem Nachdruck auf das Ruhrgebiet verwiesen, zu dem es unstreitig (auch) gehört, aber nicht allzu gern (ausschließlich) gehören möchte.

Gerade auch hier dürfte sich schon bald zeigen, dass allzu großzügige und ungerechtfertigt optimistische Weichenstellungen, vor allem aber allzu hochtrabende Elite-Vorstellungen sich exakt in jenem Augenblick bitter rächen, in denen endgültige Kürzungsvorschläge auf dem Tisch liegen, die zudem aus ernstzunehmenden Evaluierungsergebnissen hervorgegangen sind. Dann nämlich liegen nicht nur Vorschläge, sondern handfeste Befunde auf dem Tisch. Nüchternheit dürfte sich spätestens in diesem Augenblick allgemein ausbreiten. Nüchternheit aber ist immer gut. So jedenfalls sieht es Professor Brüll.

Kurze Begegnung

Vorgestern
bin ich mir selber begegnet,
unversehens,
nach langer
Abwesenheit.
Zwei – drei Sekunden
blieb man beisammen.
Das reicht fürs
Jahrtausend.
Erkenntniswert:
Offen.

Eben, sagt Brüll, Erkenntniswert: Offen. Er ist sich nämlich nie so ganz sicher. Gerade auch was seine eigene Person betrifft, ist er es nicht. Leider. Oder eher wohl – glücklicherweise!

Konto leer,
Wechsel geplatzt
Prinzip Hoffnung
im Eimer.
Was besagen will:
Alles normal.

Sein moralischer
Kontostand
lässt degoutante
Konkurse
erwarten.

Brüll schläft. Er tut gut daran. Denn um ihn herum herrschen Unsicherheit und Bestürzung. Keiner scheint mehr zu wissen, woran er ist. Das, was man gemeinhin Motivation nennt, schwindet von Tag zu Tag mehr. Ein ganz bestimmter Kollege, der sich auch sonst nicht gerade durch Energie und Fleiß ausgezeichnet hat, wird sich schleunigst in einen Kuraufenthalt begeben. Ein anderer denkt daran, sich vorzeitig pensionieren zu lassen. Was aber die Studierenden betrifft, auf die es doch vor allem ankommt, so spüren die nur allzu deutlich, dass ihren Lehrern die ohnehin schon seit einigen Wochen eher kläglich gewesene Arbeitsfreude nahezu gänzlich flöten gegangen ist. Die Anspruchsvolleren werden sich wohl nach einer anderen Universität umsehen. Nach Essen, Bochum und Dortmund, aber auch nach Düsseldorf ist es schließlich nicht weit. Die eher Phlegmatischen werden sich auf die Zusicherung der Ministerin verlassen, dass man sie bis zum Examen an der alten Stelle weiter betreuen und auch examinieren wird, jedenfalls dann, wenn sie die Regelstudienzeit nicht überschreiten. Aber wer überschreitet die nicht? Bis dahin aber dürfte das Lehrangebot am Ort noch mickriger geworden sein, als es ohnehin jetzt schon ist. Ausscheidende Hochschullehrer wird man nämlich nicht mehr ersetzen, uralte Emeriti, die im Augenblick genüsslich vor sich hin schlafen wie der leidgeprüfte Professor Brüll, wird man keinesfalls reaktivieren. (Jetzt hätte der Alte eigentlich aufwachen können. Aber er denkt nicht daran. Zumal er in seiner Analyse gründlich übertrieben haben dürfte.)

Im übrigen kann er sich (boshaft, wie er gelegentlich sein kann) nicht ganz verkneifen, seiner immer noch -wenn auch über eine gehörige Distanz hinweg – geliebten Universität, die einmal eine Reformuniversität war, zumindest aber sein sollte, zuzurufen: „Ihr seid es ja selber schuld! Hättet Ihr nicht die Weichen rechtzeitig anders stellen können?“ (Obgleich er insgeheim weiß, dass das nur schwer möglich, jedenfalls aber mit erheblichen Opfern verbunden gewesen wäre.)

Brüll ist wieder eingeschlafen. Ob ihn schon allein die Vorstellung der vielen verpassten Chancen allzu sehr strapaziert hat? So sollte man ihm wohl verzeihen können, dass er traum-lallend hinzufügt: “Kollegen und Institutionen, die vor allem ihr (äußeres) akademisches Prestige suchen, dieser Prestigesuche aber jene sozialen Aufgaben opfern, die man ihnen vor die Füße gelegt hat, fallen nun einmal eines Tages auf die Nase. Verdientermaßen. Amen.“

Nach dieser Aussage schläft er wieder ganz und tief. Man sollte ihn nicht stören! Sein grimmiges Urteil möge man ihm verzeihen. Auch Professoren können irren. Vor allem im Schlaf.

Einige Tage später wird er noch einmal rüde geweckt. Das Expertenpapier, ein 600 Seiten dicker Bücherpacken, liegt endlich vor ihm auf dem Tisch. Man hat das Dings gleichzeitig ins Internet gestellt, so dass ein jeder es auswerten kann. In der Presse wird es kommentiert. Auch Profesor Brüll kann es folglich nicht ignorieren.

Drei Tage vorher hatten die alten Herren des Fördervereins und der örtlichen Industrie- und Handelskammer gegen die nun offensichtlich anstehende Fusion der Universitäten Duisburg und Essen in einer nur schlecht besuchten Versammlung (natürlich in der Mercatorhalle) protestiert. Um Jahre zu spät, mit den teilweise falschen Argumenten und selbstverständlich so gut wie wirkungslos. Denn vor mehr als zehn Jahren wäre der richtige Augenblick zum Protest gewesen. Aber da befand sich die Universität gerade auf ihrem scheinbaren Höhepunkt. Mit erheblichem Getöse fand damals die Mercator-Benennungsfeier statt. Während doch die Universität damals innerlich auf weite Strecken bereits so gut wie ausgehöhlt war, jedenfalls dringender innerer Reformen bedurft hätte. Die aber wurden durch pompöses und selbstgerechtes Getue feierlich überdeckt. Stadt und Region, Förderer. Industrie- und Handelskammer, Politiker ließen es sich gut sein. Verständlicherweise. Es war ja auch bequemer so.

Er hatte schon lange damit gerechnet. Nun war es also so weit. Es wurde langsam Zeit. Herr X machte sich an die Arbeit. Dabei ging er so systematisch wie möglich vor. Er war nicht sentimental. Ein kurzer Gang in die Stadt erwies sich zwar als unumgänglich. Dass er sich dabei gänzlich unvermutet ausgerechnet auf dem städtischen Friedhof vorfand, verwunderte ihn. Er war kein Freund von Friedhöfen. Aber er fürchtete sie auch nicht. Er nahm sie hin.

Da er nun einmal da war, setzte er sich für drei Minuten an das Grab seiner Frau. Die war vor vier Jahren gestorben, also vor ihm. Derartiges ist heute selten. Aber es kommt vor. In den drei Minuten dachte er an nichts. Woran hätte er auch denken sollen?

Wieder zu Hause, machte er das Futter für die Katze fertig und füllte ihr Schälchen mit Milch. Seine Schwiegertochter würde das Tier übernehmen. Dann schrieb er jene drei bis vier letzten Sätze auf den vorbereiteten und eng beschriebenen Briefbogen, die ihm in den letzten beiden Jahren trotz größter Mühe nicht eingefallen waren. Er tat es mit Sorgfalt.

Nun endlich war das Schriftstück komplett. Er legte es in die Mitte des Wohnzimmertisches. Der Sohn würde es wohl finden, wenn er ihn heimsuchte auf seinem allabendlichen Kontrollgang.

Dann legte er sich hin, um sich auszuruhen. Das gelang ihm. Endgültig.

Der Sohn fand ihn und den Briefbogen auf Anhieb. Er regelte, was zu regeln war. Er tat das so systematisch wie möglich. Er war nicht sentimental.

Frau und Kinder hatte er vorsichtshalber in Ferien geschickt. Womit der Bericht zu Ende sein könnte. Wenn nicht …

Aber das wird man erst später erfahren. Oder auch nicht.

Es ist nicht zu leugnen: Das ursprüngliche Planungskonzept des Rektors schlägt sichtbar durch und gleichzeitig zurück. Man hat ihm lediglich (lediglich?) die Finanzierungsbasis und den Eliteanspruch rüde entzogen mit der Folge, dass die Duisburger Universität nun eng mit ihrer Essener Schwester kooperieren muss, jedenfalls dann, wenn es nicht zu einer Fusion kommen sollte, vermutlich aber auch mit den Universitäten in Düsseldorf (falls die überhaupt mitmachen will, hauptstädtisch-snobistisch, wie sie nun einmal ist) und – (ausgerechnet!) Wuppertal.

Mit anderen Worten: Ein Hochschulabschnitt in Duisburg, aber durchaus nicht nur in Duisburg, geht unwiderruflich zu Ende. Ein neuer, nicht mehr durch Selbstständigkeit der einzelnen Institutionen, vermutlich aber ein auch weit weniger sozial und regional bestimmter Abschnitt beginnt. Wie der genau aussieht, wird sich allerdings erst nach einigen Monaten sagen lassen. Zuerst einmal wird hart verhandelt werden müssen. Aus einer schwachen Position heraus.

Wundbehandlung

Beim Versorgen der Wunde
wurde ihm schockartig klar:
Hier halfen weder
Heftpflaster, Ätzstift noch Salben.
Er selbst war
die Wunde.

So dass er
selbstentleert, sinnentleert,
vernünftigerweise
die Heilbehandlung
einstellte,
um sich einer
weniger irritierenden

Oberfläche
zu widmen.

Er überlebte
nur scheinbar.

Man kann es auch so sagen: Brülls Hochschule kommt an ihr Ende, und zwar bereits um ihr 30. Lebensjahr herum. Was nun folgt, geht den Professor Brüll eigentlich nichts mehr an. Hoffen wir, dass er es fertig bringt, das selber auch so zu sehen. Anzunehmen ist es allemal. Zumal er sich sagen kann, dass die von nun an immer stärker werdende Kooperation zwischen Universitäten und Fachhochschulen letztlich zu Konstellationen führen dürfte, die den nunmehr ad acta gelegten Gesamthochschulen in der Wirkung zumindest nahe kommen. Hier und da mag er wohl noch einen erbetenen oder unerbetenen Ratschlag geben. Aber das ist es auch schon.

Von liebwerten Mitmenschen befragt, ob er nicht jetzt endlich jene seinerzeit angekündigten ‚Kübel voll Spott und Hohn' über ‚seine' ehemalige Hochschule ausschütten werde, antwortet Brüll: „Auf brennende offene Wunden sollte man derartiges möglichst nicht kippen. Wenn die Wunden eines (späten) Tages vernarbt sind, vielleicht. Zumal ich heute ganz offensichtlich noch nicht in der Lage bin, wie seinerzeit angekündigt, zu diesem Behufe aus meinem Grab herauszukrabbeln."

Mittlerweile hat er in seinem Club einen Vortrag über die ersten, vermutlich zugleich aber auch letzten dreißig Jahre seiner Universität gehalten, Hier ist er:

Dreißig Jahre — Rot. A. Brüll

09. 12. 02

Mit dreißig Jahren sollte man eigentlich noch nicht von der Bühne abtreten. Es sei denn, man wird getreten. Genau das wird der Duisburger Universität Gesamthochschule am Ende dieses Jahres widerfahren. Verdientermaßen? Stellen wir uns dieser Frage.

Man hat immer wieder behauptet, das Konzept der Gesamthochschule habe sich überholt. Ich bestreite das. Eine ganze Reihe junger Leute hat über die Gesamthochschule einen akademischen Abschluss erreicht, den sie sonst nur auf zeiraubenden Umwegen hätte erreichen können. Auch rotarische Freunde sind darunter. Was nicht ausschließt, dass das Konzept gravierende Fehler aufwies, und zwar von Anfang an. Diese Fehler haben den weiteren (negativen) Gang der Ereignisse zumindest mitbestimmt. Manches hätte die Hochschule allerdings innerhalb des Gesamtkonzepts justieren, anderes ‚auffangen' können.

Dabei scheint mir der Hauptfehler gar nicht einmal in Konzeption und Struktur der Gesamthochschule zu liegen. Er lag vielmehr darin, dass Politiker und Ministerialbürokratie die Reaktionen normaler deutscher Professoren auf ungewohnte, zudem auch noch isolierende Neuerungen falsch eingeschätzt haben. Das Gewicht geltender Traditionen und zählebig gepflegter Nostalgien wurde unterschätzt.

Traditionen und Nostalgien, die man nicht kritisch in Frage stellt, sind jedoch hinderlich, wenn ein Hochschulsystem, das bisher nur für einen vergleichsweise kleinen Prozentsatz eines jeden Jahrgangs zuständig war, in kurzer Zeit derart stark ausgeweitet wird, wie das in den vergangenen Jahren der Fall war, durchaus nicht nur in Deutschland, sondern in der gesamten westlichen Welt. Im deutschsprachigen Bereich geschah das sogar weniger drastisch als in den meisten anderen Ländern. Die Gründung der Gesamthochschulen erfolgte jedoch in einer Zeit, in der das hier eigentlich notwendige Problembewusstsein noch nicht vorhanden war. Wobei offen bleiben mag, ob es wenigstens heute vorhenden ist. Ich persönlich fürchte eher, dass dem nicht so ist. Aber es gab auch einige handfeste Fehler im System.

So hat etwa mein Nachfolger im Amt des Gründungsrektors, unser rotarischer Freund Schubert, gleich im ersten Jahr der Hochschule zweierlei festgestellt:

(a) Die Gründung ist zu früh erfolgt.
(b) Die Gründung ist zu spät erfolgt.

Die beiden Behauptungen scheinen einander zu widersprechen. Aber beide treffen leider zu, und zwar aus folgenden Gründen:

Zu (a):

- Wesentliche Voraussetzungen lagen zum Gründungstermin noch nicht vor. Der Integration zweier Hochschultypen (Wissenschaftliche Hochschule / Universität und Fachhochschule) wurde noch nicht von einem wirklich integrativen System auf der Seite der Hochschullehrer begleitet. So konnten etwa Fragen des Wahlrechts, aber auch der Beteiligung an Promotionen und Habilitationen, erst Jahre später durch eine Entscheidung des Bundesverfassungsgerichts geklärt werden. Diese Entscheidung dürfte die weitere Entwicklung der neuen Hochschulen jedoch zusätzlich behindert haben;

- das Bundesinnenministerium konnte sich nicht rechtzeitig zu einer Neuregelung der Beamtenbesoldung durchringen, die auch Absolventen eines 6-semestrigen Kurzstudiums den Einstieg in den höheren Dienst (an dem sich routinemäßig auch Teile der Wirtschaft orientieren) gewährleistet hätte. Folge: Die Kurzstudiengänge wurden nicht zureichend angenommen. Zu einer von den Politikern erwarteten Verkürzung des Studiums kam es folglich nicht. Die rechtliche Hemmschwelle ist erst vor Kurzem abgebaut worden, für die Gesamthochschulen um dreißig Jahre zu spät;
- das Kultusministerium des Landes gestattete Absolventen der Fachhochschulen nicht den Einstieg in die Lehrerausbildung. Folge: Die neu gegründeten ‚integrierten' Gesamthochschulen waren bis zuletzt in einem wichtigen und besonders studentenstarken Sektor nicht wirklich integriert. Wie denn überhaupt das Kultusministerium jahrelang konsequent (und reichlich stupide) eine Gegenposition zum Wissenschaftsministerium durchhielt, offensichtlich vom damaligen Ministerpräsidenten so gut wie ungehindert;
- eine den neuen Hochschulen adäquate Konzeption der einzelnen Studiengänge lag nicht vor. Sie musste vielmehr von den Hochschulen im ersten Jahr nach der Gründung selber erarbeitet werden, und zwar unter unglaublich starkem Druck durch das Ministerium.

Zu (b):

- Das Konzept der integrierten Gesamthochschule galt für eine (kurze) Zeit auf Bundesebene als verbindlich. Selbst das konservative Bayern gründete denn auch eine Gesamthochschule: Bamberg. Die Verbindlichkeit des Konzepts wurde allerdings schon bald durchbrochen. Lediglich Hessen (GH Kassel) und Nordrhein-Westfalen hielten es letztlich durch. Dabei ging das Land NW sogar so weit, in einem entsprechenden Gesetz das Konzept der Gesamthochschule als allgemein verbindlich zu verordnen, so dass sich auch die ‚alten' Universitäten im Laufe weniger Jahre unter Einbeziehung der in ihrer Region vorhandenen Pädagogischen Hochschulen und Fachhochschulen zu Gesamthochschulen hätten entwickeln müssen. Diese Zielsetzung erwies sich verständlicherweise als utopisch.

Negatives Ergebnis des wirklichkeitsfremden Gesetzes: Die neuen Gesamthochschulen sahen sich von vornherein in die Rolle von Vorreitern einer Entwicklung versetzt, die von den etablierten Landesuniversitäten (aber auch von den Fachhochschulen; die Pädagogischen Hochschulen dagegen legten sich nicht fest) mehr oder weniger erbittert abgelehnt wurde. Der ihnen vom Gesetzgeber zugedachten Rolle konnten sie schon allein deshalb nicht gerecht werden, weil sie, nicht nur in den ersten Jahren, viel zu schwach dazu waren. Es sollte jedoch lobend erwähnt werden, dass sich zumindest die Rektoren der alten (und weniger alten) Landesuniversitäten und der RWTH Aachen gegenüber den fünf Gründungsrektoren der neuen Gesamthochschulen stets kollegial verhalten haben. Auch als im dritten Jahr nach der Gründungswelle eine gewisse Anzahl freier Planstellen von den Universitäten und der RWTH in die Gesamthochschulen verlagert wurden, kam es nur zu einer leichten Verstimmung, die aber schon bald behoben werden konnte;

- für den Standort Duisburg kam hinzu, dass die Stadt dem Land NW ein Baugrundstück angeboten hatte, das auf Jahre hinaus nicht bebaubar war. Aber dazu brauche ich hier nichts zu sagen. Alle Fakten sind bekannt. Im Grunde hat die Stadt damals reichlich blauäugig gehandelt. Allerdings stand sie unter einem gewissen Zwang: Die Weiterbenutzung der bereits bestehenden, erst im Jahr 1968 bezogenen Hochschulbauten an der Lotharstraße war eine Bedingung der Hochschulgründung in Duisburg. Mitbewerber war damals Kleve. Nur durch ein vertrauensvolles Zusammenarbeiten mit dem damaligen Oberbürgermeister Krings, der sein gutes persönliches Verhältnis zum Wissenschaftsminister, aber auch zum noch weit wichtigeren Finanzminister und zum Ministerpräsidenten ausnutzte, konnte letztlich verhindert werden, dass Rat und Verwaltung der Stadt die gesamte Problematik nach dem Scheitern einer Verhandlungslösung auf die Schiene der Rechtsprechung geschoben und damit indirekt eine Situation geschaffen hätten, die der neuen und noch reichlich schwachen Gesamthochschule endgültig den Lebensnerv durchtrennt hätte. Dem Land NW wäre das, da man sich mit der Konzeption des Aachener Klinikums finanziell gründlich verkalkuliert hatte, damals nur recht gewesen.

  Der letztlich erreichte Kompromiss war für die Hochschule allerdings mit der Einbuße von 2500 Studienplätzen verbunden, d. h. mit dem Verlust von Studienmöglichkeiten für ca. 5000 Studenten, legt man die übliche Doppelbelastung zu Grunde.

Damit geriet die Universität (rein berechnungsmäßig) in die Kategorie der ‚kleinen Hochschulen'.Das sollte sich später als nachteilig erweisen.
Das Herabfahren der Studienplatzzahl war mit einer Neuberechnung der Flächenwerte für die einzelnen Fächer, zusätzlich aber auch mit immer wieder neu auf den Tisch kommenden Bauplänen verbunden. Die damit verbundene Last wurde vor allem von zwei rotarischen Freunden, Schubert als Rektor und Mihm als Vorsitzendem des Bauausschusses, getragen, aber auch von vielen anderen. Es handelte sich auch um eine psychische Belastung, wussten alle Beteiligten doch nur allzu gut, dass das Finanzministerium auch deshalb immer wieder neue Baupläne vorlegte, weil man den Baubeginn verzögern wollte. Man hatte nämlich kein Geld mehr.
Letztlich sind, wie wir alle wissen, die schönen ‚Keksdosen' dabei herausgekommen, und zwar letztlich auch aus auch folgenden Gründen:

(a) Man wollte den unsäglich unansehnlichen Fertigbauten an anderen Orten etwas architektonisch Gelungenes entgegensetzen;
(b) Die ‚Keksdosen' ließen sich langsam, nämlich eine nach der anderen bauen. Die ganze Prozedur hat denn auch ungemein viele Jahre in Anspruch genommen.

Das Land NW war mit der zeitgleichen Gründung der (vorerst) fünf Gesamthochschulen (die Fernuniversität Hagen kam später hinzu) ein erhebliches Risiko eingegangen. Dabei war sie allerdings von der nicht allzu realistischen Voraussetzung ausgegangen, dass der große und bei weitem (quantitativ) hochschulstärkste Flächenstaat NW letztlich die anderen Bundesländer, zumindest aber einen Teil von ihnen, mitziehen werde. Das sollte sich als Fehlkalkulation erweisen. Die neugegründeten Hochschulen befanden sich folglich schon bald in einer gefährlichen Isolation. Zeitweise sahen sich Studenten, die einen Hochschulwechsel anstrebten, sogar (vor allem in Bayern und Baden-Württemberg) erheblichen Schwierigkeiten ausgesetzt. Die konnten zwar, wie so vieles andere, letztlich behoben werden. Aber ein gewisser Unmut blieb, zumindest atmosphärisch, zurück.

Einen gewaltigen Schub vorwärts erhielten die neuen Hochschulen durch ihre Aufnahme in die Deutsche Forschungsgemeinschaft (DFG) und in die einzelnen bundesweiten Fakultätentage. Diese Aufnahmen erfolgten übrigens, nach Maßgabe der wissenschaftlichen Leistung, nicht für alle Hochschulen gleichzeitig. Duisburg befand sich jedoch in allen Fällen ziemlich weit vorn. Mit anderen Worten: in wissenschaftlicher

Hinsicht hatte die infolge ihrer Bausituation stark behinderte junge Hochschule schon bald überzeugen können. Allerdings konnte die Gesamthochschule Essen ihr damals (schon allein infolge der Existenz ihres Klinikums) immer wieder, wenn auch knapp, den Rang ablaufen.

Es scheint paradox, ist aber im Grunde verständlich, dass gerade die Zug um Zug eintreffenden wissenschaftlichen Erfolge dazu beitrugen, dass wesentliche Teile der Professorenschaft sich mit dem Umstand, an einer Gesamthochschule, nicht aber an einer (alten oder auch neuen) Universität forschen und lehren zu müssen, nur schwer abfinden konnten, obgleich sie sich doch vor einigen Jahren noch in eine derartige akademische Institution hatten berufen lassen. Sie durften sich zwar ‚Universitätsprofessoren' nennen. Aber es blieb das ‚Briefkopfproblem'. Wie sollten ausländische Institutionen und Kollegen feststellen können, dass es sich hier um ernstzunehmende Institutionen, nämlich um Universitäten handelte? So bekam ich es jedenfalls als damaliger Gründungsrektor immer wieder zu hören.

Was nicht bedeuten soll, dass ich es je übermäßig ernst genommen hätte, führen doch auch asiatische, ja sogar finnische – und vermutlich auch andere – Universitäten, und sei es in reichlich exotischen Ländern, gelegentlich Bezeichnungen, die auf den ersten Blick abenteuerlich und unentzifferbar anmuten. Letztlich gibt doch immer nur die jeweils erbrachte Leistung den Ausschlag. Das kann allerdings einige Zeit dauern. Insofern musste ich meine Kollegen in ihren Sorgen denn doch ernst nehmen. Allerdings war die Berufbarkeit an andere Hochschulen (ein wichtiges Indiz) nie gefährdet. Im Gegenteil: mehrere Kollegen erhielten schon bald „ehrenvolle Rufe". Einige nahmen sie an, andere lehnten sie ab. Vor allem Letzteres sprach für die Qualität der Duisburger Professoren, zumindest aber für diejenigen, die von den Rufen „betroffen" waren. Unter den so oder so „Betroffenen" waren auch rotarische Freunde unseres Clubs.

Trotz allem: Das ‚Briefkopfproblem' erwies sich im Laufe der Jahre als überaus ernst, und zwar letztlich weit über den Briefkopf und diverse persönliche Prestigefragen hinaus. Es führte schließlich dazu, dass eine Novellierung des Hochschulgesetzes ab 1980 die Kategorie ‚Universität Gesamthochschule' vorsah. Damit schien das ‚Briefkopfproblem' endgültig behoben zu sein.

Aber nur scheinbar. Das Bestreben der jungen Hochschulen, möglichst bald Universitäten ohne jeden Zusatz zu werden, blieb bestehen, in Duisburg sogar besonders ausgeprägt. Es führte dazu, dass man sich den ehrenwerten Namen ‚Gerhard Mercator' zulegte, was der Stadt, die damals gerade ein Mercator-Jubiläum zu bestehen hatte, nicht zuletzt auch aus finanziellen Gründen, nur recht sein konnte. Mancher wird sich vielleicht noch daran erinnern, dass bei dieser Gelegenheit ein offener Kampf zwischen dem zuständigen Ministerium und dem damaligen Duisburger Rektor, dem heutigen Präsidenten unseres Clubs, ausgetragen wurde, der nun ein gewählter, also kein Gründungsrektor mehr war. Es handelte sich dabei um eine scheinbare Formalität, nämlich um die Reihenfolge der Bezeichnungen im Universitätsnamen, also um die Rolle, welche die Unterbezeichnung ‚Gesamthochschule' nunmehr zu spielen habe. Formal setzte sich zwar das Ministerium durch, real jedoch der Rektor. Seitdem führt die Universität in aller Regel den ihr unbehaglich gewordenen Zusatz ‚Gesamthochschule' nicht mehr. Allerdings verhält sie sich damit nicht gesetzeskonform, ganz davon zu schweigen, dass sie einige Charakteristika, die sie bis heute von überlieferten Universitäten unterscheiden, damit ignoriert. An der Namensgebungsfeier nahmen die drei ehemaligen Gründungsrektoren übrigens nicht teil. Das war nur folgerichtig. Eine neue Phase der Hochschule schien begonnen zu haben.

Ich habe von Anfang an kein Hehl daraus gemacht, dass ich persönlich nicht allzu viel von dieser neuen Phase hielt, zumal sie ausgerechnet in eine Situation fiel, in der die Hochschule nach und nach immer weitere ihrer Studiengänge verloren hatte und verlor. Nacheinander gingen u. a. verloren: die Grundschullehrerausbildung, die katholische Theologie (die evangelische wird ihr nun folgen), die Biologie, (und das in einer Zeit, in der sich die Biologie als eine ausgesprochene Schlüsseldisziplin erweist), die Fächer Kunst. Musik und Leibeserziehung und das ursprünglich der Universität als Ausgleich für diesen Verlust zugestandene Zentrum für Musik und Kunst. Weitere Verluste kündigten und kündigen sich an. Die Universität Duisburg befand sich also ausgerechnet in ihrer scheinbaren Hochphase in einer ungewöhnlich schwachen personellen, aber auch in Bezug auf ihre Sachausstattung problematischen Situation.

Andererseits waren ihre Forschungsleistungen erheblich gestiegen. Dabei spielten aber ihre ungewöhnlich vielen An-Institute (also rechtlich selbständige Institute unter der Leitung von Duisburger Professoren) eine erhebliche Rolle. Die von ihnen eingeworbenen Drittmittel übertrafen die Drittmittel der Universität beträchtlich. Das aber schlug höchst negativ bei den entscheidenden Evaluationen zu Buche, die letztlich zu den für Duisburg negativen Empfehlungen des Expertenrates unter dem Dach des (sogenannten) ‚Qualitätspakts' zwischen Hochschulen und Ministerium führten. Die Drittmittel der An-Institute blieben nämlich bei der Evaluation so gut wie unberücksichtigt.

Es ist nur verständlich, das die Verwaltungsbeamten im zuständigen Ministerium sich mit grimmiger Freude des Umstands annahmen, dass die fünf Neugründungen sich nunmehr als vollgültige Universitäten betrachteten. Bei den in den vergangenen

Jahren immer wieder vorgenommenen prozentualen Stellenkürzungen wurden die fünf neuen Hochschulen folglich nun genau so behandelt wie ihre älteren und weit gesättigteren Geschwister, in einigen Fällen sogar um einige Grade schlechter. So wurden beispielsweise anlässlich der letzten einschlägigen Streichungsaktion ausgerechnet die beiden Hochschulen in Duisburg und Essen am schlechtesten behandelt, offensichtlich auch deshalb, um sie für die damals schon geplante Fusion rechtzeitig sturmreif zu schießen.

Der Gipfel der Selbstüberschätzung (trotz stellenweise sehr guter wissenschaftlicher Leistungen) wurde jedoch in der nunmehr letzten Etappe erreicht, als die Hochschule sich (in der vergeblichen Hoffnung auf Sondermittel aus Brüsseler Töpfen) zu einer Elite-Institution nach Muster des Massachusetts Institute of Technology (MIT) in Boston / USA empor zu stilisieren versuchte. Der damals vom Ministerium eingesetzte Expertenrat hat sich dazu denn auch mit nur leicht verbrämtem Hohn geäußert. Mit einem einzigen Sprung aus einer noch in Entwicklung begriffenen, zudem stark zur Ader gelassenen jungen Universität zu einer Elite- Hochschule wie das international führende MIT werden zu wollen, ist wahrhaftig mehr als vermessen. Zumal die RWTH Aachen derartiges im benachbarten Duisburg schwerlich hätte durchgehen lassen. Allerdings sind die für dieses Elite-Projekt vorgesehenen Strukturen, die den Verzicht auf einige besonders studentenstarke und für Stadt und Region wichtige Studiengänge einschlossen, von Expertenrat und Ministerium dann nur allzu gern in die Überlegungen zur Fusion Duisburg-Essen übernommen worden. Hoffentlich wird man da noch einiges revidieren können.

Ich gebe unumwunden zu, dass ich die während des vergangenen Jahrzehnts stattgehabte Entwicklung unserer Duisburger Hochschule mit Unverständnis, ja mit Missbilligung verfolgt habe, obgleich ich die damaligen, (nunmehr ‚gewählten') Rektoren als in ihrem schwierigen Amt schwer arbeitende Kollegen immer hinzunehmen bereit war, den damals ausschlaggebenden Rektor in seiner augenblicklichen Rolle als Präsident unseres Clubs sogar zu achten und zu schätzen habe. Dass es mir schwer fiel, in der Fusionsfrage nach außen hin eindeutig und öffentlich Stellung zu beziehen, mag nun verständlich sein. Dass von Stadt und Region Duisburg keine wirkliche Hilfe zu erwarten war, stand für mich nämlich von vornherein fest. Die Stadt Duisburg hat eigentlich immer nur auf die (wie schwach auch immer untermauerte) Tatsache Wert gelegt, endlich wieder ‚Universitätsstadt' zu sein. In Zukunft wird sie sich in dieser Beziehung mit ihrer erheblich größeren und über bessere politische und wirtschaftliche Verbindungen verfügende Schwesterstadt Essen zu arrangieren haben.

Am liebsten wäre mir zweifellos, wenn die Duisburger Universität zwar selbstständig bliebe, aber in eine relativ enge Kooperation mit der Universität Essen eingebunden würde. Das hätte zudem den unbestreitbaren Vorteil, dass das Land NW auf diese Weise Erfahrungen mit Universitäts-(und Fachhochschul-) Kooperationen gewinnen könnte. Denn um derartige Kooperationen dürfte das Land, zumindest im Ruhrgebiet, in näherer Zukunft schwerlich herum kommen.

Auch eine Fusion wird ihm mit an Sicherheit grenzender Wahrscheinlichkeit eine gewichtige Erfahrung eintragen, allerdings wohl eher eine negative. Es sei denn, es gelingt dem neuen Gründungsrektor, die durchaus positiven Signale auf den unteren Ebenen der beiden ursprünglichen Hochschulen zu bündeln und die erhebliche Anzahl anstehender Emeritierungen für eine gründliche Umstrukturierung der neuen Universität zu nutzen. Das dürfte allerdings einige Jahre in Anspruch nehmen.

Das gesamte deutsche Hochschulsystem betrachtend, ist mir Folgendes bis heute in höchstem Grade unverständlich:

(1) Man spricht ständig von der nötigen qualitativen Vergleichbarkeit aller Hochschulen miteinander, vor allem aber mit den Spitzenuniversitäten im angelsächsischen Bereich, insbesondere in den USA. Dabei übersieht man souverän, dass es gerade in diesen Ländern, wiederum insbesondere in den USA, hinsichtlich der wissenschaftlichen Leistungsfähigkeit eine unerhört große Bandbreite gibt. Viele US-amerikanische Universitäten sind recht mittelmäßig. Nicht ganz wenige sind ausgesprochen schlecht, jedenfalls weit unter dem Niveau auch der schwächsten deutschen Universität. Im übrigen bestand die Hierarchie der deutschen Universitäten im wesentlichen, wenn auch selbstverständlich nicht ausschließlich, immer aus einer alle Universitäten umfassenden Hierarchie innerhalb ihrer einzelnen akademischen Disziplinen. Was natürlich nicht ausschließt, dass beispielsweise Berlin immer ‚oben', Rostock, Greifswald, zeitweise auch Gießen und Halle in aller Regel ziemlich weit ‚unten' eingeordnet wurden. In Bezug auf die einzelnen akademischen Disziplinen brauchten diese Einordnungen jedoch nicht in jedem Fall zuzutreffen. Auch so wusste der einzelne Gelehrte, welchen Ruf in seinem Fach von welcher Universität an welche andere er annehmen, welchen Ruf er eigentlich nur ablehnen konnte.

(2) Die Gründung der nordrhein-westfälischen Gesamthochschulen sollte vor allem die bildungsmäßige Unterversorgung in einigen Regionen beheben helfen. Selbstverständlich war dabei auch an die Forschung gedacht. Wer jedoch die Forschung

fördern will, braucht nicht unbedingt neue Universitäten zu errichten. Hier geht es vielmehr um die Ansiedlung zusätzlicher Forschungsgruppen, die auch an bereits bestehenden Universitäten stattfinden kann.
Will man jedoch die bildungsmäßige Benachteiligung einiger Regionen beheben, ist vor allem auch die akademische Lehre wichtig. Für Duisburg, eine bildungsmäßig ausgesprochen entwicklungsbedürftige Region, hätte man beispielsweise die Lehrerausbildung, und zwar aller Stufen, keinesfalls aufgeben dürfen. Zumal es sich hier traditionsgemäß um Studiengänge handelt, die für Studenten der jeweils ersten akademischen Generation wie geschaffen sind. Erst wenn man in generationenlanger Arbeit die nötigen Fundamente gelegt hat, kann man im Ernst – außer in einigen ausgewählten Fächern – an so etwas wie ein ‚Elite-Studium' denken. Dann sollte man es aber auch tun.

Nach der Universitätsfusion wird die gesamte Fächerverteilung zwischen Duisburg und Essen (Essen und Duisburg) vermutlich eines Tages neu zur Diskussion stehen. Hoffen wir, dass bisher gemachte Fehler noch korrigiert werden können, vor allem, dass der eindeutig schwächere Fusionspartner Duisburg nicht vom stärkeren Partner letztendlich erdrückt wird. Das nämlich hat er, trotz aller Fehler, die er möglicherweise gemacht hat, nicht verdient.

Nun noch ein Wort zur voraussichtlichen Zukunft des deutschen Hochschulsystems, in das die Duisburger Hochschule, ob selbständig, ob unselbständig, zwangsläufig einbezogen ist. Schon heute ist absehbar, dass die einzelnen Bundesländer dazu übergehen, ihr Hauptinteresse den Fachhochschulen zuzuwenden. Diese Hochschulen sind nämlich weit weniger kostenintensiv. Sie tragen zudem zu einer Verkürzung des Studiums bei und sind unmittelbarer praxisbezogen. So ist in letzter Zeit immer wieder von einer grundsätzlichen Verlegung einiger Ausbildungsgänge von Universitäten an Fachhochschulen die Rede. Ausgerechnet der geschichtlich prestigeträchtige, allerdings ganz besonders reform-resistente juristische Studiengang, aber selbstverständlich auch die Lehrerausbildung, haben in diesen Erwägungen immer wieder im Mittelpunkt gestanden.

Mit im Laufe der Jahre zunehmenden Kooperationen von Universitäten und Fachhochschulen ist ebenfalls zu rechnen, ob aus freien Stücken oder aufgrund von Druck durch die einzelnen Wissenschaftsministerien. Auf die Dauer dürfte dabei – im Großen gesehen – etwas herauskommen, das in etwa dem Integrationsgrad der nunmehr (nicht nur in Duisburg und Essen) aufgegebenen ehemaligen Gesamthochschulen entspricht. Auch insofern hatte Freund Schubert seinerzeit Recht, wenn er feststellte, dass die Gesamthochschulen im Jahr 1972 allzu früh gegründet worden seien. Vermutlich waren sie ganz einfach ihrer Zeit voraus.

Dabei ist allerdings zu bedenken, dass die heutigen Fachhochschulen nicht mit den damals gerade neu gegründeten gleichgesetzt werden können, mit jenen Fachhochschulen also, mit denen die neu zu gründenden Gesamthochschulen es damals zu tun hatten. Vor allem auch ihre Lehrkörper haben sich mittlerweile grundlegend verändert, und zwar positiv.

Im übrigen bin ich – vermutlich in krassem Gegensatz zu den meisten meiner Universitätskollegen – der Meinung, dass Hochschulen grundsätzlich nicht imstande sind, sich selber zu reformieren. Wer, außer dem Freiherrn von Münchhausen, kann sich schon am eigenen Schopf aus dem Sumpf ziehen? Reformen, gerade auch offensichtlich notwendige, bedürfen vielmehr des Anstoßes und der konsequenten und kritischen Begleitung von außen. In Deutschland war dieses ‚Außen' gleichzeitig immer auch ein ‚Oben', im Mittelalter die Kirche, später der jeweilige Landesherr. Heute ist es normalerweise der Staat, in unserem konkreten Fall also das Land Nordrhein-Westfalen, das sich allerdings seinerseits in einigen Grundsatzfragen an der Hochschulgesetzgebung des Bundes zu orientieren hat, der auch in Angelegenheiten des Hochschulbaus mitbeteiligt ist.

Damit ist allerdings über Qualität oder mangelnde Qualität der in NW zuständigen regelnden Kräfte nichts gesagt. Sie sind im Augenblick ohnedies in einer durchgreifenden Umschichtung begriffen, über deren konkrete Auswirkungen, auch bezüglich des Fusionsprojekts Duisburg / Essen, sich noch nichts Endgültiges sagen lässt.

In Rotary Clubs rotiert auch das Präsidentenamt. So konnte es dazu kommen, dass der alte Brüll seinen Bericht ausgerechnet unter dem Vorsitz jenes ehemaligen (und zwar des ersten gewählten) Rektors zu halten hatte, der seinerzeit jene Gerhard-Mercator-Phase mit einigem Pomp eingeläutet hatte, die der Universität letztlich recht schlecht bekommen ist. Immerhin: Der Präsident / Altrektor nahm es mit Würde. Was blieb ihm auch anderes übrig? Auch August Brüll hat so einiges mit Würde hinzunehmen. Wie wir alle.

Nur zwei Tage später beschloss der Landtag von Nordrhein-Westfalen die Aufhebung der beiden Universitäten Duisburg und Essen zum Ende des Jahres 2002 und die Gründung einer neuen Universität Duisburg-Essen mit dem Jahresbeginn 2003. Die neue Universität würde dann ungefähr 37000 Studierende haben.

Allerdings stand zu Sylvester 2002 fest, dass eine Klage des Essener Rektorates zu einer Einstweiligen Verfügung des Verwaltungsgerichts in Gelsenkirchen geführt hatte, eine weitere Klage der Universität Essen vor dem Bundesverfassungsgericht noch anhängig ist. Mit anderen Worten: Der längst öffentlich avisierte neue Gründungsrektor, der aus München kommen soll, wird noch eine Weile zu warten haben. Man kann nur hoffen, dass er seine guten Nerven behält. Denn vorläufig hat man ihn durch einen Staatskommissar, einen (der schwierigen Aufgabe glücklicherweise gewachsenen) Ministerialdirigenten des Wissenschaftsministeriums, ersetzt. Die neue Universität, beziehungsweise die fusionierten (oder fusioniert gewesenen) ‚alten' Universitäten sehen sich also auch weiterhin einer unsicheren Zukunft ausgeliefert. Das dient ihnen nicht.

Professor Brüll möchte verständlicherweise von all dem nur noch möglichst wenig mitbekommen. Nur eines wüßte er gern: Welchen Verwaltungs-Kunstfehler haben Politiker und Ministerialbürokratie, haben aber auch die betroffenen Rektorate und Senate in den vergangenen Jahren eigentlich AUSGELASSEN? Brüll selber kann nicht allzu viele vermiedene Fehler entdecken. Aber das mag an seinem fortgeschrittenen Alter liegen. Nehmen wir es hin.

SCHLUSSBEMERKUNG: Inzwischen (2003) sind die Einsprüche des damaligen Essener Rektorats vor Gericht gescheitert. Was ohnedies von Anfang an zu erwarten war. Im Oktober 2003 wird der ehemalige Grazer Rektor, der Jurist Prof. Dr. Lothar Zechlin, sein Amt als Gründungsrektor der beiden fusionierten Universitäten, also der nunmehrigen Universität Duisburg-Essen antreten, nachdem auch die neue Gesamt-Senat gewählt worden ist. Der hat dem Personalvorschlag des Ministeriums glücklicherweise zugestimmt. Allerdings hatte der ursprünglich vorgesehene, von der Universität München kommende Gründungsrektor tatsächlich das Handtuch werfen müssen. Man hatte ihm, vermutlich nicht einmal wissentlich, im Ministerium übel mitgespielt.

Professor Brüll aber ist sich so gut wie sicher, dass es ihm letztlich gelingen wird, die Loyalität, die er gegenüber seiner ‚alten Universität' trotz aller Einwände immer gewahrt hat, auch der neuen, nun mehr als doppelt so groß gewordenen Universität nicht vorenthalten wird. Es wird ihm das noch nicht einmal allzu schwer fallen, ist doch seine ‚alte Universität', mithin auch die in den vergangenen Jahren alles andere als erfolglos geleistete Arbeit am nunmehrigen ‚Standort Duisburg', in der neuen Universität enthalten, ihr in ihren schweren Gründungsjahren erstaunlich gutes Betriebsklima hoffentlich ebenfalls. Ganz verloren geht Derartiges vermutlich nie.

Danksagung

Züge verspätet.
Postzustellung labil.
Autobahnen verstopft.
Hilfsdienste privatisiert.
Gesellschaft, Politik, Wirtschaft
auf Shareholder Value *getrimmt.*

Arbeitsmarktloch.
Bilanzen gefälscht.
Börse ein heilloser Bluff.
Alterssicherung fraglich.
Lebenssinn ungewiss.

Politiker ohne Substanz.
Ungeziefer im Netz.
Computer abgestürzt.
Monitor, Drucker kaputt.

Doch was soll's?
Raum, Zeit und Wetter
zuverlässig vorhanden.
Was uns dankbar stimmt.
Amen.

XXIV

Ohne Sprache
wären wir sprachlos,
sprach der Sprachwissenschaftler.
Ohne Zeichensysteme
forschungsgegenstandslos,
fügte ein zweiter hinzu.
Also autark, beziehungsweise
autistisch, sagte ein dritter.
Das wäre nichts Neues,
sagte der Rest.

Anglistik – quo vadis?

Als Professor Brüll seinen achtzigsten Geburtstag einige Monate hinter sich hatte, stach ihn noch einmal der Hafer, hatte er doch das sichere Gefühl, dass da noch etwas zu erledigen wäre. Vermutlich irrte er sich damit noch nicht einmal allzu sehr. War ihm doch vor einigen Jahren Folgendes widerfahren, ihm und seiner akademischen Disziplin, der Anglistik.

In einer seit Jahren für die Anglistik in den deutschsprachigen Ländern überaus schwierigen Lage, die nicht zuletzt durch die immense Ausweitung ihres Gegenstandsbereiches gekennzeichnet war (verschiedene Versionen der englischen Sprache / verschiedene englischsprachige Literaturen und Kulturen / die *lingua franca*-Funktion des Englischen), hatte einer der damals bekanntesten deutschen Anglisten, Ulrich Broich / München im Verbandsorgan *Anglistik* seinen Fachkollegen folgende Frage zur Diskussion gestellt: *Anglistik 2000. Oder: Hat das Fach Englische Philologie eine Zukunft?* Er hatte seine Frage – übrigens eine Frage, die man jahrelang nicht so deutlich gestellt hatte und die endlich einmal gestellt werden musste – ausführlich begründet, und zwar so, dass man eigentlich von einer lebhaften Diskussion seiner Thesen hätte ausgehen müssen. Zumal das Verbandsorgan eigens dafür Raum zur Verfügung gestellt hatte.

Das Gegenteil war der Fall. Es meldeten sich bei der Redaktion nur drei Diskutanten. Jedenfalls wurden nur drei Diskussionsbeiträge abgedruckt. Diese drei Beiträge aber stammten, wenigstens mittelbar, insofern aus der Duisburger Universität, als sowohl der Bonner Anglist Jürgen Esser wie die Kieler Anglistin Renate Haas sich vor Jahren ausgerechnet in Duisburg habilitiert hatten und dort stark von Vilém Fried beeinflusst worden waren. Der dritte Diskutant aber war Professor Brüll, Freund und Mitstreiter Frieds. Absprachen hatte es nicht gegeben. Um puren Zufall kann es sich trotzdem nicht gehandelt haben. Im Gegenteil. Offensichtlich hatte der durch Fried in die Duisburger Anglistik hineingetragene, der mittlerweile verkrusteten deutschen Tradition fremde, sowohl modernere, jedenfalls realistischere, vor allem aber adressaten- und praxisbezogenere Einfluss der tschechischen Anglistik, wie sie sich an der Prager Karls-Universität darstellte, die starren Fronten der deutschen Anglistik aufgebrochen und zumindest das in Frage gestellt, was an ihrer Selbstgefälligkeit objektiv unberechtigt war. Das aber hatte sich ausgerechnet an einem ‚Nebenschauplatz' der deutschsprachigen Anglistik vollzogen, nämlich an der relativ kleinen Duisburger Hochschule.

Professor Brüll hatte der Redaktion des anglistischen Verbandsorgans *Anglistik* damals ein recht umfangreiches Typoskript zugesandt, in dem er Punkt für Punkt auf die von seinem Kollegen Broich angesprochenen Probleme einging. Dabei war er sich dessen voll bewusst, dass er sich in seinem Aufsatz nicht an die überlieferten relativ strikten Regeln wissenschaftlichen Argumentierens hielt. So hatte er denn auch seine Argumentation, insoweit sie sich auf eine Analyse des gegebenen Zustandes seines Faches bezog, ausdrücklich als ‚Impressionen eines altgewordenen Anglisten' bezeichnet. Er ging nämlich auch damals schon davon aus, dass man sich als alter Mann vergleichsweise frei und ungeschützt äußern darf, ja eigentlich sogar soll. Brüll war sich denn auch darüber klar, dass sein Beitrag, zumindest streckenweise, weniger den Charakter einer wissenschaftlichen Abhandlung als den einer – Streitschrift habe.

Die Redaktion wies Brüll, was vorauszusehen war, auf die ihrer Meinung nach ungebührliche Länge seines Beitrages hin und bat ihn um drastische Kürzungen. Die führte er denn auch durch, noch nicht einmal besonders ungern, wurde seine Argumentation auf diese Weise doch um einige Grade klarer, vor allem aber auch schärfer. Sollte er aber erwartet haben (in Wirklichkeit hatte er es nicht erwartet: Er kannte seine Fach-Pappenheimer), dass man in einer der folgenden Ausgaben der Zeitschrift auf seine Polemik ausdrücklich reagieren werde, so sah er sich ebenso getäuscht wie sich auch sein Kollege Broich vermutlich getäuscht sah, der ursprünglich eine breite, möglichst allgemeine Diskussion hatte anfachen wollen.

Zu den (vielen) Untugenden Brülls gehört jedoch, dass er ein ‚Resteverwerter' ist. Eines Tages entsann er sich also der vielen Teile seines ursprünglichen Diskussionsbeitrages, die nicht gedruckt worden waren. Er entsann sich ihrer in einer Situation, die immer noch dadurch gekennzeichnet zu sein schien, dass sein Fach, ungeachtet der Broich'schen Weckversuche, bezüglich seiner Ausbildungsaufgaben in selbstzufriedenem, zugleich ungestörtem Tiefschlaf lag, im übrigen aber in postmodern selbstreferentieller Betriebsamkeit um sich selber kreiste. Brüll nahm sich also vor, in einer vergleichsweise gut eingeführten anglistischen Reihe ein kleines Buch herauszugeben, das sich mit der von Broich angesprochenen Problematik befasste. An erster Stelle sollte sein eigener, mittlerweile über den ersten Zustand hinaus wesentlich erweiterter, vor allem aber zugespitzter Beitrag stehen. Da Brüll jedoch von dessen grundsätzlicher Anfechtbarkeit überzeugt war, suchte er nach Kollegen, die sich mit ihm kritisch auseinandersetzen sollten. Auch gegen einen ordentlichen ‚Verriss' hätte er nichts einzuwenden gehabt.

Die Erfahrungen, die Brüll dabei machte, waren allerdings bezeichnend. Man war zwar bereit, sein Elaborat zu lesen. Um eine Stellungnahme drückte man sich jedoch herum. Dabei war nicht zu erkennen, ob man dabei lediglich oder vor allem auf einen altgewordenen, folglich nicht mehr ganz ernst zu nehmenden emeritierten Kollegen meinte Rücksicht nehmen zu müssen, einen Kollegen, der gegen einen ‚Verriss' nichts einzuwenden gehabt hätte, der im Gegenteil auf eine möglichst bissige Kritik geradezu aus war, ging es ihm doch in erster Linie darum, die damals in ihren Anfängen steckengebliebene Diskussion wieder anzufachen.

Befangen in
hermeneutischen Zirkeln,
verlor er den Sinn
für den
Sinn.

Selbst sein engster Freund-Feind-Kollege, jener damals noch junge und neuberufene, mittlerweile aber ebenfalls emeritierte Literaturwissenschaftler, der ihm vor vielen Jahren seinen Wiedereinstieg ins Fach so kunstvoll erschwert hatte, begab sich (aus Höflichkeit? Aus Vorsicht?) der ihm nun gebotenen Möglichkeit, seinem ehemaligen fachlichen Nebenbuhler eins auszuwischen. Er lehnte jede Stellungnahme, auch jede Mitarbeit am geplanten Buch zuerst einmal ab. Gleichzeitig schlug er einen seiner Freunde vor, dem auch Brüll fachlich, aber auch menschlich verbunden war. Der setzte sich denn auch in ungewöhnlich fairer Weise brieflich mit Brülls Machwerk auseinander. Eine Teilnahme an der geplanten Publikation schien aber auch für ihn nicht in Frage zu kommen.

Einer der beiden Duisburger Linguisten lehnte ebenfalls ab, um allerdings schon wenig später anlässlich der Feier zu Brülls achtzigstem Geburtstag in einer kurzen Rede seine volle Übereinstimmung mit dessen Kampf-Elaborat zu betonen. Er hätte es deshalb also nicht ‚verreißen' können. Der andere Duisburger Linguist, wie der inzwischen verstorbene Vilém Fried ebenfalls nicht aus der deutschsprachigen Anglistik stammend und folglich gleichfalls ein die deutsche Anglistik ‚aufmischendes' Element, verstand sich nur zu einigen, allerdings überaus markigen, handschriftlichen Anmerkungen im Brüll'schen Text bereit, stellte diesem aber frei, die Anmerkungen in eventuellen Fußnoten zu verwenden. Das hat Professor Brüll denn auch mit diebischer Freude getan, bot sich ihm dabei doch die Möglichkeit zu einer ebenso markigen (wenngleich nicht ganz unhöflichen) Kommentierung. Auf diese Weise kam vermutlich eine der längsten Fußnoten in der Geschichte der deutschsprachigen Anglistik zustande, mit Sicherheit aber eine, die sich an ‚Direktheit' mit jenen anglistischen Fußnoten messen kann, die im 19. Jahrhundert noch üblich waren, mittlerweile aber so gut wie ausgestorben und reichlich nichtssagender Höflichkeit gewichen sind.

Mittlerweile aber hatte jener ehemalige, nunmehr ebenfalls emeritierte Freund-Feind-Kollege Brülls bemerkt, dass das geplante kleine Buch im weiteren Umkreis des achtzigsten Brüll-Geburtstages erscheinen werde, wenngleich es unter allen Umständen nicht den Eindruck einer Selbst-Festschrift erwecken sollte. (Es erschien denn auch erst einige Monate später). Der Kollege meldete sich also wieder und bot einen Vortrag zur Publikation an, den er in den Anfangsjahren der Duisburger Hochschule einmal im Zuge einer Ringvorlesung gehalten hatte. Es handelte sich um einen rhetorisch brillanten Text, der der unnachsichtigen Grenzziehung zwischen Literaturwissenschaft und Linguistik diente, einer Grenzziehung, die Brüll selber so scharf nicht hätte vornehmen können und wollen. Das brachte Brüll auf die Idee, zwei weitere Vorträge aus nämlicher Ringvorlesung in das Bändchen aufzunehmen, eine aus literaturdidaktischer, eine andere aus sprachdidaktischer Sicht. Der eine Vortrag stammte von ihm selber und nahm, wenn auch nur indirekt, auf den literaturwissenschaftlichen Vortrag des Kollegen Bezug. Der andere stammte von einem seiner ehemaligen Schüler und späteren Kollegen. Er setzte sich aus der Sicht eines Sprachdidaktikers und Unterrichtspraktikers mit dem (Miss-)Verhältnis von Linguistik und ‚Pädagogischer Grammatik' auseinander. Die Aufnahme der drei Vorträge passte insofern vorzüglich ins geplante Buch, als sie darauf aufmerksam machte, dass die Duisburger Anglistik auch in einer ausgesprochenen Reformphase zureichend skeptisch und weit davon entfernt war, voneinander abweichende Auffassungen nicht zuzulassen. Hinzu kam allerdings der Umstand, dass es nicht zufällig Vilém Fried gewesen war, der die betreffende Ringvorlesung veranlasst hatte. Übrigens gegen nicht geringe Widerstände.

Inzwischen hatte sich Renate Haas, Professorin in Kiel, ehemalige Assistentin und Habilitandin von Brüll, bereit erklärt, ebenfalls mitzumachen. Sie lieferte einen vorzüglichen, ungemein facettenreichen anglistikgeschichtlichen Aufsatz aus der Sicht der Frau. Damit erinnerte sie gleichzeitig einmal mehr daran, dass die deutschsprachige Anglistik seit

Jahren ein ausgesprochenes ‚Frauenfach' ist, allerdings ohne dass ihr Lehrprogramm darauf auf angemessene Weise Rücksicht nimmt.

Ein weiterer ehemalige Schüler Brülls rundete das kleine Buch ab mit einem vortrefflichen und zugleich kritischen Aufsatz aus der Sicht des nunmehrigen Schulpraktikers. Dieser Schulpraktiker aber hatte sich nicht nur ganz ungewöhnlich lange (und erfolgreich) während seines Studiums in der Anglistik umgetan, sondern war außerdem sechs Jahre lang Wissenschaftlicher Assistent eines ausgesprochen anspruchsvollen germanistischen Literaturwissenschaftlers gewesen. So sah er sich in der Lage, die bis heute noch gegebene ‚Abhängigkeit' der deutschen (literaturwissenschaftlichen) Anglistik von der Germanistik zu behaupten und seine (unangenehme) Behauptung entsprechend zu untermauern. Auch sein Beitrag enthielt also zureichend viel Zündstoff.

Das kleine Buch, zu dessen Text Professor Brüll selber etwa die Hälfte beigetragen hatte, erschien im Mai des Jahres 2000 unter dem Titel *Anglistik – quo vadis? Plädoyer für einen stärkeren Adressatenbezug* in der Essener Reihe ‚Anglistik der Blauen Eule', Bd. 22.

Einige Monate zuvor hatten Ansgar Nünning und Andreas H. Jucker / Gießen ein Buch zum nahezu gleichen Thema vorgelegt, das sich allerdings in erster Linie als eine Studieneinführung für junge Anglisten verstand: *Orientierung Anglistik / Amerikanistik. Was sie kann, was sie will*, in Rowohlts Enzyklopädie. Dieses gewiss nützliche Buch enthält ein Schlusskapitel, das in seinen Intentionen denen des Brüll'schen Buches zumindest nahe kommt. Es wurde im Verbandsorgan der deutschen Anglisten, Anglistik, abgedruckt, und zwar unter dem Titel *Anglistik / Amerikanistik 2000. Plädoyer für einen studentenorientierten Kurswechsel*. Insofern scheint es sich ebenfalls auf jenen seinerzeit partiell gescheiterten Versuch Ulrich Broichs zu beziehen, eine breit angelegte Diskussion zu entfachen. Das Nünning / Jucker'sche Buch kann geradezu als eine zwar etwas verspätete, dafür aber besonders gründliche und seriöse Antwort auf jene Fragen gelten, die Broich seinerzeit überaus dezidiert gestellt hat.

Professor Brüll hatte sich folglich zu fragen, ob es denn überhaupt noch einen Sinn habe, sein eigenes kleines Buch, das mittlerweile druckfertig vorlag, noch herauszubringen. Wenn er es trotzdem tat, dann nicht zuletzt aus folgenden zwei Gründen: Das Nünning / Jucker'sche Buch enthält an einer entscheidenden Stelle einen überaus verräterischen Satz, aus dem Brüll meinte entnehmen zu können, dass es hier mit der behaupteten ‚Studentenorientierung' wohl doch nicht allzu weit her sei: *„Nichts liegt uns ferner, als einer berufspraktischen Ausbildung oder einer Funktionalisierung des Anglistikstudiums für fachfremde Interessen das Wort zu reden."* Sollten die beiden Autoren etwa das Anglistikstudium als eine Art ‚Glasperlenspiel' betrachten? Das konnte doch nicht wahr sein. Der Notwendigkeit wiederum, so etwas wie einen ‚Katalog von Schlüsselqualifikationen' aufzustellen, der den Abschluss des Vorabdruckes im Verbandsorgan *Anglistik* bildete, konnte Brüll grundsätzlich zustimmen.

Als er sich dann jedoch diesen Qualifikationskatalog näher ansah, erschrak er, musste er sich doch fragen, wer in naher oder auch fernerer Zukunft seinen Studenten die angeführten Schlüsselqualifikationen auch nur einigermaßen sachgerecht vermitteln sollte. Es war ihm nämlich klar, dass man dazu nicht nur eine graduell, sondern eine radikal reformierte Anglistik brauchte, vor allem aber einen radikal reformierten Lehrkörper. Er konnte nicht umhin, sich an die augenblicklichen Dissertations-, Habilitations- und Tagungsthemen, aber auch an die Themen normaler Vorlesungen und Seminare zu erinnern und musste sich sagen: Der von Nünning / Jucker vorausgesetzte anglistische Lehrkörper ist weder im Augenblick vorhanden, noch wird er – wenn die Dinge sich in den gewohnten Bahnen weiter entwickeln – in absehbarer Zeit zur Verfügung stehen. Wobei Brüll sich allerdings fragt, ob ein radikaler Wandel überhaupt zu wünschen wäre.

Hinzu kam Folgendes: Nünning / Jucker setzen in ihrem Buch derart stark auf einen Studien-Schwerpunkt in den *Cultural Studies*, dass auch hier zu fragen war, wer unter den anglistischen Lehrenden die dazu unbedingt zu fordernde einschlägige Kompetenz heute (oder auch morgen) aufweisen könnte. Brüll erinnerte sich, dass er selber in seinen ersten Jahren als Professor als ‚Landeskundemann' eher verschrien war. Damals wurde allgemein vor dem auf diesem Gebiet zu erwartenden Dilettantismus gewarnt. Was eigentlich sollte sich bis heute an der Sach- und Befähigungslage geändert haben? Diese Frage ist vor allem dann aktuell und drängend, wenn man den Umstand mitberücksichtigt, dass der (nach Broich) ‚Gegenstandsbereich' der deutschen Anglistik sich in geradezu unerhörtem Maße ausgeweitet hat. So dass man heute sowohl in der ‚Kultur' (im weitesten Sinne) Großbritanniens wie auch in der ‚Kultur' aller anderen, zumindest aber möglichst vieler englischsprachigen Länder zureichend sattelfest sein müsste. Professor Brüll erinnert sich, schon in seiner damaligen Antwort auf die Broich-Frage Entsprechendes ausgeführt zu haben. In seinem kleinen Buch tat er das dann selbstverständlich noch einmal, und zwar diesmal weit ausführlicher.

Das Ergebnis seiner Erwägungen bestand nämlich letztlich darin, dass er sich entschloss, sein kleines Buch dennoch herausgehen zu lassen, und zwar nunmehr mit dem besten fachlichen Gewissen der Welt. Würde man es aber beachten, etwa so wie man Nünning / Juckers zweifellos gewichtigeres Buch beachtet hatte? Brüll nahm sich also vor, nicht zuletzt auch die Rezeptionsgeschichte seines kleinen Buches in jenes Sammelsurium-Buch mit aufzunehmen, das er, in Literatursäure eingelegt, der Nachwelt vorzulegen beschlossen hatte. Sehen wir zu. Mag immerhin sein, dass doch nicht alles ganz für die Katz war.

Was er hinter sich lässt
ist ohne Bedeutung
Was er vor sich hat,
trifft vermutlich
nicht ein.

Mag sein,
dass wir morgen
im Gestern
ankommen.

Inzwischen konnte der von Balz Engler und Renate Haas herausgegebene Sammelband zur Geschichte der verschiedenen europäischen Anglistiken (*European English Studies: Contributions towards the History of a Discipline.* Leicester 2000) auf der Tagung der europäischen Anglisten (ESSE), in Helsinki, dann kurz danach auch auf der deutschen Anglistentagung des Jahres 2000 in Berlin vorgestellt werden, in Berlin im Zuge einer Arbeitsgruppe, die sich mit der geschichtlichen Entwicklung der verschiedenen europäischen Anglistiken befasste. Dabei kam es zu einem leider für deutsche Anglisten charakteristischen Ergebnis: Sowohl Balz Engler wie Renate Haas hatten nicht ganz wenige Exemplare des gerade fertiggestellten Buches mit nach Berlin geschleppt, um sie dort den, wie sie offensichtlich hofften, entsprechend interessierten Kollegen zum Kauf anzubieten, hätte doch die normale Bestellung des Buches über Spanien (!) gehen müssen (was skurrilerweise die Internationalität des in Leicester / GB verlegten Bandes zusätzlich beweist). Es wurde jedoch in Berlin nicht ein einziges Exemplar des Buches verkauft. Renate Haas hatte folglich sowohl den von ihr selbst dorthin geschleppten Anteil der Bücher als auch den ihres Basler Kollegen Engler wieder mit nach Hause zu transportieren. Engler hatte nämlich eine andere unaufschiebbare auswärtige Verpflichtung wahrzunehmen und konnte sich deshalb nicht mit den schweren Bänden belasten. Ob nachträglich denn doch einige Bestellungen erfolgen werden, wird sich zu zeigen haben. An ihnen (beziehungsweise an ihrem Fehlen) wird sich jedenfalls das Interesse oder Desinteresse deutschsprachiger Anglisten an Entstehung, geschichtlicher Entwicklung und augenblicklicher Situation ihrer europäischen Schwester-Anglistiken ablesen lassen.

Aber nicht nur das. Es mag sogar verständlich sein, weshalb man sich seinen Schwester-Anglistiken nicht besonders gern zuwendet. Handelt es sich doch fast durchweg um solche, die (zumindest auf den ersten Blick) weniger ‚entwickelt' sind als die Anglistik der deutschsprachigen Länder. Ihre Entstehungsgeschichte hat später eingesetzt, in einigen Fällen wesentlich später. Vor allem die Anglistiken der osteuropäischen Länder hatten darüber hinaus mit mannigfachen, vorwiegend politisch und ideologisch begründeten Schwierigkeiten fertig zu werden. Der entscheidende Unterschied zur deutschsprachigen Anglistik scheint Professor Brüll jedoch vor allem darin zu bestehen, dass sie sich nie als eine ‚Mutterland-Anglistik', sondern immer als eine sprach- und literaturwissenschaftliche (hier und da wohl auch kulturwissenschaftliche) Disziplin verstanden haben, die über eine sprachliche und kulturelle Distanz hinweg auszuüben ist. Sie haben die Tatsache dieser Distanz bewusst in ihre Arbeit und deren Zielsetzung mit aufgenommen. und waren in hohem Maße adressatenorientiert. Genau daran aber hat es der deutschsprachlichen Anglistik immer wieder gefehlt, in den Jahren ihrer Restauration nach dem Zweiten Weltkrieg vermutlich ganz besonders stark.

Die deutsche Anglistik, die damals wieder entstand, stellt sich im Augenblick jedoch keinesfalls als so ungefährdet dar, dass sie auf eine Überprüfung ihrer Arbeitsgrundlagen und Ziele vernünftigerweise verzichten könnte. Eine wenn auch kritische Beschäftigung mit ihren Schwester-Anglistiken könnte ihr in der nunmehr gegebenen Situation deshalb nur nützlich sein. Eben diesen auf dem Weg über ein möglichst kritisches Vergleichen zu gewinnenden Nutzen aber scheint man eher zu fürchten, jedenfalls aber für nicht unbedingt nötig zu halten.

So ist es denn auch verständlich, dass es bei der Festsetzung der nächsten Tagungsthemen nicht dazu kam, den ebenfalls vorgeschlagenen Schwerpunkt ‚Entwicklung der deutschen Anglistik nach dem Zweiten Weltkrieg' verbindlich festzusetzen, sondern dass stattdessen entschieden wurde, sich wieder einmal schwerpunktmäßig den ‚neuen englischsprachigen Literaturen' zuzuwenden, und zwar unter Einbeziehung der innerbritischen Einwanderer-Literaturen. Zugegeben, hier hat es die Forschung mit überaus interessanten Gegenständen zu tun, mit Gegenständen allerdings, die die von Ulrich Broich mit Recht behauptete ‚Ausdehnung des Gegenstandsbereiches' der Anglistik nachdrücklich unterstreichen und die folglich zu (hochschuldidaktischen) Überlegungen führen müssten, was die Rolle dieser neuen Literaturen (und Kulturen) in der akademischen Lehre betrifft. Eben dies aber ist offensichtlich nicht vorgesehen.

Immerhin schien nunmehr festzustehen, dass man sich mit dem (restaurativen?) Wiederaufbau der deutschsprachigen Anglistik nach dem Zweiten Weltkrieg wenigstens im übernächsten Jahr (2002) schwerpunktmäßig befassen werde. Ob man bis dahin auch den Engler / Haas'schen Sammelband, mithin auch die geschichtliche Entwicklung und heutige Situation der anderen europäischen Anglistiken gebührend zur Kenntnis genommen hat? Eine den kritischen Vergleich fördernde Folie dürfte nämlich so gut wie unverzichtbar sein.

Orientierungsprobleme?
Nie von gehört.
Wenn auch gelegentlich
Wirklichkeit
stört.

Professor Brüll erinnert sich daran, dass sein ebenfalls anglistischer Vater vor etwa fünfunddreißig Jahren ständig darüber klagte, dass er die damals zeitgenössische anglistische Fachliteratur kaum mehr verstehen könne.

Dabei bezog er sich in erster Linie auf die damals neu in die deutsche akademische Landschaft eindringende synchrone Linguistik, die den verständlicherweise vorwiegend an Sprachgeschichte Gewöhnten sichtlich verwirrte. Aber auch im literaturwissenschaftlichen Bereich hatte sich einiges verändert, das für ihn nur schwer zu fassen war.

Brüll tut gut daran, sich zu erinnern. Ist er doch als ein altgewordenes anglistisches Individuum, das nahezu zwei Emeritenjahrzehnte auf dem Buckel hat, mittlerweile in einer ähnlichen Lage wie damals sein Vater. Immerhin, was er als Hörer eines anglistischen Vortrages auf den ersten Anhieb nicht verstehen kann, kann er sich durchaus noch erarbeiten, wenn er den betreffenden Vortrag später im Druck liest. Aber vermutlich wird es nicht mehr lange dauern, bis er auch das nicht mehr kann. Eine Folge zunehmender Senilität? Vermutlich nicht nur und nicht ganz.

Hinzu kommt nämlich, dass die heutige Anglistik nur allzu leicht der Gefahr erliegt, ihre Adressaten, die Studierenden, zu vergessen. Gleichzeitig vergisst sie dann, dass sie eben keine in einem englischsprachigen Land betriebene Anglistik, sondern eine fremdsprachliche Disziplin ist. Dabei hat sich die Gefahr des Vergessens im Laufe der Jahre in eben dem Maße verstärkt, in dem die Kommunikationsnetze sich internationalisiert haben.

Es ist gewiss nichts dagegen einzuwenden, dass die in deutschsprachigen Ländern betriebene Anglistik sich heute auch als ein (relativ kleiner) Teil der Weltanglistik betrachtet, um so weniger, als die Kommunikationswege heute kurz und nationale Grenzen im Bereich der Wissenschaften nahezu unspürbar sind. Dafür sorgt allein schon das Internet. Es ist denn auch kein Zufall, dass deutsche Anglisten heute durchweg in englischer Sprache publizieren, jedenfalls dann, wenn es nicht um vorzugsweise didaktische Probleme geht, die in den deutschsprachigen Raum hinein vermittelt werden sollen. Deutsche Anglisten neigen aber dazu zu vergessen, dass auch das Publizieren in englischer Sprache ein relativ jüngeres Phänomen ist. Weit schlimmer aber dürfte sein, dass sie nur allzu gern den leidigen Umstand verdrängen, dass sie auch als in englischer Sprache Publizierende im internationalen Rahmen nur in seltenen Fällen entsprechend wahrgenommen werden. Was schon allein aufgrund der hier gegebenen Zahlenverhältnisse, bedenkt man vor allem die USA, so ganz unverständlich nicht ist.

Selbstverständlich ist es dringend geboten, dass die in deutschsprachigen Ländern betriebene Anglistik auf dem Stand der internationalen Fachdiskussion bleibt. Diese Fachdiskussion aber betrifft in erster Linie, was man ebenfalls nur allzu gern vergisst, den ‚inneren Kreis' der Disziplin. Der nämlich benötigt tatsächlich kein ständiges Bezugnehmen auf den Kultur- und Zivilisationsrahmen, in dem Anglistik gerade betrieben wird. Die weiter außen liegenden Kreise jedoch haben allesamt mit Umsetzung in den deutschsprachigen Kulturkreis zu tun. Sie mögen allerdings für den praktizierenden Universitätsanglisten schon allein deswegen weniger reizvoll sein, weil er sich in diesen anwendungsbezogeneren Kreisen nicht auf Schritt und Tritt sagen kann, an einem grundsätzlich internationalen Fachgespräch teilzunehmen.

Auf überaus drastische Weise wird das in allen jenen Bereichen deutlich, die unmittelbar mit Lehrerausbildung zu tun haben, wobei nur allzu häufig vergessen wird, dass diese in nahezu allen Bundesländern auch die Ausbildung von – Primarstufenlehrern, also Lehrern sechs- bis zehnjähriger Kinder, einbezieht. Sollen die etwa ebenfalls vorwiegend oder sogar ausschließlich ‚philologisch' ausgebildet werden?

An dieser Stelle macht sich die von Ulrich Broich angesprochene ‚Ausweitung des Gegenstandsbereiches' ganz besonders bemerkbar, zumal sie mittelbar mit der alle nationalen und kulturellen Grenzen überspringenden ‚Globalität' auch der Wissenschaften, einschließlich der Kulturwissenschaften, verbunden ist. Handelt es sich doch nicht nur darum, dass beispielsweise nun auch die *New English Literatures* ins altgewohnte Forschungs- (und Lehr-) Feld eindringen.

Sie tun es nämlich ausgerechnet in einer Situation, in der die sprach- und literaturtheoretischen Diskurse ganz außergewöhnlich kompliziert und vielschichtig sind. Zum größeren Teil hat man sie aus den USA, zum Teil aber auch aus Großbritannien übernommen, vor allem, jedenfalls was die USA betrifft, vor einem französischen philosophischen Hintergrund stehend (der seinerseits teilweise auf relativ verzögert rezipierte deutsche philosophische Positionen zurückgeht). Unter postmodernen, poststrukturalistischen, postkolonialen und dekonstruktivistischen, teilweise auch sytemtheoretischen Vorzeichen stehend, erschweren sie jegliche Positionsgewinnung. Sie tun das vor allem dann, wenn man sie nur ungenügend kritisch reflektiert. Universitätsanglisten dürften dieser Gefahr wohl nur vergleichsweise selten erliegen. Trifft das aber auch auf ihre Studierenden zu, falls man die hier gegebene Problematik im Umgang mit Kulturen und Texten unvermittelt in die akademische Lehre eindringen, sie sozusagen ungefiltert auf die Studierenden ‚herabfallen' läßt?

Es mag davon auszugehen sein, dass die deutsche Anglistik, etwa in den Feldern der (postkolonial betriebenen) *New English Literatures* und der *Narrativistik* heute absolut auf der Höhe der Zeit ist. Das schließt aber nicht aus, dass deren hochgelehrte, vor allem aber hochgradig theoriegeschulte Wissenschaftler nicht gleichzeitig auf dem Wellenkamm einer modernen Theorieströmung reiten, was sowohl vergnüglich ist als auch das Anglistenhirn trainiert. Um einmal ganz davon zu schweigen, dass es auch der akademischen Profilierung, gelegentlich auch der Stellenfindung nützt.

Leider ist aber damit zu rechnen, dass man heutzutage Theorieströmungen keine allzu lange Hochblüte zugestehen darf. In einigen Jahren werden sich die Fachvertreter, samt weiten Teilen ihres Faches neuer, ebenfalls nur begrenzt dauerhafter Moden anzunehmen haben. Mag auch die Forschung (im engeren, nicht unbedingt anwendungsbezogenen Teil der Anglistik) weiterhin angeregt und anregend von Wellenkamm zu Wellenkamm hüpfen, der Kontinuität des Faches tut das nicht gut. Kontinuität aber ist, vor allem auch bezüglich der anwendungsbezogeneren Kreise der Anglistik, unbedingt zu fordern. Nicht zuletzt auch ein Blick auf das in sich hochgradig differenzierte Feld der Lehrerausbildung macht das deutlich.

Was vor einer akademischen Generation vor allem für den Bereich der Linguistik galt, scheint im Augenblick in erster Linie für die Literaturwissenschaft, vor allem die Literaturtheorie zu gelten. Damals wurden Anregungen aus der Linguistik allzu unmittelbar in die Lehre an Schulen, insbesondere auch in deren Lehr- und Lernmaterialgestaltung übertragen. Mit verwirrenden und die Motivation behindernden Folgen. Es sollte unbedingt vermieden werden, dass Entsprechendes sich nun auch im literarischen (Unterrichts-) Felde ungehindert vollzieht. Hat man es doch hier mit einem Bereich zu tun, in dem die ohnedies stark bedrohte Lese-Motivation heutiger Schüler nicht durch allzu theoriegeleitete Interventionen geschmälert werden sollte. So jedenfalls sieht es der seit vielen Jahren emeritierte, folglich nicht mehr auf dem letzten Stand seines Faches befindliche Professor August Brüll.

Aber auch andere, traditionellere, auf den ersten (vermutlich aber auch auf den zweiten, den dritten und vierten) Blick eher abstruse Forschungsansätze sind heute noch möglich, mögen sie auch eher an die Zeit des Positivismus, also an die zweite Hälfte des vorvorigen Jahrhunderts, erinnern, allerdings mit methodischen Einschüssen, die sich hinwiederum nur aus der jüngeren Entwicklung erklären lassen, jedenfalls insoweit, als sich aus ihnen die Verunsicherung in bezug auf das Angemessene und eher doch Unangemessene erklärt.

Wer wollte aber trotzdem allen Ernstes leugnen, dass sich auch die heutige deutsche Anglistik, dass sich vor allem auch ihre einzelnen Fachvertreter, unbeschadet der noch ausstehenden kritischen Überprüfung, Bestandsaufnahme und auf die Zukunft bezogene Orientierung pflichtbewusst und fleißig jener wissenschaftlichen Arbeit widmen, die vor ihren Füßen liegt, beziehungsweise zu liegen scheint? Das ist nicht zuletzt in der Linguistik der Fall. Dabei wird auch die geschichtliche Dimension wieder stärker in den Blick genommen, unter anderem etwa in der Lexikographie, in der mittlerweile gewichtige Arbeiten vorliegen. Gelegentlich werden sogar, wie es sich gehört, heftige Kontroversen ausgefochten.

Die aber betreffen so gut wie nie die seinerzeit von Broich aufgeworfenen entscheidend wichtigen Fragen. Das von Professor Brüll herausgegebene kampfschriftartige kleine Buch ist ebenfalls so gut wie unbeachtet geblieben, was einige vorwiegend positive Rezensionen zwar nicht ausschließt. Die aber stammen verräterischerweise eher aus den Randzonen der Disziplin. Das offizielle Zentrum der deutschen Anglistik, das sich etwa in ihrem Verbandsorgan zu äußern pflegt, hat die für das Fach überlebenswichtige Diskussion bis heute nicht erreicht, jedenfalls nicht in der eigentlich zu erwartenden Breite und Tiefe.

So scheint man beispielsweise in diesem Verbandsorgan, dem zweimal jährlich erscheinenden Mitteilungsband *Anglistik*, seit einiger Zeit der Auffassung zu sein, vor allem die von einer Mainzer Professorin mit erheblichem Medienaufwand vorgestellten Forschungsbefunde seien es wert, in gleich mehreren Mitteilungsbänden in einer Ausführlichkeit vorgestellt zu werden, die sonst eher unüblich ist. Zumindest Professor Brüll hat gelinde Zweifel, ob der Nachweis der Authentizität gewisser Darstellungen, Bildnisse, Skulpturen William Shakespeares, einschließlich der Echtheit seiner ‚Darmstädter Totenmaske', so ausnehmend wichtig ist.

Die Shakespearephilologie im engeren Sinne bringt sie jedenfalls so gut wie keinen Schritt weiter. Wenn letztlich dann auch noch im ersten Mitteilungsband des Jahres 2000, vor allem aber im gleichzeitig erschienenen Buch der betreffenden Kollegin mit dem Titel *Das Geheimnis von Shakespeares' Dark Lady'. Dokumentation einer Enthüllung.* Darmstadt 1999, zwei elisabethanische Porträtbildnisse der dritten Gräfin von Southampton zugewiesen werden, die von der Mainzer Kollegin als ‚Dark Lady' ermittelt wird, (wobei die Zuweisung der Bildnisse vielleicht noch angehen mag, obgleich auch hier erhebliche Zweifel erlaubt sind), darüber hinaus aber auch der exakte Grad der Schwangerschaft der auf einem der beiden Bilder dargestellten Dame festgestellt wird und letztlich, auf dem überaus ungewöhnlichen Wege eines im Faltenwurf eines Ärmels, (allerdings, wie Professor Brüll meint, außergewöhnlich unscharf) zu erkennenden Shakespeare-Kopfes, der ‚Nachweis' geführt wird, dass Shakespeare selber der (uneheliche) Vater der Tochter eben dieser Dame, nämlich der ‚Dark Lady', sei, so kann man eigentlich nur fassungslos staunen. Ganz davon zu schweigen, dass der Spaß ja noch weiter geht. Aufgrund ihrer „durch kriminologische und medizinische Gutachten gestützten Befunde" kann die zugleich gelehrte und eifrige Kollegin nun sogar die Verwandtschaft der ehemaligen Prinzession Diana, einer geborenen Spencer, mit – Shakespeare feststellen.

Dass bei der gesamte Operation auch noch der Nachweis der Echtheit eines ebenfalls Shakespeare zuzuweisenden (diesmal nicht Kindes, sondern) Sonetts gelungen sein mag, nimmt Brüll ungerührt hin, wie er so vieles in seinem langen Leben hingenommen hat. Zumal er immerhin zugeben muss, dass man hier wieder auf dem einigermaßen sicheren Boden der Shakespeare-Philologie angekommen ist. So dass sich eine ernsthafte Kontroverse um den Grade der Authentizität dieses Sonetts und um dessen mögliche Einordnung denn auch lohnen dürfte. Sie ist mit Sicherheit zu erwarten, nein, sie ist sogar schon erfolgt.

Im gleichen Band der *Anglistik* nämlich wird die Rezension des auf eigenartige Weise bahnbrechenden Buches durch einen Gießener Shakespeare-Spezialisten abgedruckt. Es handelt sich um eine anerkennenswert gründliche Arbeit, die allerdings, in Bezug auf Zuweisung und vor allem Deutung der Porträts, die letztlich die Identifikation der Gräfin Southampton mit Shakespeares ‚Dark Lady' feststellt, in einen unmissverständlichen, wenngleich immer noch einigermaßen höflich gefassten Verriss einmündet. Brüll identifiziert sich freudig, allerdings weder mit der ‚Dark Lady' (wie könnte er das?), noch mit seiner abenteuerlichen Mainzer Kollegin (was ihm noch schwerer fiele), sondern mit seinem Gießener Kollegen und Rezensenten und den vermutlich recht zahlreichen weiteren Kollegen, die sich in hoffentlich naher Zukunft kritisch mit den Befunden der Mainzer Shakespeare-Dame auseinandersetzen werden.

Was ihn selber betrifft, so hat ihn allerdings wieder einmal der Hafer gestochen. Hat er doch gerade eben dem Herausgeber der *Anglistik* einen kurzen Brief mit ungefähr folgendem Wortlaut geschrieben: „Sollte man nicht versuchen, Frau H.-H. möglichst ohne Verzug auch auf Chaucer anzusetzen? Hier ist Eile geboten, scheinen sich doch die Altphilologen schon darauf geeinigt zuhaben, die liebe Kollegin zu bitten, sich – *Homers* anzunehmen." Der Brief endet mit den Worten: „Wohin sind wir eigentlich gekommen? In die Medien. Das ja."

Devotionalien

Am 13. Sonntag
nach Trinitatis
entdeckte Sir Arthur
auf seinem Frühstückstablett
das zierliche
Ringfingerknöchelchen
der heiligen
(zumindest seligen)
Agatha Carramba.

Da er als
Presbyterianer
nicht über Päpste, Vatikane,
Devotionalienhändler
verfügte,
ließ er den befremdlichen
Gegenstand
mittels Pinzette
in eine glücklicherweise
nur selten benutzte
Schnupftabakdose
ablegen.

Dort wartet das
Knöchelchen
auf die Rückkehr der
Presbyterianer
nach Rom.

Hat man doch tatsächlich, was eher ungewöhnlich ist, der Shakespeare-Kollegin im gleichen Band der *Anglistik* insgesamt dreizehn (!) Seiten zur Erwiderung der (siebenseitigen) Gießener Rezension zur Verfügung gestellt, einer Erwiderung, die es wahrlich, was Unerschütterlichkeit und Selbstgerechtigkeit betrifft, ‚in sich hat'. Hinzu aber treten zwei Interviews, die sie bezüglich der Porträts mit zwei Medizinern auf der Frankfurter Buchmesse geführt hat (viereinhalb Seiten) und ein Bericht eines gewissen Clemens Rech/ Bischofsheim (wer auch immer das sein mag) mit dem Titel: *Das Geheimnis der ‚Dark Lady' im Spiegel von Medien und Fachwelt* (neun Seiten). Dieser Bericht bezieht sich u. a. auf die Vorstellung ihres Buches durch die Verfasserin. Diese Buchvorstellung vollzog sich allerdings in einem ungewöhnlich feierlichen und offiziellen Rahmen, nämlich im Magistratssaal der Stadt Darmstadt, also in einem Rahmen, der für deutsche Anglisten normalerweise gänzlich unüblich ist. Dafür war sie allerdings auch ungewöhnlich werbewirksam. Eingeleitet wurde sie durch eine Rede des Darmstädter Oberbürgermeisters. Im Beisein der Vertreter der beiden für das Buch zuständigen Verlage (Primus und Wissenschaftliche Buchgesellschaft) wies er eingangs darauf hin, dass die Verfasserin vor einiger Zeit bereits die Echtheit der ‚Darmstädter Shakespeare-Totenmaske' nachgewiesen habe. Darmstadt sei dadurch nunmehr in den „kleinen, illustren Kreis der Shakespeare-Städte (!) einbezogen worden."

Nun ja, sagt sich Professor Brüll, die deutsche Anglistik mag sich wohl (kurzfristig) freuen, nach langer Zeit endlich einmal in die Medien geraten zu sein. Aber leider findet er unter den schrankenlosen, ja geradezu emphatischen Befürwortern der Befunde jener umtriebig gelehrten Dame auch einige durchaus ernst zu nehmende Leute, drei seiner engeren Kollegen darunter. Der am weitaus umfassendsten zitierte, ausdrücklich als ein ‚Senior Shakespeare Scholar' bezeichnete Kollege ist zudem ausgerechnet sein engster ehemaliger Intim-Rivale, das heißt derjenige Kollege, der ihm nach seiner Rückkehr aus dem Amt des Gründungsrektors so besonders nachdrücklich seinen Dank abgestattet hat, später dann aber zur Beteiligung an dessen anglistischer Streitschrift freundlicherweise denn doch bereit war. So darf sich also nun, neben Darmstadt, auch Duisburg glücklich schätzen, wenn auch nicht ganz so glücklich wie Darmstadt, beherbergt es doch lediglich einen ‚Senior Shakespeare Scholar', nicht jedoch eine Shakespeare-Totenmaske. Geben wir es nur zu: Brüll hat es mittlerweile verlernt, sich allzu sehr über sein Fach und über seine Kollegen zu wundern.

Allerdings ertappt er sich stattdessen dabei, sich kritisch zu fragen, ob er nicht vielleicht doch, allerdings ohne es recht zu glauben, auch heute noch allzu sehr von jenem *New Criticism* geprägt ist, den sein eigenes Studium unmittelbar nach dem Krieg maßgeblich bestimmt hat, in der Germanistik allerdings um einige Grade ausschließlicher als in der Papajewski'schen Kölner Anglistik. Immerhin hat Brüll aber doch schon früh eingesehen, dass Literatur nie im luftleeren Raum geschrieben (und gelesen) wird. Ökonomische, politische, in umfassendem Sinne gesellschaftliche, aber auch im engeren Sinne kulturelle Einflüsse hat er immer für wesentlich gehalten. Wie hätte er sonst auch zu jenem ‚Landeskundemann' werden können, der er einige frühe Nachkriegsjahre lang unbestritten war. Ganz davon zu schweigen, dass ihm auch seine frühe, wenn auch bald wieder beendete Mitgliedschaft im Sozialistischen Deutschen

Studentenbund (SDS) eine derart gesellschafts- und ökonomiefreie Sichtweise kaum gestattet hätte, mochte er auch nie so etwas wie ein orthodoxer Marxist gewesen sein. Es ist ihm jedoch immer selbstverständlich gewesen, einige, wie ihm schien, ausgesprochen brauchbare marxistische Elemente, nämlich gesellschafts- und geschichtsbezogene Arbeitsmethoden, in seine kritische Auseinandersetzung mit Literatur einzubeziehen. Am puren *New Criticism*, beziehungsweise am damaligen deutschen Nahezu-Dogma der ‚Werkimmanenten Interpretation' der Germanistik allein kann es also schwerlich liegen.

Eher liegt es wohl daran, dass Brüll sich nur allzu gut an gewisse positivistische Arbeitsweisen erinnert, die dazu neigten, die Autoren allzu unvermittelt und bruchlos an ihre Werke heranzurücken, nicht ganz selten mit der Wirkung, dass Fiktionales nur noch mit Mühe als vorwiegend eben doch Fiktionales zu erkennen war. Ganz davon zu schweigen, dass er selbstverständlich die Neigung der Romantik kennt, Dichtung, vor allem lyrische Dichtung, allzu unkritisch und ausschließlich als so etwas wie eine ‚Konfession', als persönliches Bekenntnis also, anzusehen. Er weiß selbstverständlich, dass Goethezeit und deutsche Romantik in vielfältiger Weise auch heute noch nachwirken, vor allem, was den ‚normalen' und den - bildungsbürgerlichen Leser betrifft. Da braucht er nur an seine Ehefrau zu denken, die gerade deshalb ganz erhebliche Schwierigkeiten mit seinen eigenen zweifellos arg romantikfernen literarischen Hervorbringungen hat.

Selbstverständlich weiß Professor Brüll, dass das auch von ihm selber immer wieder geforderte interdisziplinäre Arbeiten, vor allem aber auch die sinnvolle Einbeziehung dessen, was heute unter dem Etikett *Cultural Studies* läuft, leicht zu partiellem Dilettantismus, jedenfalls aber zu einer gewissen Unschärfe der Arbeitsweisen führen kann. Hinzu kommt, dass er ebenfalls, und zwar mit einigem Erschrecken, wahrgenommen hat, dass, wieder einmal ausgehend von den USA, seit einigen Jahren zunehmend versucht wird, fiktionale Gestalten mit nichtfiktionalen, die ihnen vielleicht zugrunde liegen könnten, vorschnell zu identifizieren, gleicherweise Gefühle, Auffassungen und Äußerungen mit den nichtfiktionalen der jeweiligen Autoren. Vor allem geschieht das gegenüber zeitgenössischen Romanen, in denen man nur allzu unvermittelt, manchmal gänzlich unberechtigterweise, so etwas wie ‚Schlüsselromane' vermutet.

Das schließt selbstverständlich nicht aus, dass gewisse Wechselbeziehungen zwischen biografischem und anderem Erfahrungsmaterial einerseits, fiktionalen Texten andererseits normalerweise sehr wohl angenommen werden können. Allerdings sind diese Beziehungen in aller Regel ganz außerordentlich kompliziert, übrigens auch für die jeweiligen Autoren selber. Sollte und kann es sich bei den Lesern dann grundsätzlich anders verhalten? Doch wohl kaum. Jedenfalls dürfte es mehr als vermessen sein, über den Abstand einiger Jahrhunderte und Kulturstufen hinweg exakte Zuordnungen treffen zu wollen. Wem (und welcher philologischen Disziplin) hülfe es, wenn man hier neue – Mythen erzeugte (gelegentlich wohl auch eine bisher unentdeckt gewesene uneheliche Shakespeare-Tochter)?

Auch Südafrika hat inzwischen einen Beitrag geliefert. Wissenschaftler am Transvaal Museum in Pretoria glauben auf Grund von (immerhin!) Textanalysen herausgefunden zu haben, dass Shakespeare Haschisch geraucht habe, also einen „verbotenen" Stoff. So dass sich seine Werke eher dem Rauschgift als seinem „Genie" verdanken. Als wenn man nicht immer schon gewusst hätte, dass Hanf gerade in der elisabethanischen Zeit, in der man auf Hanfseile für die Flotte dringend angewiesen war, eine große Rolle gespielt hat, dass darüber hinaus Cannabis damals ein gängiges Heil- und Schmerzbetäubungsmittel war und dass – ein erheblicher Teil der Kunst- und Literaturproduktion aller Länder und Zeiten mit dem Genuss von Anregungs- und Aufputschmitteln verbunden war und vermutlich auch heute noch ist.

Mag immerhin sein, dass Teile der deutschen Anglistik, vielleicht sogar Frau H.H. persönlich, sich nun auch dem („verbotenerweise") haschenden Shakespeare zuwenden. Immerhin gibt es zumindest hier, wenn auch nicht auf Shakespeare bezogen, ein deutsches Vorbild: Heinrich Mutschmann (1885-1955); eine Zeitlang Ordinarius in Dorpat/ Estland, später dann, nach der Umsiedlung der Deutschbalten, Honorarprofessor in Marburg will in seinen umfassenden Milton-Studien auf dem Weg über Textanalysen herausgefunden haben, dass John Milton ein – Albino und folglich ungewöhnlich lichtempfindlich war. Immerhin stand diese Hypothese, gemeinsam mit der verbürgten späteren Erblindung Miltons, im Dienste der Textinterpretation, mithin der Philologie, was man von den Mainzer Befunden nur sehr begrenzt sagen kann. Auch in Forschung und Wissenschaft gibt es offensichtlich nichts, was es nicht gibt. Wen aber sollte das schon wundern? Sind doch auch Forschung und Wissenschaft ungemein menschlich.

In diesen Zusammenhang gehört im Grunde auch ein weiteres Buch, das die kühne Mainzer Anglistin, vermutlich angestachelt durch ihre mittlerweile erreichten Publikumserfolge, inzwischen vorgelegt hat: *Die verborgene Existenz des William Shakespeare. Dichter und Rebell im katholischen Untergrund*, Freiburg. Herder, 2001. Es handelt sich um ihre mittlerweile neunte Studie zum Hintergrund Shakespeares. Diesmal geht es ihr um den Versuch des Nachweises, dass Shakespeare eine Zeit lang eines jener Jesuitenkollegs auf dem Kontinent besucht habe, von denen aus eine mögliche Rekatholisierung Englands vorbereitet wurde. Darüber hinaus wäre eine Pilgerreise zum *Collegium Anglicum* in Rom alles andere als unwahrscheinlich. Unter den dort nachweisbaren Namen *Arthurus Stratfordus Wigorniensis* (1585), *D. Sh(trat)fordus Cestrensis* (1587), *Gulielmus Clercue Stratfordiensis* (1589) könnte sich William Shakespeare immerhin verborgen haben. Tatsächlich wäre auf diese Weise der weite Bildungshorizont des Dichters um erhebliche Grade leichter zu erklären. Die Suche nach möglichen anderen Autoren des Shakespeareschen Werkes ließe sich auf diese Weise, sozusagen ein für allemal, *ad absurdum* führen.

Es ist nicht zu leugnen, dass H.H. sich auch diesmal durch eine eindrucksvolle Materialfülle hindurchgearbeitet hat. Einen Beweis für ihre These kann sie jedoch verständlicherweise nicht liefern. Immerhin hat sie mit ihrer Arbeit auf eine Möglichkeit hingewiesen, die bisher unbeachtet geblieben war. Das ist wesentlich mehr als nichts. Ihr Rezensent (wiederum im Mitteilungsband der deutschen Anglisten: *Anglistik*, diesmal 12. 2.2001) hat wohl Recht, wenn er gegen Ende seiner wohlwollenden Rezension, sozusagen abschließend, feststellt: "H.H.H. as a scholar is first of all a historian; she has courage, a fine sense of facts and a lively imagination and can follow a scent." (p.185). Welches Gewicht man den ‚Produkten von Fantasie und Spurensuche (mittels der Nase)' im vorliegenden Fall zuzubilligen bereit ist, dürfte auch diesmal dem Einzelnen überlassen bleiben. Der Rezensent stellt zudem fest, dass Shakespeare schon kurz nach seinem immerhin möglichen Aufenthalt auf dem Kontinent erfolgreich auf der Bühne vertreten war, und zwar von außergewöhnlich renommierten

Theatergruppen getragen. Er muss also schon während seiner jesuitischen Schulung und damit verbundenen Pilgerreise nach Rom vergleichsweise weit in seinem Handwerk als Bühnenschriftsteller gediehen sein. Das aber ist im Grunde nur schwer vorstellbar.

Auch diesmal liegt die Frage nahe, wohin derartige Arbeiten eigentlich führen sollen. Den Professor Brüll schüttelt es jedenfalls. Er kann nur hoffen, dass wenigstens einige seiner Fachkollegen Ähnliches an sich feststellen. Sie werden gewiss nicht so weit gehen wie er. Muss er doch bekennen, dass es ihm so gut wie gleichgültig ist, wie William Shakespeare persönlich ausgesehen hat, geschweige denn welchen unehelichen Nachwuchs, ob bürgerlich, ob adlig, er der Nachwelt hinterlassen hat. Es bekümmert ihn nur wenig, dass Shakespeares Lebensdokumente, sieht man von seinen literarischen Hervorbringungen einmal ab, nur vergleichsweise spärlich sind. Wenn er auch bereit ist anzuerkennen, dass beispielsweise die (vielleicht tatsächlich lebensauthentischen) bislang nicht einwandfrei festzumachenden Adressaten der Sonette über Generationen hinweg immer wieder den literarischen Scharfsinn seiner Fachkollegen (und der Germanisten) gefordert haben, so ist ihm persönlich derartiges absolut fremd. So lange jedenfalls, wie es nicht unmittelbar die konkrete Interpretation der Sonette maßgeblich bestimmt. Eben dazu ist aber, so glaubt Brüll, eher eine allerdings nicht dogmatische und folglich ‚blinde' werkimmanente Arbeitsweise geeignet als eine, die mit vergleichsweise plumpen Personen-Zuweisungen arbeitet, und das auch noch mittels kriminologischer und medizinischer Untersuchungen und Gutachten. Da dürften die Konjektionen des letzten Buches von H.H.H. wohl doch ernster zu nehmen sein. Etwas ernster.

Begriffen?

Wirklichkeit,
Realitäten,
in menschlichen Hirnen
pseudo-gespiegelt,
in Wörter, Sätze,
Gebrauchsanweisungen,

Bilder und Mythen,
in virtuelle
Zusammenhänge
gebracht,
reproduziert, produziert,
arrangiert, manipuliert.

Gegen Ende scheinen sie
auf eigentlich
unbegreifliche Weise
begreiflich zu sein.

Doch wirklich begriffen?
Wohl kaum.

Es ist allerdings nicht schwer, dem armen Professor Brüll philologischen Unernst nachzuweisen. Hat er doch vor einigen Jahren ein kleines Buch geschrieben, das überaus ehrfurchtslos mit der Shakespeare-Philologie, letztlich aber auch dem armen William Shakespeare selber umgeht. (*Mordaffäre Shakespeare. Wissenschafts-Krimi-Satire*. Duisburg: Gilles & Francke, 1988). Dieses kleine Buch hat sogar seinen Weg in eine zumindest halbwissenschaftliche Darstellung zum Thema: ‚Shakespeare in der Kriminalliteratur' geführt. (Joachim Dörr, *Schlag nach bei Shakespeare ... wenns ums Morden geht*. Trier: WVT, 1992).

Mit Recht geht Dörr davon aus, „dass der Verfasser dieser 1988 erschienenen Slapstick Story ... eine bitterböse Satire auf den Wissenschaftsbetrieb hierzulande geschrieben hat ... Er geht die Verfasserschaftfragen sehr witzig an, arbeitet in seine rasant ablaufende Geschichte, die sich innerhalb von drei Tagen abspielt, Elemente der feministischen Shakespearekritik ein, die er allerdings ad absurdum führt. Höhepunkt des Geschehens ist, nachdem inzwischen sieben – in Worten sieben – William Sh's ihr Unwesen treiben (wovon weitere drei tot in den Wohnungen der Professorenkollegen Leidentrost, Kranich und Stiefelknecht gefunden werden), der Shakespeare-Kongress, das Referat des führenden Wissenschaftlers, Philipp Logan." (S. 130 f.) Dieser Referent hat sich in einem turbulenten Auditorium zu behaupten, nicht zuletzt gegenüber mehreren seiner eigenen Kollegen in

Shakespeare-Kostümen und einer spruchbandschwingenden Feministinnenschar. Am Ende kann der tatsächliche Mörder des tatsächlichen Shakespeare von der Polizei ermittelt werden. Es handelt sich natürlich um einen weiteren Kollegen Logans. Charakteristischerweise geschieht jedoch am Ende des Buches Folgendes. Im Kriminalkommissariat schrillt das Telefon. Der Kommissar hebt den Hörer ab. Was ihm entgegentönt, ist dies: „Soeben hat sich ein Herr Geoffrey Chaucer beim Pförtner gemeldet. Er ist nach einer unbestimmbaren alten Mode gekleidet und spricht ein nahezu unverständliches Englisch, das notfalls auch Französisch sein könnte. Der Mann behauptet, ein englischer Dichter zu sein, beziehungsweise gewesen zu sein. Hat etwas mit Canterbury zu tun und einer ungetreuen Geliebten namens Criseyde. Er sucht bei uns Zuflucht. Denn er fürchtet ermordet zu werden." (S. 140)

Er nahm
sein Gebiss
in die Hände
und floh.

Geben wir es nur zu: Professor Brüll muss an seinen kurzen Brief an den Herausgeber der *Anglistik* denken. Ob er dabei tatsächlich (auch) an sein krimi-satirisches Shakespeare-Machwerk gedacht hat? Jedenfalls hat er nicht an die Mainzer Shakespeare-Totenmaske-Kollegin gedacht. Ob sie es ihm auf angemessene Weise dankt?

Brüll erinnert sich aber auch an etwas anderes. Hatte er doch einen seiner fiktiven Shakespeare-Forscher ausgerechnet ‚Kranich' genannt, was er damals für einen unverfänglichen Namen hielt. Joachim Dörr war dann in seinem kleinen Buch allerdings davon ausgegangen, dass sich unter dem fiktiven ‚Kranich' der ganz und gar nicht fiktive Würzburger Shakespeare-Forscher Werner Habicht verberge. Was nicht der Fall war. So sah sich Brüll zu einem Entschuldigungsschreiben an seinen verehrten Würzburger Kollegen veranlasst. Der aber scheint die Sache glücklicherweise so verstanden zu haben, wie sie tatsächlich zu verstehen ist: nicht allzu ernst nämlich. Denn sollte nicht eigentlich ausgerechnet die Shakespeare-Forschung so einiges aushalten können, vielleicht sogar einigen Spott? Vielleicht sogar eine gewisse Totenmasken-Kollegin? Professor Brüll jedenfalls geht davon aus. Allerdings nur unter der Voraussetzung, dass nun tatsächlich eine neue, diesmal unnachsichtige ‚Dark Lady'-Kontroverse entbrennt.

Tatsächlich greift im ersten Jahrgangsband 2002 der *Anglistik* ein Grazer Kollege noch einmal in die seltsame Kontroverse ein, und zwar mit seinem Aufsatz *Zur aktuellen Frage nach der Identität der ‚Persian Lady'*. Bezeichnenderweise setzt seine Widerlegung der HHH'schen Thesen, wie es vermutlich auch noch in Zeiten der gelegentlich recht unreflektierten *Cultural Studies* geboten sein dürfte, ebenso wie die seines Gießener Vorgängers mit einer kritischen Analyse des den Thesen zugrunde liegenden Pseudo-Shakespeare-Sonnets ein. Der mit vorwiegend philologischen Mitteln erbrachte überzeugende Nachweis, dass das fragliche Sonett nicht von Shakespeare stamme, erschüttert nicht nur die Thesen von HHH, sondern führt letztlich, das von HHH benutzte Bildmaterial einschließend, zu einem gänzlich anderen Befund, der allerdings mit der in derartig verwickelten Fällen eigentlich selbstverständlichen Zurückhaltung mitgeteilt wird: „Und dies wiederum macht Anne (Vavasour) zur wahrscheinlichsten Kandidatin."

Es versteht sich von selber, dass H.H. auf diese sachliche aber harte Attacke im nächsten Heft der Zeitschrift noch einmal ausführlich antworten darf. H.H. und kein Ende ...

Die H.H-Kontroverse sollte und wird jedoch nicht verhindern dürfen, dass sich die deutsche Anglistik nun endlich die Frage nach ihrer unbedingt zu fordernden stärkeren Adressatenorientierung stellt. Die Beantwortung dieser Frage dürfte jedenfalls weit wichtiger sein als jede auch noch so interessante Dark Lady-Kontroverse. Voraussetzung ist allerdings, dass man damit beginnt, sich als eine Anglistik zu verstehen, die als Nicht-Mutterlands-Anglistik zwangsläufig über eine gewisse Distanz hinweg betrieben wird. Über eine möglichst kritische Distanz zu ihren Gegenständen, was sie übrigens zugleich ihren Adressaten, nämlich den Studierenden annähert, sind diese doch ebenfalls der zwangsläufig gegebenen Distanz ausgesetzt.

Auf der Wiener Jahrestagung (2001) des Anglistenverbandes gab es ein Forum, das sich mit der Frage befasste, wie man der Lehrerausbildung auch weiterhin die nötige Wissenschaftlichkeit sichern könne. Wurde doch mittlerweile von mehreren Seiten die Notwendigkeit in Frage gestellt, die Lehrerausbildung unbedingt an den Universitären, das heißt, im Netzwerk der überlieferten Fachdisziplinen zu halten.

In dieses Forum war unvermittelt eine Nachricht hineingeplatzt, die sich auf eine Entschließung der radikaleren Fachdidaktiker zur Fremdsprachenlehrerausbildung bezog, die gerade andernorts, also nicht im Rahmen der Anglistenverbandes, gefasst worden war. Ihr Verband hatte kurz vorher getagt und hatte Forderungen erhoben, die zwar durchaus lehrerberufsbezogen waren, aber mit der überlieferten Anglistik so gut wie nichts mehr zu tun hatten. Aus mindestens zwei Gründen war diese überaus radikale Entscheidung sogar verständlich. Die überlieferte Anglistik im deutschsprachigen Raum hatte, einerseits, die fachdidaktischen Belange der Lehrerausbildung seit Jahren geflissentlich ignoriert. Andererseits hatten sich die einzelnen europäischen Anglistiken im Laufe der letzten Jahre zunehmend aufeinander zu bewegt. Sie hatten endlich begonnen, von einander Kenntnis zu nehmen. Das aber schloss die Erkenntnis ein, dass die Lehrerausbildung ihren Ort durchaus nicht in allen europäischen Systemen und für alle Schulstufen an Universitäten hat.

Man hätte eigentlich annehmen sollen, dass die Vertreter der überlieferten Anglistik den Ernst der Situation auf Anhieb begriffen hätten. Dem war aber nicht so. Verständlicherweise hielt die erdrückende Mehrheit der Teilnehmer am Forum an der Notwendigkeit der Erhaltung der „Wissenschaftlichkeit“ des lehrerberufsbezogenen Studiums fest. Dass sie diese ‚Wissenschaftlichkeit‘ jedoch mit dem identifizierte, was im Rahmen der eigenen Disziplin seit nunmehr etwa einhundertundfünfzig Jahren stattzufinden pflegt, ist schon weniger verständlich. Haben andere, in aller Regel sogar verwandte Disziplinen etwa keine ‚Wissenschaftlichkeit‘ zu bieten? Ist ‚Wissenschaftlichkeit‘ außerhalb der Universitätsmauern etwa grundsätzlich unmöglich? Aber einmal ganz davon abgesehen: Wie verhält es sich etwa mit der Erziehungswissenschaft, der gezielt angewandten Sprachwissenschaft, der Lernforschung? Dass man auch seine eigene Streitschrift im Verbandsorgan weder zur Kenntnis genommen, noch gar – wie er es nur allzu gern gesehen hätte – gründlich ‚verrissen‘ hat, kann Brüll nicht wirklich verwundern.

Offensichtlich hat man in Wien, aber durchaus nicht nur dort und damals, den Ernst der gegebenen Lage auch nicht im Ansatz erkannt, vor allem aber nicht die immerhin mögliche Chance, die Lehrerausbildung für die Universitätsanglistik auch angesichts drastisch veränderter Randbedingungen zu retten, indem man nämlich Anregungen gerade auch der radikaleren Fachdidaktiker ernst nimmt, das heißt, die verschiedenen Positionen auf vernünftige Weise in ein vermittelndes Konzept einbezieht. Nur auf diese Weise kann verhindert werden, dass sich die fachdidaktische Lehre einseitig praxisbezogen, rein verfahrenstechnisch entwickelt und gleichzeitig sichergestellt werden, dass sie innerhalb des (weiten) Kreises der Anglistik verankert bleibt. Gerade hier aber ist keine Zeit zu verlieren. Sind doch die Universitäten der einzelnen Bundesländer dabei, ihr Studiensystem auf das in den angelsächsichen Ländern Übliche umzustellen und folglich zu einem zweistufigen System zu gelangen. Wobei noch relativ offen zu sein scheint, wie die beiden Stufen beschaffen sein werden. Wer in einer solchen Situation nicht flexibel genug ist, sondern an überlieferten Verhältnissen klebt, dürfte sich schon bald in einer höchst schwierigen Lage befinden. Das aber ist der deutschen Anglistik denn doch nicht zu wünschen.

Mag nun auch so mancher, der dieses Kapitel gelesen hat, der Meinung sein, Professor Brüll liebe sein Fach, die Anglistik, überhaupt nicht mehr, jedenfalls nicht in der angemessenen Weise: Er irrt. Am augenblicklichen Zustand seiner Disziplin hat er zwar so manches auszusetzen. Die Zielrichtung scheint ihm nicht zu stimmen. So mag seine Dennoch-Liebe einige Ähnlichkeit mit der Liebe des hochwohllöblichen, leider vor einigen Jahren verstorbenen Sir Archibald haben, immerhin eines beachtlichen, wenngleich leider nur fiktiven schottischen Edelmannes. Brüll hat dieser absonderlichen Liebe folgendes erschütternde Poem gewidmet:

Eine etwas verquere Liebesgeschichte

Urplötzlich
um 7 Uhr früh
traf Sir Archibald
das Klavier.

Auf beachtlichen Beinen stehend,
wurde der attraktive
Piano-Klangkörper
mit aufgeklappt lächelnder
elfenbeinweißer,
kohlrabenschwarzer
Klaviatur und zärtlich
galanten Pedalen,
zum ersten Mal
von Sir Archibald
liebend erkannt.

Beileibe nicht ohne Probleme.

War Sir Archibald doch,
was Emotionen betrifft,
weniger auf Klaviere
als auf Reitpferde, Golfschläger,
Adelskalender, Moorhühner, Schrotflinten
Whiskyflaschen und (gelegentlich)
Kammerzofen fixiert.

Klaviere hingegen sind
andersartig sozialisiert.
Sensibel sind sie,
ästhetenhaft kapriziös
bei entsprechendem
Anspruchsniveau.

Sir Archie erkannte die Lage.
Die ihm gezogenen
sozialen und kreatürlichen Grenzen
kalkulierte er ein.

Keine einzige Taste schlug er je an.
Vielmehr beschränkte er sich
auf ihm gemäßere

Gefühlsübermittlungsverfahren
als da sind:

Zuspruch, Klaps auf die Kruppe,
kumpelhaft anerkennender Blick,
gelegentlich zwei Gläser Whisky,
ein eben erlegtes Moorhuhn
unter die Haube,
bestenfalls einmal die Woche
behutsam Berührung
der zierlich galanten Pedale.
(Wie dergleichen auch beim
Autofahren geschieht.)

Bis eines Tages der Tod
Sir Archie ereilte.
Idyll war zu Ende.
Klavier blieb
verwitwet zurück.

Was nicht ausschließt,
dass schon in wenigen Jahren
(Sir Archie ist mittlerweile entsorgt)
die stahlsaitenbespannte
rüstige Witwe von sich aus
ohne jegliche Außeneinwirkung,
künstliche Luftzufuhr, Elektronik
melodisch zu klimpern beginnt,
Sir Archibalds leicht angebleichte
Liebeserweise
nostalgisch ausatmend.

Voraussichtlich wird man die
Spät-Protokolle der Liebe
demnächst in Noten stechen
in Partituren, Klavierauszüge

umsetzen, so dass
Sir Archibalds
Leidenschaft
weiterwirkt bis in
nahezu ewige Zeiten:
als Wohlklang und eigentlich
unglaubwürdige Harmonie.
Grenzenlos.
unbegreiflich.
Verquer.

(Nur ganz selten klirrt
eine Saite.) ***ping!***

Was aber seine eigene Universität und deren Anglistik angeht, so hat Professor Brülls Liebe sich zuerst einmal durch einige Schichten massiver Enttäuschung hindurchzuarbeiten, um letztlich doch noch erkennbar zu sein. Das hat glücklicherweise keineswegs mit dem augenblicklichem Personal der Duisburger Anglistik zu tun, sondern vor allem mit dem Personal, das *fehlt.* Hat sein Fach es doch jahrelang fertig gebracht, frei gewordene Professuren möglichst nicht zu besetzen. Wer deutsche Universitäten kennt, kennt auch die in diesen Fällen zu verwendenden Tricks: Man produziert Besetzungsvorschläge, die allzu absurd sind, um tatsächlich realisiert zu werden. So hätte man beispielsweise wissen müssen (und man wusste es natürlich auch), dass sich ordentliche Professoren nicht von etablierten Universitäten in eine immer noch vergleichsweise dubiose Neugründung wie die Duisburger berufen lassen. Hier wollte man ganz offensichtlich seinen Freunden die Ablehnung eines Duisburger Rufes und somit Bleibeverhandlungen im heimischen Ministerium möglich machen, auf die entsprechende Gegengabe hoffend. Brüll kennt derartige Spielchen durchaus und hat sich auch zweimal an ihnen, wenigstens mittelbar, beteiligt. Das aber geschah in einer Zeit, in der derartiges noch Erfolg versprach, vor allem aber – ungefährlich war. Inzwischen aber hatten sich die Verhältnisse drastisch geändert. Blieb eine Professur allzu lange unbesetzt, wurde sie vom Ministerium eingezogen oder ‚umgewidmet', das heißt, einem anderen Fach zugewiesen. In der Duisburger Anglistik ist das, insoweit es Planstellen von Professoren betrifft, gleich zweimal geschehen. In einem dritten Fall kam man noch gerade eben mit heiler Haut davon, obgleich die betreffende Professur ebenfalls über zwei Jahre unbesetzt geblieben war. Aber auch einige Stellen unterhalb der Professoren-Ebene sind mittlerweile verloren gegangen, so dass sich die Duisburger Anglistik im Augenblick (2000) als stark ‚gerupft' darbietet. Auch hier ist wiederum zu fragen: Wer denkt in derartigen Situationen überhaupt noch an die eigentlich Betroffenen, nämlich an die Studierenden? Doch diese Frage beantwortet sich leider von selbst.

Wobei zu bedenken ist, dass die Duisburger Universität, ebenso wie die anderen nordrhein-westfälischen Universitäten, mitten in einer allgemeinen Planstellen-Kürzungsaktion steht. Die hat man seinerzeit mit dem verführerischen Etikett ‚Qualitätspakt' (nämlich zwischen dem Ministerium und den widerstrebenden Hochschulen) versehen. Bleibt zu wünschen, dass die Duisburger Anglistik nicht, etwa im Zuge der nunmehr erfolgten Fusion mit der Universität Essen, demnächst gänzlich untergeht oder (was vermutlich noch schlimmer wäre) in einen Zustand versetzt wird, der ihren Studierenden keinesfalls mehr zuzumuten ist. Nun ja, Professoren wissen sich normalerweise auch in solchen Fällen zu helfen ... Brüll muss seufzen. Er seufzt schon seit Jahren.

Die Zielgerade
im Blick,
rekapituliert er
kopfschüttelnd
seine unsäglich
haarnadelkurvenbesetzte
Biographie.

XXV

Gut gemeintes Satyrspiel

Es ist Zeit für ein Satyrspiel. Wobei zu fragen wäre, ob nicht das ganze bisher durchlebte Leben, zumindest in der einem jeden Menschenleben angemessenen Optik, so etwas wie ein Satyrspiel gewesen sein könnte. Zumindest die als Hochschullehrer verbrachten Jahre. Aber darf man dergleichen überhaupt sagen? Zumal Satyrspiele, wie die Alten sie kannten, unweigerlich an überaus Ernstes, Mythenhaftes gebunden waren. Ihnen pflegten nämlich Tragödien vorauszugehen. Auf die kam es eigentlich an.

Bezeichnenderweise hat Professor Brüll während seines ganzen erwachsenen Lebens einen komischen, das heißt, einen humoristischen Roman schreiben wollen. Herausgekommen ist dabei immer wieder so etwas wie Satire. Bestenfalls. Von Ernstem, in ganz seltenen Fällen vielleicht sogar Gewichtigem, einmal ganz zu schweigen.

Ist nicht aber schon allein die Situation, in der wir uns alle im Augenblick anerkanntermaßen befinden, und zwar nicht erst seit gestern oder vorgestern, ungemein komisch? Was leider nicht ausschließt, dass so gut wie niemand das bemerkt. Verständlicherweise, ist die augenblickliche Lage doch weniger komisch als – absurd. Aber auch das scheint nahezu niemand zu bemerken.

Da sitzt der alte Brüll am Schreibtisch und versucht, einen DIN-A4-Bogen handschriftlich zu füllen. Mit leider arg zittriger Hand, die ab und zu unmotiviert in ungewollte Richtungen ausschlägt. Schon wenig später wird er am Computer sitzen, den er als alter Mann begreiflicherweise fast ausschließlich als Textverarbeitungsgerät nutzt. Vorsichtshalber transponiert er Handgeschriebenes in jene technische und zugleich neutrale Form, die kritisches Lesen, vor allem aber das drei-, vier-, fünfmalige Korrigieren erlaubt. Um das Ganze am Ende dann zu formatieren (wie die Jungen es nennen), also in jene Form zu zwingen, die, auf eine Diskette übertragen, als Mutter eines ‚Book-on Demand' taugen mag.

Dabei sollte doch die Zeit für derartige geistige Lustbarkeiten, die zu allem Überfluss auch noch in der Herstellung anstrengend, gelegentlich sogar schmerzhaft, zumindest aber schmerz*lich* sind, sollte die Zeit für das Produzieren (aber auch das Lesen) von Literatur eigentlich längst vorbei sein. Schon allein das moderne Phänomen des *Book on Demand* legt das nahe. Die Herstellung von großen Buchauflagen lohnt in der Regel nicht mehr, jedenfalls dann nicht, wenn es um intellektuell anspruchsvolle Literatur geht. Es fehlen die Leser. (Wenn doch auch so manche dilettantische Schreiber fehlten!). Wer kauft heute noch ernstzunehmende Bücher? Vor allem aber: Wer liest sie? Immerhin: Als eine vergleichsweise hygienische Methode der Selbstbefriedigung (gelegentlich wohl auch des Selbstbetruges) mögen derartige *Books on Demand* in dem einen oder anderen Fall wohl noch taugen.

„Wer bin ich denn eigentlich?", fragt sich Brüll, „trage ich doch so gut wie gar nichts zum Wirtschaftskreislauf bei." „Ja, wer und vor allem *was* ist der Professor Brüll?", sollten wir alle fragen.

Denn nach dem Untergang der großen Ideologien und deren grausamen politischen und kriegerischen Erdverwerfungen haben wir es seit einigen Jahren mit einer auf den ersten Blick harmlosen, geradezu einleuchtend vernünftig scheinenden Ideologie zu tun, einer Ideologie, die, wie alle Ideologien vor ihr, Allgemeingültigkeit fordert: dem *Gesetz des Marktes* nämlich. Wenn es sich nicht gerade um Blumenkohl, Autobenzin, Kinderwagen und ähnliche Gebrauchsgegenstände des täglichen Bedarfs handelt, kann Brüll die damit gegebene Lage nur für unübertrefflich absurd, vor allem aber für zerstörerisch halten.

Aber halt! Zumindest mit dem eben erwähnten Blumenkohl sollte man vorsichtig umgehen. Man sollte ihn skeptisch (aber doch auch nicht allzu skeptisch) betrachten, bevor man ihn isst. Gehört er doch jener Nahrungskette der augenblicklich lebenden europäischen Gesellschaft an, die nachhaltig gestört zu sein scheint. Auf gefährliche Weise gestört. Am Anfang stand auch hier die Herrschaft des Marktes, also die im Augenblick geltende Ideologie, mit ihr verbunden, wie immer und überall, Raffgier und

Blindheit. Die Landwirtschaft wurde industrialisiert, feinkörnig gemahlene Tierleichen wurden an grundsätzlich pflanzenfressendes Viehzeug verfüttert. Wobei dann am Ende der ‚Rinderwahn' stand, der wiederum zu jener tödlichen Krankheit von Menschen führte, die dem Rinderwahn-Erreger benachbart ist. So jedenfalls schien es zu sein. Mehr weiß auch die Wissenschaft nicht zu sagen (oder irrt man sich da?). Die ganze Nahrungskette wäre also grundlegend zu reformieren. Offenbar scheint man damit auch begonnen zu haben. Aber ach! Am Ende wird sich auch hier die Ideologie des Marktes durchsetzen. Siehe da, sie hat schon angefangen, sich durchzusetzen. Hat man doch mehrere tausend Rinder getötet, um sie anschließend zu verbrennen. Damit europaweit der Marktwert der noch verbliebenen Tiere nicht allzu sehr abstürzt. Also auch am traurigen Ende der Rindertragödie: Das *Gesetz des Marktes*. Des sich absolut setzenden Marktes. Folglich ist heute fast alles wieder so, wie es vor dem ‚Rinderwahn' war. Die Bauern, die Nahrungsmittelindustrie, aber auch die Verbraucher (die es möglichst billig haben wollen) werden schon dafür sorgen. Und die Politiker? Schweigen wir drüber. Die wollen Wahlen gewinnen. Aber das ist nicht die einzige Absurdität.

Vorgestern hat man die Ursache des damaligen, unsere gesamten Gewohnheiten in Frage stellenden ‚Rinderwahns' gefunden. Es handelt sich um die – Giraffe! Wurden doch einige dieser noblen Tiere ebenfalls zu Tiermehl zermahlen und an Rinder verfüttert. Wie die zuständigen Veterinäre, vor allem aber die noch zuständigeren afrikanischen Giraffologen annehmen, haben die langen Hälse dieser Tiere, die schließlich in deren Genen verbindlich angelegt sind, sich in einigen Rinderhirnen verfangen. Was nur allzu verständlich ist, bedenkt man deren komplizierte Struktur. Vor allem die Briten, bei denen schließlich alles begann, hätten das eigentlich wissen müssen, verfügen sie doch, schon allein auf Grund ihrer ausgedehnten Kolonialerfahrung, über intime Kenntnisse von Giraffen und deren eindrucksvoll langen Hälsen.

Leider sind menschliche Hirne noch wesentlich komplizierter angelegt. Setzt man sie virtuellen Giraffenhälsen aus, seien diese auch noch so feinkörnig zermahlen, so ist wahrlich mit allem zu rechnen.

Damit nicht genug: Mustert man die augenblicklich lebende europäische Menschheit (aber auch deren einzelne Exemplare) mit angemessen kritischen

Blicken, so kommt man vermutlich zu der Erkenntnis, dass die mannigfachen Giraffenhälse sich auch heute schon ausgewirkt haben. Negativ ausgewirkt. Afrikanische Giraffologen sehen es jedenfalls so. Brüll würde ihnen vermutlich zustimmen, fragte man ihn. Aber man wird ihn nicht fragen. (Brüll selber muss sich allerdings fragen, ob nicht der ganze Giraffentext allzu seicht und kindisch ist. Gelegentlich nämlich legt er Wert auf eine gewisse Seriosität).

Leben und Beruf des vor einigen Jahren noch nicht ganz so alten Brüll, jenes Brüll also, der damals noch ein wohlbestallter und noch nicht emeritierter Literaturwissenschaftler und Literaturdidaktiker war, können sogar als ganz besonders absurd bezeichnet werden. Mag man (Primär-) Literatur gelegentlich auch heute noch für sinnvoll halten, zumindest in jenen nicht mehr gar so seltenen Fällen, in denen sie bescheiden und der gegebenen Lage gemäß im schlichten Kleid des *Books on Demand* daherkommt. Ein Mensch, und dann auch noch ein ausgewachsener Mann, der sich ein Berufsleben lang mit jenen dubiosen, jedenfalls drastisch unzeitgemäßen Geistesprodukten auf eine Weise auseinandersetzt, die man gemeinhin als ‚wissenschaftlich' bezeichnet, ist dagegen ohne Zweifel eine eher traurige Figur, mag er auch hin und wieder selber so etwas wie Primärliteratur hervorgebracht haben. Wenn dieses traurige Individuum zudem auch noch als sogenannter ‚Didaktiker' junge, noch vergleichsweise unverdorbene Menschen an Literatur zu gewöhnen, in Literatur einzuführen versucht, kann man ihn wohl mit Fug und Recht als gewissenlos, wenn nicht gar als verbrecherisch bezeichnen. Lenkt er doch junge, noch unverbogene Gemüter vom dem ab, auf das es allein ankommt: von der Realität, das heißt heutzutage vom Markt und seinen Gesetzen.

Auf diesem wissenschaftlich schlüpfrigen Gebiet pflegen die Angelsachsen vorsichtiger zu sein, jedenfalls weit weniger großsprecherisch. Sie reden nämlich in diesen Fällen nicht von ‚Wissenschaft', sondern, was dem gegebenen Fall exakt angemessen wäre, von ‚Literary Criticism'. Gegen Literaturkritik aber kann man auch heute noch nicht allzu viel sagen, auch in Deutschland nicht, jedenfalls dann nicht, wenn sie einem auf dem Fernsehschirm begegnet, beherrscht von einem reichlich selbstgerechten und lauten Literaturpapst. Nur scheinbar ist das Vergangenheit. Eine derartige Literaturkritik, die eher der Werbung dient, kostet nur wenig. Sie ist, zumindest als Werbeveranstaltung, den ehernen Gesetzen des Marktes, also der modernen Ethik, exakt angepasst.

Während man von Literaturtheorie und dergleichen Abstraktem, folglich auch Hochgestochenem, von vornherein lieber schweigen sollte. Der Markt jedenfalls fordert und fördert dergleichen nicht, ganz davon zu schweigen, dass derart Hochgestochenes und Abstraktes auch den Markt nicht fördert, sondern stattdessen den menschlichen Charakter, der möglichst ausschließlich auf Kauf und Verkauf ausgelegt zu sein hat, gründlich verdirbt.

Allerdings reicht die allgemeine Absurdität noch wesentlich weiter. Was nicht verwunderlich ist. Haben wir uns doch bisher nur mit einem ausgesprochenen Randgebiet menschlicher, meinethalben auch gesellschaftlicher Existenz befasst, mit einem Gebiet allerdings, das ein altmodischer Brüll verblendeterweise für ein Zentralgebiet halten muss. Was entschuldbar ist. Professor Brüll ist nun einmal ein nahezu ausschließlich schreibendes wirklichkeitsfremdes Wesen. Auch als er von seinem akademischen Podium herab noch vorwiegend sprechend lehrte, ob unter Zurhilfenahme eines Mikrofons oder ohne, hatte er es immer mit Geschriebenem oder Gedrucktem zu tun, mit Literatur. Derartig realitätsfremde Menschen sind keinesfalls ernst zu nehmen. Sie haben nämlich einen ausgesprochen einengenden ‚Tunnelblick'. Sie sehen nur, was sie sehen wollen, das heißt aber, was ihnen adäquat ist. Das eigentlich Wesentliche, zumindest aber das im allgemeinen Alltag von normalen Menschen für wichtig gehaltene, etwa Fußballweltmeisterschaften, das Eigentliche also, sehen sie nicht.

Aber man sollte dem alten Professor Brüll nicht Unrecht tun, bemüht er sich doch um Besserung. Richtiger, die Umstände, denen er sich sich neuerdings ausgesetzt sieht, drängen ihn dazu. Seitdem er kein Auto mehr hat und mit dem Bus in die Stadt (oder anderswohin) fahren muss, bekommt er nämlich gelegentlich mit, was seine normaleren Mitmenschen bewegt. Die sind vorwiegend ebenfalls alt, pflegen doch junge und gesunde Menschen, sieht man einmal von den täglichen Schülerhorden ab, heutzutage mit dem Auto zu fahren, vielleicht auch mit dem Motorrad. Da die Mitfahrenden aber alt sind, sollten sie doch eigentlich vom ebenfalls alten Brüll nicht allzu verschieden sein.

Zu seiner Bestürzung aber hat Brüll immer wieder erfahren müssen, dass dem ganz und gar nicht so ist. Leider (oder glücklicherweise) ist sein Gehör noch vergleichsweise intakt. Was er auf seinen Busfahrten aufschnappen muss, hat aber mit dem, was ihn sein ganzes berufliches Leben umgetrieben hat und auch heute leider noch umtreibt, so gut wie gar nichts zu tun. Von Literatur, jedenfalls gehobener, keine Spur, geschweige denn von Literaturwissenschaft. Auch das Wort ‚Kultur' scheint so gut wie gar nicht bekannt zu sein, jedenfalls nicht in jener eher bildungsbürgerlichen Bedeutung, die ihm von kindesbürgerlichen Beinen an lieb und vertraut ist. Zwar kommt auch das Wort ‚Markt' nur selten vor. Unter dem Gesetz des Marktes scheint trotzdem so ziemlich alles zu stehn, was er nun hören muss. Ganz davon zu schweigen, dass auch das öffentliche Verkehrssystem, dessen er sich gerade bedient, zügig dabei ist, marktwirtschaftliche Züge anzunehmen. So dass seine tägliche Busfahrt nun ebenfalls äußerst marktriskant zu werden verspricht. Er muss an britische Verhältnisse denken. Die sprechen für sich und sind ihm als Anglisten nur allzu geläufig.

Allerdings scheinen die lieben vor sich hin und aufeinander zu babbelnden Altchen nichts davon zu bemerken. Der Professor allein bemerkt es. Ihm wird ganz anders. Er sieht sich zudem von Beziehungsproblemen aller möglichen Showgrößen gesprächsweise umgeben, zu denen auch Königshäuser gehören, von Tennis-, Fußball-, Fernsehstars, mehr oder weniger knackigen, nahezu (oder ganz) nackichten Models. Die mannigfachen Leiden und Wehwechen der älteren Mitfahrenden kommen hinzu, ganz zu schweigen von den bewegten Klagen der vielen Witwen, denen (sonderbarerweise) ihr schon vor Jahren verstorbener Ehemann fehlt.

Allmählich beginnt er sich als den Fremdkörper, zumindest aber als jenen (eigentlich überflüssigen) Paradiesvogel zu erkennen, der er offensichtlich, trotz (springlebendiger) Ehefrau, nicht ganz weniger Kinder und ganzer Enkelgeschwader, zu sein scheint. Da er aber nicht nur ein Professor, sondern auch anerkanntermaßen ein Brüll ist, geht er zuerst einmal in sich.

Eigentlich ist eher Egoismus angesagt. Der Markt verlangt es. Als Mensch hat man zu folgen. Allzu schwer dürfte das noch nicht einmal fallen. Auch den Professoren nicht, zumal die schon immer unter dem Gesetz des Wettbewerbs standen, einem Gesetz also, dass dem des Marktes nicht ganz unähnlich ist. Wenngleich es sich hier um einen Wettbewerb in der Forschung (hier und da wohl auch, wenngleich viel zu unbemerkt und selten) in der Lehre handelte. Mit der Folge, dass man sich auf Forschungs- und Lehrfeldern wettbewerbsbeflissen abmühte, die doch eigentlich – wie die Arbeitsfelder des alten Brüll – ganz und gar nicht ernstgenommen werden dürften, da sie ihrerseits den Gesetzen des Marktes durchaus nicht entsprachen. Wir sagten es schon.

Egoismus, ja Egozentrik herrschen. Mitmenschen, mitmenschliche Gesellschaft, Solidarität sind Nebensache, eher schon störend. Verbindliche Inhalte, Normen, sogenannte ‚Werte' (auf die man sich dann auch noch zu einigen hätte) sind so gut wie nicht mehr vorhanden. Einzig wichtig sind ‚Fortschritte', Erträge, ist der Profit. Wobei sich herausstellt, dass sich das Gesetz des Marktes, das doch eigentlich ein Gesetz des freien Wettbewerbs sein sollte, schon nach kurzer Zeit als ein Gesetz der zuverlässigen Wettbewerbsverhinderung zu erweisen beginnt. Betriebe, Firmen, Konzerne kaufen einander auf. Weltumspannend geht das vor sich, zumal ja auch der Kapitalfluss inzwischen weltweit, global ist. Dabei pflegt der eine oder andere Top-Manager mehr oder weniger elegant aus dem Konzernfenster zu kippen. Allerdings hat man ihm vorher rührenderweise einige Zig-Millionen in die Hosentasche gesteckt. So kann er problemlos weiterleben, auf dem gewohnt hohen Niveau, allerdings um etliche Grade weniger gemeingefährlich. Er dürfte fortan nur noch im grauen Heer der *Shareholder* eine Rolle spielen, Dem aber hat er ohnedies auch vorher schon angehört. Nun jedoch tut er es mit freien Händen und von ganzem Herzen.

Globales
Marktwirtschaftsopfer
sucht globalen
Klassenkampfhund.

Wovon Professor Brüll allerdings nichts hat. Hat er überhaupt je etwas von dem er gehabt, was er beruflich und eher außerberuflich betrieben hat? Sieht man davon ab, dass er so manchen seiner ehemaligen Schüler, so manche seiner ehemaligen Schülerinnen dadurch, dass er sie durchs Examen gestupst hat, gleichzeitig ins weite Feld der Arbeitslosigkeit einfädeln durfte. So lange sie noch studierten, ließ man sie gelegentlich jobben und auf diese Weise Geld verdienen. Sie durften das tun unter dem sie zuverlässig gegen fast alle Unbilden des Lebens absichernden Dach der studentischen Sozialversicherung. Den Hauptvorteil davon hatten allerdings ihre Arbeitgeber, brauchten die doch in diesen Fällen keine Sozialversicherungsbeiträge zu zahlen. Sie erhielten also intelligente Arbeitskräfte bei unerreicht geringen Kosten. Auch hier also setzte das Gesetz des Marktes sich durch. Was die Bosse nicht daran hindern wird, über die unerhört langen Studienzeiten deutscher Studenten laut und bewegt Klage zu führen, von denen sie doch, wenn auch reichlich mittelbar, profitieren. Nach abgeschlossenem Examen ist es damit aus. Nun heißt es: „Ab in die Arbeitslosigkeit!“, zumindest für die Studierenden unseres Professors. Wie aber steht der nun da?

Es ist also nicht verwunderlich, dass er eines Tages beschließt, in die Fußstapfen seiner ernster genommenen Kollegen zu treten. Als nunmehr uralter Emeritus brauchte er eigentlich nichts mehr zu tun, als in die Luft zu gucken. Aber er hat es anders beschlossen. Sein vorakademisches Vorleben hilft ihm dabei.

Hat er doch immer wieder die endlich erreichte Informations- und Wissensgesellschaft preisen hören. Eine Gesellschaft, der er bisher in bestenfalls kümmerlichem Umfang angehört hat. Dabei denkt er daran, dass er seinen Computer ausschließlich als Textverarbeitungsgerät benutzt hat. Welche Computer-Fähigkeiten hat er dabei nicht fahrlässigerweise brach liegen lassen? Ins Internet ist er bisher nie persönlich vorgestoßen, was allerdings nicht heißt, dass er sich seiner nie bedient hätte. Benötigte er eine Information, ließ er sie sich von Fachbereichshilfskräften und -Sekretärinnen aus dem Internet holen. Seine E-Mail-Adresse bezieht sich auf den Computer seines in der Nähe wohnenden Sohnes. So kam er wenigstens nie in die Versuchung des Surfens. Auch Computerspiele haben ihn nie gereizt. Lenken doch schon ganz normale Offline-Spiele den auch nur einigermaßen gelehrten Menschen allzu sehr vom eigentlich Wichtigen ab. Kein Moorhuhn ist ihm bisher virtuell zum Opfer gefallen. Sollte er sich dessen nicht eigentlich eher – schämen?

Es ist denn auch gut zu verstehen, dass er vorgestern, das heißt exakt zum Beginn eines neuen Jahrtausends, beschlossen hat, endlich auf

Forschungsfelder auszuweichen, die ernst zu nehmen sind und allgemeine gesellschaftliche Anerkennung genießen. Was umso gefahrloser geschehen kann, als er ja in der Forschung Erarbeitetes nicht mehr lehrend an Studierende vermitteln muss. Er braucht also niemanden lehrend in die Irre zu führen. So lange die Deutsche Forschungsgemeinschaft, so lange andere Drittmittelspender mitmachen, kann er mit seiner nunmehr anerkannten Forschung ungefährdet fortfahren. Einige lobende Erwähnungen, Preise, Orden dürften ihm sicher sein, vielleicht sogar der Nobelpreis der einschlägigen Sparte. Vermutlich handelt es sich dann um entweder Biologie oder Medizin. Was gänzlich neu für ihn wäre.

Vor zwei Wochen nämlich hat Brüll wieder einmal folgendes eigentlich Selbstverständliche festgestellt, und zwar seufzend: Die Menschheit besteht durchweg aus einzelnen Menschen. Die aber ... Schweigen wir drüber!

Wer hier nicht mitschweigen möchte, könnte, ja sollte sogar an die mittlerweile in Mode gekommene Biotechnik denken, mithin an die Ausstattung des Menschen, aber auch anderer Kreaturen mit Genen. (Brüll hat tatsächlich ‚Kreaturen' gesagt, was von ferne an ‚Schöpfung' erinnert). Mit Genen, die auf Entschlüsselung aus sind. Womit dem Wissenschaftler, insofern er nicht immer noch Geisteswissenschaftler ist, ein gewaltig ausgedehntes Experimentier- und Forschungsfeld zur Verfügung steht.

Will man doch kürzlich die menschliche Ausrüstung mit Genen so gut wie entziffert haben. Nein, entziffert wohl eigentlich nicht, aber festgestellt und sortiert. Nun kommt es darauf an, die unzählig vielen einzelnen Gene zu entziffern, auf ihre Botschaften zu befragen, auf jene verwickelt komplizierten Botschaften hin, die letztlich in konkrete Handlungsanweisungen münden. Soviel jedenfalls hat Brüll der Tagespresse entnommen. Gleichzeitig aber hat er sich, der schließlich vor einem halben Jahrhundert einen lang andauernden, entsprechend gefährlichen, zudem ungemein schmutzigen Krieg durchzumachen hatte, eines Teiles seiner einschlägigen Tätigkeiten und Erfahrungen erinnert.

Brüll war damals in der militärischen Spionage-Abwehr tätig gewesen, hatte folglich mit eigenem, vor allem aber auch fremdem Geheimmaterial jahrelang zu tun. Hin und wieder hatte er mitbekommen, wie man sich zu Verschlüsselungs- aber auch Entschlüsselungszwecken der komplizierten, inzwischen geradezu mythenhaft gewordenen Verschlüsselungsmaschine mit dem schönen Namen ENIGMA bedient hatte. Gelegentlich hatte er, wenn gerade niemand anderes zur Verfügung stand, das Gerät auch selber bedient. Nun schien es urplötzlich in die Gegenwart zurückgeholt worden zu sein. Ein US-amerikanischer Film hatte sich seiner nämlich als eines seiner Spannungselemente versichert. Seit einige Monaten war es folglich in aller Munde: als Mythos.

Hier setzte der Professor an. War es ihm doch gelungen (wer's glaubt), eines der wenigen am Ende des Krieges noch verfügbaren Geräte klammheimlich ins Gefangenenentlassungslager, wenig später dann nach Hause zu entführen. Schon bald hatte er es so gut wie vergessen, ließ es auf dem Dachboden vergammeln. Nun aber beschloss er, es zu reaktivieren. Zwar war es, da mittlerweile mehr als 60 Jahre vergangen waren, nur noch als maßvoll modern anzusprechen, gehörte sozusagen ins Verschlüsselungs- und vor allem Entschlüsselungs- Postkutschenzeitalter. In technischer Hinsicht war es also dem uralt gewordenen Brüll durchaus gemäß. Weshalb sollte der nun nicht mittels dieses immerhin mythenhaften Gerätes versuchen, die einzelnen menschlichen Gene zu entschlüsseln? Dabei kam es Brüll vor allem auf die Entschlüsselungsarbeit als solche an, auf eine Arbeit, die gesellschaftlich anerkannt war und folglich als sinnvoll und finanziell unterstützungswert angesprochen werden konnte.

Das Endergebnis kümmerte ihn im Grunde nur wenig. Nur der Forschungsprozess als solcher war für ihn wichtig. Glücklicherweise war er eindeutig ein Geistes- (und zudem Literatur-) wissenschaftler. Für ihn war also sonnenklar, dass die tieferen Geheimnisse der Schöpfung (jawohl: er sagte noch einmal ausdrücklich: ‚Schöpfung'!) grundsätzlich unauslotbar sind. Eine zusätzliche Schwierigkeit mochte darin liegen, dass die ENIGMA auf das Ver- und Entschlüsseln von Buchstabentexten ausgelegt war, während nicht unbedingt davon auszugehen war, dass auch die Informationen der einzelnen zu erforschenden Gene in lesbaren Buchstaben niedergelegt sind. Unmöglich aber war auch das nicht. Man denke an die vielfältigen chemischen Formeln. Wenn man sich schon an grundsätzlich Unmögliches macht, ist schließlich nichts grundsätzlich Mögliche schlechthin unmöglich. Es kam also auf einen Versuch an.

Den aber begann Professor Brüll schon in der übernächsten Woche. Vorher hatte er alle möglichen und eigentlich unmöglichen, zuständigen und eigentlich unzuständigen Stellen, also vor allem die Presse, auf sein Unternehmen aufmerksam gemacht. Resonanz hatte sich schon am folgenden Tag gemeldet. Anfragen von Interessenten, möglichen Geldgebern, sogar die Deutsche Forschungsgemeinschaft darunter, waren postwendend eingetroffen. Die Modernität der Aufgabenstellung, nicht zuletzt aber auch die Mythenhaftigkeit der ENIGMA hatten dazu beigetragen.

Es ist denn auch nicht verwunderlich, dass dieses verwickelte Gerät wieder einmal in den seriöseren Presseorganen, was seine Konstruktion und Arbeitsweise betraf, eingehend dargestellt wurde. Etwa so (den erklärenden Text mag man beim Lesen überspringen):

Im letzten großen Krieg wurde eine Verschlüsselungsmaschine benutzt, die wie eine etwas plump geratene Schreibmaschine aussah, auch das entsprechende Tastensystem aufwies. Die Tasten waren allerdings relativ schwergängig, da sie im Leib der Maschine so einiges zu bewirken hatten, was normale Schreibmaschinen nicht zu leisten brauchen. Oben gab es ein Fensterchen, in dem man, wenn der Verschlüsseler beispielsweise ein ‚A' eingegeben hatte, den Buchstaben lesen konnte, der im zu verschlüsselnden Text an die Stelle eben dieses ‚A' treten sollte. Woraus sich ergibt, dass beim Verschlüsseln und Entschlüsseln normalerweise zwei Personen beschäftigt waren. Der eine gab ein. Der andere las ab und schrieb auf dem Wege des Ablesens den damals auf dem Funkwege zu übermittelnden Spruch auf das entsprechende Formular. Beim Entschlüsseln ging es dann andersherum: Nun konnte man, wenn alles gut ging und keine funkischen Übermittlungsfehler vorlagen, aus dem Fensterchen den entschlüsselten Spruch rekonstruieren, wenn man den verschlüsselten Text in die Maschine eingab. Sprüche, die nicht von den eigentlichen Adressaten aufgenommen worden waren, sondern von der gegnerischen Funkaufklärung oder -Abwehr, wiesen allerdings häufig erhebliche Übermittlungsfehler auf. Was die Entzifferung entsprechend erschwerte.

Was aber ging im Inneren der Maschine vor? Es standen für den Einbau in die Maschine anfangs insgesamt fünf verschiedene, kompliziert vernetzte Walzen zur Verfügung, von denen im konkreten Fall jeweils drei in die Maschine eingebaut wurden. Die Reihenfolge der einzubauenden Walzen wurde von Fall zu Fall vorgegeben, ebenfalls die Einstellung jener Zahnradringe, die um die einzelnen Walzen herumliefen und den Kontakten der Walzen (pro Walze 26) jeweils verschiedene Buchstaben zuordneten. Außerdem waren auf einem Steckerbrett vorn unter der Tastatur zwei oder mehrere der 26 Steckkontakte durch Kabel miteinander zu verbinden. Dadurch wurden weitere Variationen in den Schaltkreisen hergestellt. Aus denen ergab sich dann der ‚Code'. Der wurde anfangs, vor allem, was die Auswahl, Reihenfolge und Einstellung der Walzen betraf, nur alle drei Monate geändert. Was ein schwerer Fehler war. Während des Krieges wechselte man häufiger, zuletzt sehr häufig, in der Regel mindestens täglich.

Die insgesamt fünf pro Enigma zur Verfügung stehenden Walzen konnten auf 60 verschiedene Arten angeordnet werden. Jede Walze konnte insgesamt 17.576 Positionen einnehmen, wobei zusätzlich zu bedenken ist, dass sich zuerst die rechte, dann die mittlere, dann die linke Walze bei dem Eingeben eines jeden Buchstabens um einen Walzen-Buchstaben weiterbewegte, so dass sich die inneren Schaltverhältnisse ständig änderten. Durch das Steckerbrett ließen sich die Schaltkreise 150 Millionen Millionen mal verändern, so dass sich die Gesamtzahl der möglichen Einstellungen auf 59 Millionen Millionen Millionen (angelsächsische Zählung!) belief. Diese Zahl ist dem Buch von Michael Smith über die Enigma entnommen (Enigma. Entschlüsselt. Die Codebreakers von Bletchley Park, München: Heine 1998. Engl. Originalausgabe ebenfalls erst 1998). Man sollte vielleicht zusätzlich wissen, dass die Enigma schon relativ früh erfunden worden war, nämlich im Jahr 1919, und zwar durch einen Niederländer, andere sagen durch einen Deutschen. Jedenfalls führten wir Deutschen das System als verbindlich ein, selbstverständlich nur für höhergradig geheime Meldungen. Auf unterer Ebene wurden weiterhin Handschlüssel verwendet. Nur in der Kriegsmarine, vor allem in der U-Boot-Flotte, war die Enigma allgemein verbreitet, später sogar in einer mit einer zusätzlichen Walze bestückten Version.

Schon gegen Ende des Ersten Weltkrieges hatten die deutschen Streitkräfte eine Verschlüsselungsmethode, die von den Briten lange Zeit für unentzifferbar gehalten worden war. Eine der Folgen davon war, dass man anfangs auch die wesentlich kompliziertere Enigma für undekodierbar hielt. Womit die Mythenbildung beginnt.

Ende des einschlägigen Presseberichtes, der hier nur als ein Beispiel angeführt sei.

Der Professor machte sich also ans Werk.

Zuerst beschloss er, davon auszugehen, dass der Gen-Code tatsächlich in dem uns seit vielen Jahrhunderten gewohnten Buchstabensystem abgefasst sei. Es liegt auf der Hand, dass dieser Entschluss anfechtbar war. Denn er beruhte auf nichts als einer Annahme. Aber eben dies ist in der Wissenschaft, gerade auch in der exakten, nichts Ungewöhnliches, kann man hier doch von einer (wenn auch ungewöhnlich leichtsinnigen) Hypothesenbildung sprechen.

In einem zweiten Schritt begann Brüll, Gen um Gen, den in Buchstaben verfassten, vorerst noch verschlüsselten Text zu lesen und anschließend aufzuschreiben. Wie er zu diesem Buchstabentext gelangt war, soll geheim, ja möglichst auch unerörtert bleiben. Hatte sich Brüll dabei doch so gut wie ausschließlich auf seine blühende Fantasie verlassen. Aber auch das gehört gelegentlich zur Hypothesenbildung. Im übrigen strebte Brüll das Patentieren seines Verfahrens an, hatte also allen Grund zur Geheimhaltung. Wenigstens vorläufig noch.

Wie aber war Professor Brüll an jenen geheimen Code gelangt, der einer jeden Ver- und Entschlüsselung zwingend zu Grunde liegt? Selbstverständlich erinnerte er sich daran, dass dieser Code während des großen Krieges, also zur Glanzzeit der ENIGMA, jeweils von oberster Stelle vorgegeben worden war, um zuerst noch vergleichsweise selten, dann aber in immer kürzer werdenden Abständen ausgewechselt zu werden. Den im Augenblick geltenden Code hatte der Entschlüsseler damals einer Liste zu entnehmen. Die aber war hochgradig geheim. Nur mit Hilfe des Codes konnte die komplizierte Einstellung der Walzen, der Zahnradringe, letztlich aber auch der Steckkontakte so vorgenommen werden, dass die ENIGMA entschlüsselungsbereit war.

Nun durfte sich Professor Brüll allerdings einer ungewöhnlich glücklichen Ausgangslage erfreuen, einer Lage, die man wohl zu Recht als einmalig in der Entschlüsselungsgeschichte aller uns bekannten Kulturen und Zeiten bezeichnen darf: Er hatte nämlich den gültigen Code selber bestimmt, den zu entschlüsselnden Text kraft seiner Phantasie mehr oder weniger selber entworfen und durfte ihn nun – wobei er sich sozusagen selber in die Tasche log – mittels der Wundermaschine ENIGMA auch noch selber entschlüsseln. Er war also Verschlüsseler und Entschlüsseler zugleich. Damit aber befand er sich in einer einmaligen Lage.

Das machte ihm allerdings nichts aus. War er doch, wie wir bereits wissen, ohnedies davon überzeugt, dass er im Grunde nur ein Spiel spielte, allerdings ein wissenschaftliches, oder eher doch wohl nur scheinbar wissenschaftliches Spiel. Mit einer tatsächlichen Entschlüsselung der menschlichen Gene hatte dieses Spiel zwar so gut wie gar nichts gemein. Es erregte lediglich Aufsehen, und da es wissenschaftliches Aufsehen erregte, brachte es ihm nicht nur (vorläufige) Anerkennung, sondern nach einigen Monaten auch ganz erhebliche Forschungsmittel ein. Professor Brüll konnte sich also zum ersten Mal in seinem langen Leben wissenschaftlich ernst genommen fühlen. Das tat ihm ausnehmend gut.

Es liegt auf der Hand, dass er seine von ihm selber aufgesetzten und verschlüsselten Buchstabentexte nunmehr gänzlich unbeschwert in die ENIGMA einfüttern konnte. Gen um Gen, Gen um Gen. Was eine sein Restleben mit Sicherheit ausfüllende wissenschaftliche Tätigkeit bedeutet. Die Drittmittel flossen und flossen. Sie würden nach menschlichem Ermessen jahrein, jahraus weiterfließen, konnte doch keiner der Geldgeber ahnen, dass der forschende Brüll von Anfang bis Ende davon überzeugt war, dass seine Arbeit letztlich nichts irgendwie Sinnvolles erbringen konnte. Aus mindestens drei Gründen nicht: erstens war die Annahme, die codierten Gen-Texte seien in Buchstabenform angelegt, folglich also für die ENIGMA entschlüsselbar, nichts als auf fantasievolle Weise ‚gegriffen', zweitens hatte Professor Brüll den zu entschlüsselnden Text selber aufgesetzt und verschlüsselt, drittens aber war er im tiefsten Herzen davon überzeugt, dass die Schöpfung (ja er sagte noch einmal ‚Schöpfung') grundsätzlich nicht zu entschlüsseln sei, jedenfalls nicht durch herkömmliche Menschen. Es ging ihm also um nichts als um den Forschungsprozess als solchen (sei der auch dreifach in Anführungszeichen zu setzen), um die damit verbundenen ‚Drittmittel' und die ebenfalls damit zusammenhängende Wertschätzung in Marktgesellschaft und Wissenschaftswelt.

„Man sagt, die Fruchtfliege soll immerhin halb so viele Gene haben wie der Mensch ..."

„Na und?"

„Soll das etwa heißen, dass der Mensch nur doppelt so viel wert ist wie eine - Fruchtfliege? Sollen wir etwa in Zukunft noch bescheidener auftreten als auch bisher schon?"

„Die Frage stellt sich nicht. Oder haben Sie sich jemals im Ernst mit einer Fruchtfliege verglichen?"

„Nein, dann schon eher mit Menschenaffen, in schwächeren Augenblicken wohl auch mal mit einem Esel oder einem Schwein. In der Regel aber habe ich mich an irgendwelchen mythischen Göttern gemessen. Da scheinen mir die Abstände zu uns Menschen denn doch etwas weniger unüberbrückbar zu sein."

„Sind Sie sich da sicher?"

„Ich bin mir nie ganz sicher. Das muss wohl an meinen Genen liegen."

„Die bekanntlich doppelt so zahlreich sind wie die einer Fruchtfliege. Aber lassen wir das! Was halten Sie eigentlich von ... Mistbienen?"

„Aber ich bitte Sie! Ich darf doch davon ausgehen, dass wir ein ernsthaftes Gespräch über ernsthafte Themen führen. Während ausgerechnet Mistbienen ..."

„Halten Sie ein, mein Herr! Beachten Sie bitte die verbindlich verordnete political correctness. Ist doch auch eine Mistbiene ..."

„Das mag ja sein. Aber für Mistbienen bin ich nicht zuständig."

„Eigentlich schade."

Das schloss nicht ganz aus, dass er sich in seinen schwächeren Stunden gelegentlich, indem er seine Fantasie zusätzlich galoppieren ließ, vorstellte, er könne trotz aller Skepsis nach einigen Jahren tatsächlich zu einem unanfechtbaren, zugleich auf Mensch, Tier und Pflanze anwendbaren Ergebnis gelangen. Mochte er auch noch so grundsätzlich gegen jede Manipulation zumindest der menschlichen Gene sein, es war überaus verlockend, sich vorzustellen, er könne dann wenigstens jenen Personenkreis durchgreifend und endgültig verändern, den er leider allzu gut kannte: die deutsche Professorenschaft nämlich. Die bedurfte fürwahr der Veränderung, nämlich der grundlegenden Verbesserung.

Man würde also Faulheit, Überheblichkeit, Eigenbrötelei, Rivalität, Neid, Eitelkeit, Hang zur Erbhofbildung, Geringschätzung der akademischen Lehre und dergleichen endgültig ausrotten können um letztlich zu jenen endlich erträglich menschenähnlichen, zugleich aber auch zureichend marktgängigen akademischen Forschern und Lehrern gen-manipulierend zu gelangen, die uns bis heute so bitterlich fehlen.

Der neue Mensch:
Was geht er uns an?
Mit Sicherheit wird er
nicht ausgerechnet
Professor.

Ob er im Zuge dieser Veredelungsaktion letztlich auch manipulierend Hand an sich selber legen wird, ist ihm zwar heute noch nicht klar. Nötig hätte er es vermutlich. Aber derartiges verdrängt man lieber, zumal es so beruhigend ist, Taste um Taste der ENIGMA herunterzudrücken und, indem man dem angenehm maschinell-neutralen Innenleben der Maschine lauscht, den jeweiligen Alternativbuchstaben im kleinen Fensterchen oben rechts abzulesen, um letztlich zu jenem Text zu gelangen, der alles bisher Geheime endgültig offenlegt. Scheinbar.

Professor Brüll jedenfalls ist nahezu glücklich. Denn endlich nimmt man ihn wissenschaftlich ernst. Möge er glücklich bleiben bis ans Ende seiner irdischen Tage!

Zumal er sich vorstellen kann, dass sich seine in nicht allzu ferner Zukunft erfolgreich gen-manipulierten Kollegen unmittelbar nach ihrer Vervollkommnung daran machen werden, endlich wissenschaftlich exakt und absolut leidenschaftslos eben das durchzuführen, was im Augenblick leider nur unzureichend zu leisten ist. Obgleich es dem Zeitgeist, mithin dem Gesetz des Marktes entspricht. Endlich werden sie nämlich die Menschheit wieder einmal klassifizieren, nämlich in lebenswerte (d. h. marktfähige), weniger lebenswerte (d. h. weniger marktfähige) und absolut lebensunwerte (d. h. absolut marktunfähige) Exemplare einteilen. Ähnliches war bekanntlich schon einmal, nämlich in der verwerflichsten Phase unserer Geschichte der Fall, wenngleich auf eine andere Ideologie bezogen. Auf dass man die fälligen Konsequenzen wieder einmal ziehe. Wissenschaftlich korrekt, das heißt, rücksichtslos marktgerecht und endgültig.

Brüll selber wird dann vermutlich längst tot sein. Glücklicherweise. Ist er sich doch nicht sicher, in welche der drei Kategorien seine Kollegen ihn letztlich einordnen würden. Er kann es bestenfalls ahnen. Aber das reicht ihm schon. (Zumal auch der geneigte Leser es ahnt.)

Als die Bombe
neben ihm einschlug,
war er, vorwitzig
wie immer,
schon tot.

Nachwort

Wenn es endlich ans Ende geht, bleibt so manches zurück. Anderes, das bisher vielleicht allzu bedeckt und unsichtbar war, tritt dafür in den Vordergrund: Alltägliche Dinge, die man sehen, betasten und riechen kann. Menschen, Menschliches, Freunde, Freundinnen, nahe und etwas fernere Bekannte. Schönheit der Landschaft. Wechselspiele der Farben, des Wetters, der Temperaturen. Gewiss, die Sinne sind schwächer geworden, ihre Unterscheidungskraft hat nachgelassen. Aber sie drängen einen auch nicht mehr in Richtungen, die man nun lieber vergessen sollte.

Einige Fragen allerdings lassen sie zu. Etwa die Frage nach dem, was man etwa zurücklässt? Was man hinterlässt? Was man (vielleicht) bewirkt hat (oder auch nicht)? Wen oder was man etwa verletzt haben könnte. Vielleicht sogar durch eben die ‚Listen, Lasten, Lustbarkeiten', deren Niederschlag man eben noch (allerdings im Laufe langer Wochen und Monate) in den Computer getippt hat. So ist es zu einem (Nachlass-) Text gekommen, der im wesentlichen, soweit so etwas überhaupt menschenmöglich ist, ein ehrlicher, wenngleich hier und da vielleicht gerade deshalb auch verletzender Text ist. Wenngleich in der Regel eher ergötzlich. Glücklicherweise gehört zu den (allerdings nunmehr stark abgeschwächten) ‚Lustbarkeiten' auch die Tatsache, dass man sich nicht mehr um Erfolg, Beachtet- oder Nichtbeachtetwerden (und natürlich auch Gelesen- und Nichtgelesenwerden) zu kümmern braucht.

Er machte sich auf.
Und das war's.

Hier war noch nicht einmal eine allzu hohe Schwelle zu überspringen, haben doch Äußerlichkeiten, guter Ruf, Erfolge, ganz zu schweigen von Geld und Gut den jungen, vor allem aber den alten Brüll immer nur vergleichsweise wenig gekümmert. Auch mit der Gabe des Neides oder auch der Eifersucht war er glücklicherweise nicht oder nur in Spurenelementen gesegnet. So hatte er es vergleichsweise leicht.

Ob aber auch seine Mitmenschen, seine Ehefrau, seine Kinder und Enkel, seine Freunde und Freundinnen, seine Schüler und Schülerinnen, seine Studentinnen und Studenten, vor allem aber auch seine (wenigen) Leser und Leserinnen es immer leicht mit ihm gehabt haben? Eines steht jedenfalls fest: Er lässt sie zurück. Was er übrigens auch von seiner wackeren Ehefrau hofft. Die hat in ihrem bisherigen Leben schwer zu arbeiten und so manches zu erdulden gehabt. Allerdings hat sie sich wenigstens eines erspart: Seine Texte hat sie nie (freiwillig) zur Kenntnis genommen. So mancher Gefahr ist sie damit also entronnen. Professor Brüll gönnt es ihr von Herzen. Möge sie ihn trotzdem oder gerade deswegen in gutem Andenken bewahren. Vielleicht sagt sie sogar eines Tages einmal, wie die Witwe des leider nur fiktiven Sir Archibald : „Ping!" Wie Brüll sich dann wohl freut!

Im Grunde hat er sich immer gern gefreut. Das hat er zwar sorgfältig mit einer mal dicken, mal dünneren, mal nur ganz dünnen Ironie-Schicht bedeckt gehalten. Zugeben muss er allerdings, dass seine Ironie gelegentlich hart an Sarkasmus gegrenzt hat. Wer die allgemeinen (und die besonderen) Verhältnisse kennt, denen er als Professor ausgesetzt war, wird das mühelos verstehen. Im Grunde aber hat Brüll sich tatsächlich immer gern gefreut. Er nimmt sogar an, dass man das gelegentlich bemerkt hat. Vermessenerweise nimmt er das an. Indem er das (vermessenerweise) annimmt, nickt er nun, Abschied nehmend, der gesamten menschlichen Hinterlassenschaft, seiner Frau, den Kindern und Enkelkindern, den Freunden und Freundinnen, Studentinnen und Studenten, den näher oder weniger nahen Bekannten, ja sogar seinen (wenigen) Lesern und Leserinnen fröhlich zu und sagt: DANKE! Was bekanntlich im Leben das Allerwichtigste ist.

Dagegen bleiben Wege und Abwege der Forschung, der Wissenschaft, der akademischen Lehre, Wege, Um- und Abwege der Brüll'schen akademischen Disziplin, der alten und doch eigentlich noch sehr jungen Anglistik, sogar solche der Lehrer- und Leserausbildung, weit zurück. Wenn der Abschied nehmende Professor Brüll sich auch gern um einige Grade sicherer zu sein wünschte, als er es (leider) ist, dass die Kunst des Schreibens und Lesens auch in Zukunft nicht ganz ausstirbt. Aber darum werden sich nun wohl andere kümmern. Brüll sollte sich endlich auf das beschränken, was unbestritten das Wichtigste ist. Er sagt deshalb noch einmal laut und verständlich: „DANKE!" Und das wär's wohl.

Unser Abgang
fasst uns zusammen,
lässt uns endlich
gewinnen,
was bisher fehlte:
Ausdruck,
Klarheit,
Gestalt.

So löst man sich
leicht.

Ulrich Vormbaum

Vom Schreiben und vom Leben

Gedanken zur Autobiografie

Biografien liegen voll im Trend. Vor allem Autobiografien. Wer die jüngste Entwicklung des Buchmarktes verfolgt, gewinnt den Eindruck, das eigene Leben habe erst dann Bestand, wenn es in einem mehr oder weniger selbst verfassten Oeuvre verifiziert ist. Privilegiert scheint dann derjenige zu sein, der den schriftlichen Nachweis erbringen darf: Ich habe gelebt! Also wird mit Macht versucht, wie es die jüngsten Buchtitel suggerieren, sich zu erinnern, Augenblicke aus dem eigenen Leben festzuhalten, es allen zu zeigen und endlich einmal nichts als die Wahrheit zu verbreiten, sei es nun als Politprominenter, als Sportcrack des kleineren oder größeren Ballspiels oder als selbsternannter Pop-Titan.

Versteht man unter einer Autobiografie dem Wortsinne nach eine retrospektive Darstellung des eigenen Lebens, so lassen sich Züge dieses Genres unzweifelhaft auch in dem vorliegenden Buch von Helmut Schrey *Akademische Listen, Lasten, Lustbarkeiten* wiederfinden. Allerdings scheint es wohl kaum auf der modischen Welle der just oben angedeuteten Lebensbeschreibungen zu schwimmen. Bereits der Titel verweist auf ältere Traditionen, sei es bezüglich des Akademischen auf die Gelehrtenbiografie des 17. Jahrhunderts, sei es bezüglich des Moralischen auf die puritanische und pietistische Bekenntnisliteratur des 18. Jahrhunderts. Dabei schwingt freilich in der „Li-La-Lu-Alliteration" (*Listen, Lasten Lustbarkeiten*) ein ironischer Ton mit, so als würde er sich in eher pikarischer Manier über den Ernst moralischer Wahrheiten hinwegsetzen. Wie zur Bestätigung kommen im Untertitel Zweifel an der Seriosität des Professors auf. Und das bizarre Bild von der Literatursäure scheint die Grenzen zwischen faktischen und fiktiven Erfahrungen zu zersetzen.

Mit dieser Uneindeutigkeit und Spannbreite unterscheidet sich die Lebensbeschreibung Helmut Schreys erheblich von den meisten zeitgenössischen Autobiografien, in denen eine eingrenzende und vereinheitlichende Perspektive verabsolutiert wird. Eine Voraussetzung der Autobiografie, man könnte sagen ihre Crux, ist es ja, dass sich der Verfasser selbst für hinreichend wichtig erachtet, um zum Hauptgegenstand der eigenen Betrachtung zu avancieren. Damit aber bekommt unsere Gesellschaft genau das Medium an die Hand, das der einzelne braucht, um sich seinem Bedürfnis nach Selbstgerierung bis zur Unerträglichkeit hin zu verschreiben. Endlich wird das, was man denkt, was man sei, maßgeblich, kann man es schriftlich festhalten (*Boris Becker, *Augenblick verweile doch*), es allen zeigen (*Effenberg, *Ich hab's allen gezeigt*) und als einzige Wahrheit (*Bohlen, *Nichts als die Wahrheit*) verkaufen. Die Autobiografie wird zur Metapher einer Egomanie, die keiner anderen ernsthaften Beschäftigung frönen kann als der mit sich selbst: Das Autoren-Ich setzt ein Erzähler-Ich ein, das über sich selbst als Figuren-Ich berichtet. In dieser tautologischen Gleichsetzung scheint dann jegliche Differenz und Andersartigkeit der Selbststilisierung zum Opfer zu fallen, wobei freilich geflissentlich übersehen wird, dass sich das Ich im Text als Bild seiner selbst ja gerade neu und anders konstruiert, ganz zu schweigen vom Erzähler, der im Zweifelsfall eh dem Ich eines Ghostwriters angehört.

Anders dagegen die biografische Darstellung von Schrey. Er vermeidet die Ich-Perspektive im vorliegenden Buch, wann und wo immer es geht. Ein Ich tritt nur im konkreten Dank an den Leser zu Anfang und in einigen literarischen Einlagen auf. Die Erzählperspektive ist zumeist personal mit gelegentlichen auktorialen Einsprengseln. Dann nimmt sich der Erzähler aus dem erzählten Zeitkontinuum heraus, stellt Vorausdeutungen an, schaut zurück oder wechselt in die Gegenwart. Was nun aber die Hauptperson betrifft, so begegnet sie dem Leser als Professor Brüll – wenn man so will, eine lautmalerische Karikatur des Verfassernamens, aber eben nicht mit dem Autor gleichzusetzen. Damit ist der autobiographische Pakt, nach dem Autor und Figur identisch sind (*vgl. Philippe Lejeune, *Der autobiographische Pakt*), gebrochen, der Übergang zum Roman ist fließend. Und so nimmt es dann auch nicht Wunder, dass eben dieser Professor Brüll – bei einigen wenigen privaten Szenen trägt er auch den schalkhaften Vornamen August – in zahlreichen Wissenschaftssatiren auch im Habit eines Professors Grabowski alias Rutkowski (*H. Schrey,

Akademische Seitensprünge) alias Borowski (*H. Schrey, *Affentanz*) oder als Professor Logan (*H. Schrey, *Mordaffäre Shakespeare*) und in diversen weiteren fiktiven Einkleidungen namenloser Kollegen dem Leser einen Spiegel vorhält. Geht es also den meisten Autobiografen darum, ihre Person eindeutig zu fixieren und für die Nachwelt zu konservieren, so scheint Helmut Schrey eher wie ein Romanautor gewillt, Identitäten auszufächern und Mehrdeutigkeiten zuzulassen.

Das heißt jedoch keineswegs, dass wir den akademischen Werdegang des Professor Brüll im vorliegenden Buch nicht ernst zu nehmen hätten oder für eine Ausgeburt der Phantasie halten sollen. Im Gegenteil: Die Betonung der Fiktionalität schärft gerade den Blick für Wirklichkeitsbezüge. Während eine Autobiografie mit Faktizitätsanspruch den Leser dazu anspornt, nach Stilisierungen, Verzerrungen und Unwahrheiten zu suchen, wird eine fiktiv gehaltene Lebensbeschreibung dazu verführen, ganz nach der Art eines Schlüsselromans die tatsächlichen Ereignisse und die wahren Identitäten herauszufinden. Und diese Entdeckungsreise wird dem Leser im vorliegenden Buch nicht schwer gemacht. Die Koordinaten von Ort und Zeit sind stets erkennbar und ein Teil der Personen haben identifizierbare Namen, so dass der Transfer der Stationen in der beruflichen Entwicklung des Protagonisten Brüll auf einzelne Lebensetappen des Autors Schrey eigentlich mühelos gelingt und dennoch dem Leser genügend Platz für eigene Spekulationen und eigenes Wieder-Erkennen bleibt.

Die Biografie setzt ein mit einem Spagat zwischen Schule und Hochschule, der sich kurzzeitig zu zwei gymnasialen Direktorstellen einerseits sowie zwei wissenschaftlichen Engagements an den Pädagogischen Hochschulen Kettwig und Siegen andererseits ausweitet, bis sich Professor Brüll endgültig und ausschließlich für den Hochschulstandort Duisburg entscheidet und Gründungsrektor der dortigen Gesamthochschule wird. Nach seinem Rücktritt aus dem Amt wird sein weiteres Wirken als emeritierter Professor an dieser Duisburger Institution beleuchtet, die sich mittlerweile zu einer Universität gewandelt hat. Dabei verlangsamt sich das Erzähltempo deutlich, je näher das Geschehen an die Jetztzeit heranrückt. Am Ende hat Professor Brüll seiner Wirkungsstätte vollends den Rücken gekehrt und betrachtet den Schrumpfungsprozess der Universität mit Skepsis und Distanz. (*Dieser Prozess hat sich mittlerweile vollendet:

Seit der Fusion mit der Nachbaruniversität Essen besteht die Universität Gesamthochschule Duisburg nicht mehr.)

An dieser biografischen Rückschau fällt vor allem der ausschnitthafte, berufsbezogene Blickwinkel auf. Fast könnte man meinen, der „Held" der Darstellung wäre nicht der Professor, sondern eine Hochschule in ihrer Gründung, ihrer weiteren Ausformung und ihrem Niedergang. Denn in der Regel setzt eine Autobiografie ab ovo ein, also mit der Geburt des „Protagonisten", um dann vor allem die Phase des Lebens ausgiebig zu beleuchten, in der die Persönlichkeit ihre entscheidende Prägung erfährt (*vgl. Roy Pascal, *Die Autobiographie als Kunstform*, S.148 f.). Schreys *Akademische Listen, Lasten, Lustbarkeiten* beginnen dagegen da, wo andere Lebensbeschreibungen abbrechen, zu einem Zeitpunkt, wenn die Weichen in der Entwicklung eines Menschen gemeinhin gestellt sind, nämlich in der Phase, als sich Brüll bereits als Gymnasiallehrer etabliert hat. Es handelt sich also um eine Art „Berufsbiografie", freilich verlängert um die Zeit des Ruhestandes als Privatier. Die „Ich-Biografie", die dem beruflichen Werdegang die Kindheit im Elternhaus und das Heranwachsen voranstellt, hat Schrey ja auch bekanntlich bereits vor 10 Jahren geschrieben (*Helmut Schrey, *Abgesang. Lebens- und Wissenschaftsimpressionen eines altgewordenen Anglisten und Spät-Bildungsbürgers*, Duisburg 1994). Aber auch schon in dem damaligen Werk ging es ihm nicht um Selbstbespiegelung und um das tiefere Ausloten des eigenen Seelen- und Gefühlslebens, sondern vielmehr um die Darstellung der persönlichen Erlebnisse im Kontext von Gesellschaft und Geschichte (* ebd., S. 3: *„Jedenfalls scheint dafür gesorgt zu sein, dass mein autobiografisches Unternehmen nicht allzu sehr der Gefahr ausgesetzt ist, selbstverliebt um das Subjekt zu kreisen, das man nun einmal selber ist. Sachfragen, Probleme, auf die sich eben dieses Selbst (und das Selbst der Eltern) bezogen haben, werden vielmehr für ein zureichendes Maß an Objektivität, vor allem auch an Nüchternheit sorgen. Zumal persönliches Leben und Erleben grundsätzlich immer auf Leben und Erleben in der menschlichen Gesellschaft, und zwar in ganz konkreten gesellschaftlichen Rahmenbedingungen, bezogen ist."*). Während also viele zeitgenössische Autobiografien in geradezu exhibitionistischer Weise das Private und Intime ins Rampenlicht der Öffentlichkeit stellen, verkehrt sich dieses Verhältnis in den Lebensbeschreibungen Schreys dergestalt, dass hier das öffentliche (Hochschul-)

Leben selbst in den Mittelpunkt rückt, gespiegelt am Beispiel des eigenen individuellen Werdegangs. In diesem Chiasmus ist ein „Strukturwandel der Öffentlichkeit" (*vgl. Jürgen Habermas, *Strukturwandel der Öffentlichkeit. Untersuchungen zu einer Kategorie der bürgerlichen Gesellschaft*, Berlin 1969, bes. auch S. 58 ff.) beschlossen, der sich seit dem 17. Jahrhundert vollzogen und als Begleiterscheinung zwei ganz unterschiedliche literarische Stränge hervorgebracht hat.

Drängt es den Bürger auf die Bühne des öffentlichen Lebens, so braucht er Selbstbewusstsein und einen Hang zur Selbstdarstellung. Beiden Eigenschaften ist eine Reflexion auf sich selbst gemein, die dem einzelnen den Rückhalt gibt, um sich erfolgreich aus dem Schutz des Privaten zu lösen. Diese Form der Selbstvergewisserung findet im 18. Jahrhundert einen enormen Zulauf, wenn eine Vielzahl authentischer oder fiktiver Lebensbeschreibungen auf den Buchmarkt kommt. Kaufmänner, Dienstmädchen und Handwerksleute beginnen Geschichte zu schreiben: Die bürgerliche Autobiografie wird geboren. Bekannte Beispiele sind die Ich-Romane des Journalisten Defoe und des Buchhändlers Richardson, die erfundene Tagebücher bzw. Briefe als packende Seelendokumente für puritanische Gewissenserforschung und Selbstbehauptung ausgeben, oder die Bekenntnisse des Uhrmachersohns Rousseau, der seine protokollierten Rechtfertigungen mit einem Pathos enthüllt wie das Denkmal eines großen Staatsmannes: *„Hier ist, was ich geschaffen, was ich gedacht, was ich gewesen."* (*vgl. näher dazu Hans Blumenberg, *Säkularisierung und Selbstbehauptung*, Frankfurt 1974, S. 126 ff.) Im Akt des Schreibens und Reflektierens erschafft sich das Ich ein zweites Mal, um so die festgestellte Identität endgültig zu beurteilen und zu legitimieren. Kein Wunder dann, dass fast alle dieser Selbstdarstellungen beharrlich Wahrhaftigkeit für sich beanspruchen. Und dies obwohl die Konfrontation mit sich selbst als gegenübergestelltem Objekt eine höchst künstliche Konstruktion darstellt!

Diese verinnerlichende Rückbesinnung auf das Selbst als wahren und letztgültigen Bezugspunkt wird im Zuge der Individualisierung gerade auch von einer protestantischen Geisteshaltung geprägt. Komplementär dazu lässt sich ein anderer literarischer Strang ausmachen, dessen Blick sich dagegen mit Vorliebe auf die äußere Welt der Erscheinungen richtet. Hier ist eine Trennung zwischen privat und öffentlich nicht maßgeblich, vielmehr ist die ganze Welt eine Bühne, auf der der Mensch je nach Stand seine Rolle spielt. Wie der einzelne nun seinen Part aufführt, mag ihm überlassen sein. Mit dem Textbuch des großen Welttheaters in der Hand posiert er aber nicht; das Schuldbuch der Menschheit, so will es die Dramaturgie in Calderóns katholischem Stück *El Gran Teatro del Mundo*, ist der Transzendenz vorbehalten. Gott ist nach barocker Auffassung der einzig wahre und letztgültige Bezugspunkt: als Autor hat er das Stück geschrieben und als Zuschauer wird er die Aufführung *post festum* beurteilen. Die Welt ist also eine Fiktion, das Leben ein Traum, der Mensch ein Schauspieler und Schelm und die menschliche Gesellschaft ein Narrenspital voller Lug und Trug – dieser demonstrative Gestus irdischer Scheinhaftigkeit und menschlicher Schwäche ist es, der sich fortan in all den Lebensbeschreibungen der pikarischen Tradition über die Jahrhunderte durchziehen wird, vom unbeständigen Lebenslauf des unerfahrenen *Simplicissimus* an über die amouröse Lebensgeschichte des Findelkindes *Tom Jones* in einer Welt voller Eitelkeiten bis hin zu den Bekenntnissen des Hochstaplers *Felix Krull* oder den Demaskierungen des buckeligen Gnoms mit seiner *Blechtrommel*, dem Heilanstaltsinsassen Oskar Mazerath. Und stets tut sich über die Figuren ein großes Zeit- und Zerrbild auf, dem sie in ihrer eigenen Skurrilität als Teil angehören, ohne ihm von außerhalb wertend gegenüberzustehen: der Dreißigjährige Krieg, das englische Rokoko, das Fin-de-Siècle, der Nationalsozialismus und die Nachkriegszeit.

Und Schreys *Listen, Lasten, Lustbarkeiten*? Sie spiegeln, könnte man sagen, ein großes Stück bundesrepublikanischer Hochschulgeschichte von der Nachkriegszeit bis zur Jahrtausendwende anhand eines akademischen Werdegangs wider. Und das Skurrile? Vielleicht liegt es in der Fossilität des Verfassers, die er vorwitzig bereits in einer Rede zu seiner Emeritierung vor 20 Jahren für sich in Anspruch nahm. Doch kehren wir zu Professor Brüll zurück. Wie ein alter Hase schlägt er in seinem Lebenslauf durch die Hochschulwelt immer wieder einen überraschenden Haken nach dem anderen, um mit List und Tücke an den starren Hindernissen vorbeizukommen, mit denen der Weg durch die Institutionen gepflastert ist. Ganz im Zeichen des Pikaro erreicht er seine Wendigkeit dadurch, dass er nicht durch theoretische Dogmen, moralische Vorurteile oder politische Ideologien belastet ist, andererseits aber mit zunehmender Erfahrung solche

Abhängigkeiten und Unbeweglichkeiten bei seinen Gegnern durchschaut. So wird das Greenhorn mit der Zeit zum ausgebufften Politstrategen, der in diesem *theatrum scientarum* virtuos mit den affektuösen Schwächen der anderen zu spielen und sich gegen die Exekution von Formalismen zur Wehr zu setzen weiß.

Dabei schreckt er auch nicht vor äußerst unkonventionellen Listen und Streichen zurück, sei es, dass er schelmisch eine höchstministeriale Anordnung aufgrund des Erlassdatums zu einem Karnevalsulk verwandelt – Possen, welche in trockenen Amtsstuben, zumal wenn sie Vertriebene, also Nicht-Rheinländer, beherbergen, auf Unverständnis stoßen müssen. Oder sei es, dass der mittlerweile in den besten Jahren befindliche Professor seinen früheren Vorbildern auch äußerlich zu gleichen anfängt, wenn er sich, so als ginge er auf eine lange Wanderschaft, mit Schlafsack, Brotbeutel und Feldflasche rüstet und dem Ministerium als demonstratives „Sit-in" ein unseriöses Biwak androht. Welche Einkleidung und welche Finte er auch im Kampf gegen den Amtsschimmel wählt, der allseits befürchtete „Ritt über den Bodensee" gerät jedenfalls in überraschend kurzer Zeit zur ordnungsgemäßen Etablierung der Gesamthochschule Duisburg, deren Gründungsrektor unser Professor Brüll ist.

Diese Gesamthochschule, welche sich später in eine Universität wandeln wird, lässt den Protagonisten sehr lange Zeit nicht mehr los. Sie ist ihm wie ein Ziehkind, um dessen Wohlergehen er besorgt ist. Und Ziehkinder können manchmal auch eine Last werden, vor allem wenn sich die Umstände ändern, das Kind flügge wird und sich aus dem heimischen Nest, sprich: dem einstigen Konzeptrahmen der Gründungstage wegstiehlt. Man hat schwer zu tragen an den Ränken, die geschmiedet, an den Pfründen, die verteidigt, und an den Grabenkämpfen, die gefochten werden. Auch Niederlagen müssen verkraftet werden, weil der Ausbau der Gesamthochschule nicht so vorangeht, wie nach der Gründung anvisiert. Und es gibt auch einen Pyrrhussieg. Brüll versteigt sich dem Ministerium gegenüber zu einem geradezu erpresserischen Manöver, das zwar von Erfolg gekrönt ist, aber auch, der Not gehorchend, seinen Rücktritt vom Rektoramt nach sich zieht. Ein Umschwung des Glücks, pikaresk gesprochen. Als Brüll von einem Forschungsjahr an die Hochschule zurückkehrt, ist nichts mehr wie früher. Das einstige Engagement auf breiter Front für Hochschulreform und Campuserweiterung weicht einem Tauziehen um ein kleines Dienstzimmer, das man ihm streitig macht. Doch auch auf diese vollkommen verwandelte Situation reagiert Brüll relativ unbeeindruckt mit der ihm eigenen taktischen Verve: Das Arbeitszimmer, das er sich schließlich ergattert, wird ihm dann noch lange Zeit als Emeritus dienen. So wenig Brüll sich zu verändern scheint, so mehr tun es freilich die äußeren Umstände. Ist hier eine Projektion von innen nach außen im Spiel? Wie auch immer, die Hochschule wird zur Last, sie altert, die offenen Wunden nehmen zu. Im dreißigsten Jahr ist der Campus am Ende. *Wenn einer in sein dreißigstes Jahr geht [...] entdeckt er in sich eine wundersame neue Fähigkeit. Die Fähigkeit, sich zu erinnern. Er erinnert sich nicht wie bisher, unverhofft oder weil er es wünschte , an dies und jenes, sondern mit einem schmerzhaften Zwang an alle seine Jahre, flächige und tiefe, und an alle Orte, die er eingenommen hat, in den Jahren. Er wirft das Netz Erinnerung aus, wirft es über sich und zieht sich selbst, Erbeuter und Beute in einem, über die Zeitschwelle, die Ortschwelle, um zu sehen wer er war und wer er geworden ist.* (* Ingeborg Bachmann, *Das dreißigste Jahr*, München 1966, S.15)

Und die akademischen Lustbarkeiten? Es wäre kein derb-komisches „Hochschultheater", wenn sich dort nicht auch Menschlich-Allzu-Menschliches ereignete. Schließlich bezog sich das Wort *akademia* einst auf einen griechischen Lusthain. Für das lustspielhafte Ambiente sorgen allein schon die blonden, gut gebauten Assistentinnen und Studentinnen (vorzugsweise mit Pferdeschwanz-Haarschopf) und für die amouröse Handlung vor allem ein Fachkollege Brülls, der in diesem literarischen Genre nicht nur theoretisch beschlagen zu sein scheint. Deutlich zu Tage tritt dies an dessen eigenwilliger Auffassung von Geben und Nehmen, besetzt doch der umtriebige Kollege eine eigentlich unserem Professor zustehende Assistentenstelle eigenmächtig mit einer blonden Dame, um später dann, sozusagen als Austausch, dem Professor Brüll für das Examen die abgelegten Studentinnen zuzuführen, mit denen er sich vorher entzweit hat. Dass unser Professor auch ein Herz für die gefallenen Schönen hat, zeigt sich, wenn er ihnen nicht ungern doch noch zu einem Prüfungsabschluss verhilft. Freilich geht dabei alles mit rechten Dingen zu. Delikate Situationen, das legt schon die Anekdote vom heimlich mitbenutzen Halb-Ehebett im

Siegerland offen, sind nicht vorgesehen, allenfalls ist Brüll dazu bereit, die selbst gesetzte Sittenstrenge platonisch zu unterwandern.

Allerdings sind Schreibstil und Erzählperspektive auch nicht so angelegt, dass wir etwas über innere Gelüste, Gefühlsregungen oder seelische Vorgänge erfahren würden. Die dokumentierende Beschreibung hält am äußeren Geschehen fest auf Kosten der Introspektion: Intimes, Empfindsames, Privates kommen nicht zur Geltung. Dies geht so weit, dass der ganze familiäre Bereich ausgespart bleibt. Nur wenn die Ehefrau der beruflichen Karriere ihrer besseren Hälfte dient, so zum Beispiel, als sie mit ihren sportlichen Aktivitäten die Integration ihres jungen Ehemannes im gymnasialen Kollegium erleichtert, rückt sie in den Blickpunkt der Darstellung. Wirklich? Der ehelichen Unterstützung im akademischen Fortkommen geht eine Hommage August Brülls an seine Frau die Ilsebill voraus mit Gedanken zu den *Szenen einer glücklichen Ehe*, eine gänzlich unwissenschaftliche Veröffentlichung, die sich als sein bestes bzw. am besten verkauftes Buch erweisen sollte. Aber das ist eine Abschweifung von der Abschweifung. Bleiben wir bei der biografischen Darstellung der öffentlichen Vita des Professors, die sich, von den literarischen Einlagen und Digressionen abgesehen, streng an den einzelnen Berufsetappen Brülls orientiert und dabei Aufblühen und Niedergang einer Hochschule beschreibt. Einmal freilich kann sich Ilsebill doch nicht ganz zurückhalten. Beim Anblick ihres doch nun schon um einiges älter gewordenen Gatten, wie er vergleichsweise behände die Tastatur eines modernen Laptops bedient, kann sie ihre Bewunderung nicht verhehlen: „Dies ist das erste Mal im Leben, dass ich – Hochachtung vor dir habe!"

Doch der Einblick in den inneren Figuren-Haushalt, zumal in wörtlicher, emotionaler Rede, ist, wie gesagt, eine Ausnahme. Es würde zu unserem psychologistischen und exhibitionistischen Zeitalter passen, wenn man die an den äußeren Erscheinungen des Daseins orientierte Darstellungsform mit ihrem weitgehenden Verzicht auf Innenleben und Privatsphäre als oberflächlich oder unpersönlich kritisierte. Man würde dann verkennen, dass sich diese Biografie bewusst gegen die Selbstdarstellung und für das Aufgehen in der Welt entscheidet. Oder anders ausgedrückt: es handelt sich hier um den epischen Ausblick auf ein Gesamtes, und nicht um den individuellen Rückblick auf Einzelnes. Dass der Protagonist seine Karriere als Gründungsrektor einer Hochschule Revue passieren lässt, dient weit weniger der Selbstbeweihräucherung als vielmehr der Möglichkeit, ein größeres Spektrum von Welt – ein Stück *„universitas“* zu zeigen, so wie die Helden früherer Epen und Dramen Könige sein müssen, um die Geschichte eines Volkes oder Geschlechts in die Darstellung zu bringen. Professor Brüll ist nicht Subjekt einer Geschichte, das sich ihr zu Grunde legt, um sie auf sich zu beziehen, sondern Teil einer Geschichte, in dem sie sich vielsagend vermittelt. Und darum richtet sich diese Lebensgeschichte auch gar nicht nach menschlichen Eckdaten mit markanten Einschnitten wie Geburt und Ende. Nein, diese Biografie ist keine subjektive Lebenserinnerung, keine Familiengeschichte, sie ist in erster Linie Zeitgeschichte, eine akademische deutsche Geschichte der zweiten Hälfte des 20. Jahrhunderts, eine Duisburger Hochschulgeschichte, wie sie sich prismatisch in der Persönlichkeit eines Professor Brüll bricht.

Dieser Versuch einer entsubjektivierten, panoramischen Beschreibung zeigt sich implizit auch in dem merkwürdigerweise nicht sonderlich vermissten Ausbleiben von etwas, das zu einem akademischen Werdegang eigentlich wie selbstverständlich dazu gehört. Scheinbar hat Professor Brüll nämlich über all den hochschulpolitischen Aktivitäten ganz vergessen, auch wissenschaftlich zu arbeiten! Das, worin der Gelehrte, zumal der Literaturwissenschaftler, seine Daseinsberechtigung erblickt und sein Ego stärkt, also das Forschen und das Dozieren, das philosophische Reflektieren, das Analysieren und Interpretieren, das Abfassen von Texten über Texte, so wie das auch in diesem Text gerade geschieht – nichts, aber auch gar nichts ist von all dem in den akademischen *Listen, Lasten und Lustbarkeiten* zu finden! Gut, einmal ist kurz von der Fertigstellung eines Milton-Buches die Rede. Aber das Forschungsjahr wird eigentlich in Anspruch genommen, um sich in England von den Turbulenzen des öffentlichen Lebens als Hochschulrektor zu erholen und sie im Schreiben an einer balladesken Parodie auf den Wissenschaftsbetrieb zu verarbeiten. Professor Brüll geht nicht in der Theorie auf, sein Verhältnis zur Welt ist ein praktisches. Er verzichtet darauf, einen wissenschaftlichen Standpunkt einzunehmen und Dogmen aufzustellen, er handelt lieber. Er geht auf Welt ein, gestaltet sie und wird von ihr gestaltet.

Anstelle wissenschaftlicher Ergüsse finden sich im vorliegenden Buch dafür jede Menge anderer eingeschobener Texte, in kursivem Druck kenntlich gemacht: vom Autor verfasste Epigramme, Gedichte, Prosaskizzen und Ausschnitte aus seinen veröffentlichten Wissenschaftssatiren. Auf den ersten Blick mögen diese literarischen Texte wie willkürlich eingestreute Fremdkörper wirken. Erst nach einiger Zeit spürt der Leser, dass sie einen Kontext ergeben, der den äußeren Handlungsverlauf unterschwellig begleitet. Wenn man so will, tut sich hier als Ergänzung zur materiellen Welt ein „Tiefenraum" auf, aus dem Gefühle nach oben dringen, Reflexionen zu Tage treten und Fragen nach Sinn und Bedeutung laut werden. Jedoch sind diese literarischen Einlagen mehr als nur „Subtexte" mit psychologischem und philosophischem Tiefgang. Nimmt man die Metaphorik des Autors ernst, so sind sie die Literatursäure, in die der eigentliche Textkorpus eingelegt ist. Der Säure ist eigen, dass sie zugleich schützt und ätzt. Sie ist ein Mantel, der sich zwischen Text und gegenwärtige Zeit schiebt. Nach innen bewahrt sie den Text vor dem zeitlichen Zerfall, macht ihn haltbar, und nach außen wehrt sie den vereinnahmenden Zugriff durch die Zeit ab, bleibt widerständig. Will die Säure aber Literatursäure sein, dann ist sie transparent, das heißt, sie muss zeigen, was sie konserviert und gegen wen sie ihre Schärfe richtet.

Schaugeschäft passé

Seit Kreti und Pleti
sich öffentlich
prostituieren,
ungenaues Geschwafel,
psychischen Unrat,
glibberndes Eingeweide
ins Internet kippen,
ist das ehrbare
Schaugeschäft,
sind Hochseilartistik,
Spitzentanz, Hohes C,
Koloraturen,

Tragödie, Komödie,
Kathederprodukte,
Literatur und Musik
so gut wie
passé.

Elitär
wie sie sind
auf Abstand und
Identität
angewiesen.

Indem die Literatursäure mit Bitterkeit einen Zeitgeist beklagt, der schamlos alles und jedes mit seinem zur Schau gestellten seichten Entertainment kontaminiert, versucht sie durch Abstandhalten zu retten, was an Substanz und Eigenheit noch zu retten ist. Das Gedicht zeigt einen alle Unterschiede aufhebenden Siegeszug der Trivialisierung, wie es in dem Begriff „Schaugeschäft" auf die Spitze getrieben ist, kann er doch für das dem Gesetz des Marktes verschriebene Show-Business stehen als auch für eine Kunst, die sich gerade davon abhebt. Doch das Elitäre, das Sich-Herausheben hat in dieser „Unkultur" längst einen anderen Sinn bekommen. Es bezieht sich auf Selbstinszenierung, darauf, dass man, „ausreichend weit aus dem Fenster gelehnt", nach rückhaltloser Preisgabe giert und sich im Rampenlicht der Öffentlichkeit vermarktet, wie es in einem anderen Gedicht mit dem Titel *„Prostitution*" heißt.

In diesem Bild erlangt die „Tyrannei der Intimität" einen neuen Höhepunkt (*Richard Sennett, *Verfall und Ende des öffentlichen Lebens. Die Tyrannei der Intimität*, Frankfurt 1987), die unerträgliche Zurschaustellung des Privaten unterdrückt das öffentliche Leben, macht es zwielichtig und zersetzt es. Kann man aber unter solchen Zuständen noch etwas veröffentlichen, dass nicht als Selbstinszenierung verstanden werden kann? Und muss nicht eine Publikation, die die Darstellung des eigenen Selbst zum Thema hat, zwangsläufig missverstanden werden? Da bedarf es schon reichlich viel an bitterer Säure, um nicht in den Topf mit dem gezuckerten Einheitsbrei aus all den selbstgefälligen Möchtegern-Stars geworfen zu werden. Die Literatursäure muss dann ihrerseits zu einem Zersetzungs-Gegenangriff blasen. Vor allem aber müsste sie auch nach innen sichtbar machen, was sie recht eigentlich eingelegt hat, um was für eine andere Art von Selbstverständnis es sich also handelt. In der Literatursäure müsste dann ein anderes Verhältnis von Ich und Öffentlichkeit aufscheinen als das selbstische.

Eine Autobiografie zu schreiben kann aus unterschiedlichen Antrieben erfolgen. Die Beschäftigung mit sich selbst, der Blick in den Spiegel, mag der selbstherrlichen Feier, aber auch der kritischen Selbsterkenntnis dienen. In beiden Fällen erliegt man gewöhnlich der Versuchung festzustellen, wer man ist. Auch wenn die Einschätzung oberflächlich, vielleicht ungeplant oder sogar ungewollt geschieht, so hat sie doch ein Ergebnis zur Folge:

Immerhin
Mittelmaß,
sagte er,
als er sich
fahrlässigerweise
im Spiegel
erblickte.

Die bemerkenswert nüchterne Haltung dem eigenen Spiegelbild gegenüber führt hier zu einer pragmatischen Akzeptanz („*immerhin*") des eigenen Selbst, eventuell vollzogen mit einem Schuss augenzwinkernden Understatement. Leichthin wird so die Brisanz aus einer Begegnung herausgenommen, der etwas Ungeheuerliches anhaften kann. Als Narziss sein Antlitz auf dem Grund einer Quelle entdeckt, ist er von dieser Erscheinung so fasziniert, dass er in seinem Anblick versunken stirbt. In dem tödlichen Ausgang verweist die Mythologie auf die Widernatürlichkeit der Selbstbespiegelung. Das Spiegelbild ist ein Doppelgänger mit verkehrten Vorzeichen: In ihm offenbart sich das Ich als fremdes Gegenüber, das dem Innersten von außen aus dem gesellschaftlichen Raum entgegentritt. Fremd- und Vertrautsein wechseln auf beunruhigende Weise hin und her, da auch das innere Ich die Position unwillkürlich ändert und sich veräußerlichend mit anderen Augen betrachtet. In diesem Höchstmaß an Diffusion bricht sich zugleich das unbändige Bedürfnis nach Festigkeit und Endgültigkeit Bahn. Das Ich wittert im äußeren Abbild die Chance, sich selbst in eine feste Form zu gießen und diese unter den eigenen Augen, die ja zu den Augen der anderen geworden sind, in der Öffentlichkeit zu präsentieren: Ich hab's allen gezeigt, hier ist, was ich bin!

Ein ganz anderes Selbstverständnis ist es dagegen, wenn im privaten Umgang mit sich selbst das Ineinandergehen von Fremd- und Vertrautheit als natürlicher Lebensvorgang bejaht wird, ganz so wie sich auch das soziale Miteinander als Bewegung von Nähe und Distanz, von Begegnung und Loslösung vollzieht. Selbsterkenntnis hätte dann kein abschließendes Ergebnis zur Folge, sondern unterläge einem immer wieder zu revidierenden Erfahrungsprozess:

Kurze Begegnung

Vorgestern
bin ich mir selber begegnet,
unversehens,
nach langer
Abwesenheit.
Zwei – drei Sekunden
blieb man beisammen.
Das reicht fürs
Jahrtausend.
Erkenntniswert:
Offen.

Dem Menschen der Öffentlichkeit genügt freilich ein sehr kurzer Moment der Selbstbegegnung. Der Wunsch, dieser Augenblick möge verweilen, hätte für ihn etwas Klaustrophobes. Schließlich will er als Teil der Welt offen bleiben für den Umgang mit Neuem und Anderem. Wie aber lässt sich dies mit dem autobiografischen Zugriff vereinbaren, der doch darauf dringt sich, sein ureigenstes Wesen, zu begreifen und auf eine Identität hin festzuschreiben? So etwas wie eine Antwort darauf findet sich in einem dem Buch vorangestellten Epigramm:

Seit Kindesbeinen
verwaltet er seinen
Konkurs.

Das eigene Leben erscheint hier als ein Prozess, dem der Niedergang, seine Auflösung, immer schon innewohnt. Dabei ist die firmengeschichtliche Metaphorik bemerkenswert. Der Konkurs beginnt ja normalerweise dann, wenn die mittelbar angehäuften Sachgegenstände eines Betriebes für die Gläubiger zu Geld gemacht werden. Vergleicht man diesen Vorgang mit dem Unternehmen, sein eigenes Leben aufzuschreiben, so kommt eine geradezu gegenläufige Struktur zum Vorschein. Wird im Konkurs die Produktion beendet und das Verfestigte verflüssigt, so beginnt in der Autobiografie die Produktion am vermeintlichen Ende eines Lebenslaufes, wenn der Verfasser sich als Fundament einer Passform zugrundelegt, in der er das, was er für sich selbst hält, hineingießt, um sich ein Denkmal zu setzen. Im Gegensatz dazu versucht das konkursverwaltende Ich sich im Strom des Lebens einzufinden und Verfestigungen immer wieder aufzubrechen.

Das Leben geht weiter.
Wohin sollte es auch?

Anders das autobiografierende Ich. Es stemmt sich als Subjekt dem Leben entgegen und macht es zum Objekt seiner Vorstellung. Es übersieht, dass das Leben weiter geht und macht es sich auf einen endgültigen Sinn hin begreiflich.

Begriffen?

Wirklichkeit,
Realitäten,
in menschlichen Hirnen
pseudo-gespiegelt,
in Wörter, Sätze,
Gebrauchsanweisungen,
Bilder und Mythen,
in virtuelle Zusammenhänge
gebracht,
reproduziert, produziert,
arrangiert, manipuliert.
Gegen Ende scheinen sie
auf eigentlich
unbegreifliche Weise
begreiflich zu sein.
Doch wirklich begriffen?
Wohl kaum.

Im vorliegenden Buch wird nicht über ein Leben geschrieben, um es zu begreifen. Eher schon schreibt das unbegriffene Leben selbst. Wie aber kann es dann abschließen? Die Antwort: Im Lachen. Die Geschichte des Professor Brüll und der damit verbundene tragische Konkurs einer Hochschule endet mit einem Satyrspiel. In diesem derb humoristischen Schlussstück kommt die Auffassung der Antike zur Geltung, nach der dem Leiden der Spaß unmittelbar zu folgen habe, ja, der Ernst sich in Gelächter auflösen müsse, um überhaupt das, was Leben als Ganzes ausmache, darstellen und verstehen zu können. Man könnte hinzufügen: Erst im Lachen wird der lächerliche Ernst der „*pseudo-gespiegelten*" Wörter, Sätze, Setzungen und Sinnarrangements bemerkt. Dabei verlacht der Satyr sie nicht zugunsten einer eigenen abschließenden Setzung, sondern bezieht sich in den Grund des Lachens mit ein.

Was hat es mit diesem „satyrischen" Nachspiel auf sich? Es geht um die Frage aller Fragen, nämlich darum was den Menschen in seinem Innersten zusammenhält. Es geht, wie sollte es auch anders, um die Entschlüsselung des menschlichen Lebens. Professor Brüll hat sich seiner Spionageabwehr-Tätigkeit während des Zweiten Weltkrieges entsonnen und die alte Verschlüsselungs- und Entschlüsselungsmaschine „*Enigma*" für sich wieder entdeckt. Mit ihrer Hilfe will er endlich Wissenschaft betreiben, die den Marktgesetzen gehorcht und Erträge bringt. Statt der unbeachteten Literaturwissenschaft will ihm in der biotechnologischen Forschung der Durchbruch mit der Entzifferung sämtlicher Gene des Menschen gelingen. Endlich könnte er sich ein Denkmal setzen. Schon jetzt ist seine Arbeit in aller Munde, und die Drittmittel fließen. Dabei ist Brüll in der glücklichen Lage, über alle entscheidenden Voraus-Setzungen für eine erfolgreiche Entschlüsselung zu verfügen: Er hat erstens die „richtige" Hypothese aufgestellt (nämlich, dass die Gene selbstverständlich in Buchstaben abgefasst sind), zweitens besitzt er die notwendige Apparatur (so etwas verwahrt ein kluger Kopf im Dachstübchen), und drittens hat er natürlich den einzig gültigen Code zur Entschlüsselung selbst entworfen (wie er darauf kam, weiß nur Satyr allein)! Freilich ist er im Innersten seiner protestantischen Seele davon überzeugt, dass die göttliche Schöpfung grundsätzlich nicht zu entschlüsseln ist. Aber „nur" deswegen darf man sich doch nicht eine in dreifacher Hinsicht günstige und mit Drittmitteln beglaubigte Forschungslage entgehen lassen!

Da er
Wissenschaft
trieb,
blieb ihm
Leben
verborgen

Was hier parodiert wird, ist eine wissenschaftstheoretische Haltung, die mit ihrer Axiomatik und ihren Kodices den eschatologischen Fragen nach Sinn und Bedeutung des menschlichen Lebens nicht auf den Grund kommen kann. Offensichtlich endet der Versuch des Menschen, letztbegründetete Maßgeblichkeiten über sich selbst auszusagen, in Tautologien und Nichtigkeiten. Das gilt für Wissenschaft und Autobiografie in gleicher Weise.

Frage der Fragen

Am Ende der Reise
die Frage:
Wozu soll es gut sein,
dass wir schon seit Jahren
mit einknickenden Beinen,
zitternden Händen,
verschleiertem Blick
schwerleibig
durch aufreizend jung gebliebene
Landschaften tappen
auf der Suche nach dem
so gut wie endgültigen
Loch?
Es sei denn, die
Frage der Fragen
stellen zu dürfen,
hat Sinn in sich selbst,
bevor das Ende,
der Anfang
uns aufnimmt.

Helmut Schrey im Gilles & Francke Verlag

EDITION DES KANDIDATEN JOBS:
SATIRISCHE SPIEGELUNGEN

Akademische Seitensprünge. Hexenverbrennung / Nostalgische Experimente. Zwei endzeitliche Forschungsberichte. (Kurzromane) 338 S.

Der arme Rektor. Hochschulreformparodie nach S.T. Coleridge „Der alte Seemann". 62 S. 2. Auflage.

Meine Frau die Ilsebill. Szenen aus einer glücklichen Ehe. Mit dilettantischen Zeichnungen des Verfassers. 70 S.

General Sawatzki und die Utopie. Roman. 283 S.

Frauenmuseum. Erzählung. Mit elf Collagen. 172 S.

Affentanz. Pathetische Rechenschaftslegung. Roman. 265 S.

Mordaffäre Shakespeare. Wissenschafts-Satire-Krimi mit professoralem Anhang und Zeichnungen von Ilse Krahl. 142 S.

Missglückte Entsorgung. Erzählung mit Zeichnungen von Ilse Krahl. 178 S.

Wendemanöver. Roman. 178 S.

Kurzschlüsse. Epigrammatische Lieblosigkeiten. 67 S.

Neue Kurzschlüsse. Epigrammatische Lieblosigkeiten. 67 S.

Nach Adams Fall, PARADISE LOST-Anverwandlung. Statt eines schlechten Romans. 201 S.

Meine gesammelten Morde und Wiederbelebungsversuche. Skizzen. Mit dilettantischen Zeichnungen des Verfassers. 80 S.

Ungewöhnliche Lesarten. Roman.

Rechte Hand – Linke Hand. Nicht sehr erbauliche Texte. 228 S.

Vagabundierende Bilder. Aus eines Künstlers Leben und Nachleben. Hans Rilke (1991-1946). Fast ein Familienroman. 163 S.

Peter Schlemihls Erben. Unglaubhafte Geschichten. 337 S.

Ausserdem im Gilles & Francke Verlag:

Wer entziffert die Zeichen? Gedichte. 127 S.

Ortszeichen – Zeitzeichen. Gedichte. 120 S.

Inventur. Gedichte. 170 S.

Das verlorene Paradies. Auf dem Wege zu Miltons 'Fit Audience though Few.' Untersuchungen zur Rezeptionsgeschichte und Rezeptionsgegenwart von ‚Paradise Lost' (=3, Duisburger Studien. Geistes- und Gesellschaftswissenschaften). XII / 311 S.

Anglistisches Kaleidoskop. Zur Geschichte der Anglistik und des Englischunterrichts in Deutschland. (=6, Duisburger Studien. Geistes- und Gesellschaftswissenschaften, XVI / 293 S.

Englischsprachige Literatur für deutschsprachige Leser. Ansätze einer allgemeinen Lesedidaktik. (=14, Duisburger Studien. Geistes-und Gesellschaftswissenschaften) X / 211 S.

Anverwandlung und Originalität. Komparatistische Studien vor anglistischem Hintergrund. (=17, Duisburger Studien. Geistes- und Gesellschaftswissenschaften). X / 162 S.

Abgesang. Lebens- und Wissenschaftsimpressionen eines altgewordenen Anglisten und Spät- Bildungsbürgers. Mit Zeichnungen von Martin Goppelsröder. (=20, Duisburger Studien. Geistes- und Gesellschaftswissenschaften). XIV / 404 S.

Im gleichen Verlag über den Autor:

Hanno Schilder (Hrsg.), *Hochschulgründung vor Ort.* Dargestellt am Beispiel der Duisburger Universität Gesamthochschule zur Zeit des Gründungsrektors und Anglisten Helmut Schrey. 200 S.

In anderen Verlagen:

Anglistik – quo vadis? Plädoyer für einen stärkeren Adressatenbezug. (In: Anglistik in der Blauen Eule, Bd. 22). Verlag Die Blaue Eule. Essen 2000. 149 S.

Waldorfpädagogik. Kritische Beschreibung und Versuch eines Gesprächs, Bad Godesberg: Wissenschaftliches Archiv. 1968, VI/150 S.

Henry Newman / Charles Kingsley / Matthew Arnold. Bewahrung und Erneuerung im viktorianischen Zeitalter. Frankfurt: Diesterweg 1963. 80 S.

Leben im Licht. / Was ich sagen kann. Zur Bekenntnis- und Erkenntnisliteratur der frühen Quäker. In: (1, Hochschulschriften – Wissenschaftliche Grenzgänge). Kastellaun: A. Henn 1978.129 S.

Die Universität Duisburg, Geschichte und Gegenwart. Traditionen. Personen. Probleme. Duisburg: Braun 1982, 162 S.

Übersetzungen:

Gerald Bullett, Und Dennoch Zuversicht. George Eliot, ihr Leben und Werk. 1948. 280 S.

Übersetzung, Einleitung, Kommentar und Herausgabe:

S.T. Coleridge, Versuche über die Methode. (=2, Texte zur Philosophie). St.Augustin: Richarz 1980. 105 S.

Im Aloys Henn Verlag, Ratingen / Kastellaun
(lieferbar durch den Verlag Gilles & Francke):

Didaktik der Englandkunde an Hauptschulen (=2, Beiträge zur Fachdidaktik). 1967. 140 S.

Didaktik des zeitgenössischen englischen Romans (=19, Beiträge zur Fachdidaktik) 1970. 158 S.

Didaktik der politischen Rede in England (=13, Beiträge zur Fachdidaktik). 1972. 168 S.

Grundzüge einer Literaturdidaktik des Englischen (=23, Beiträge zur Fachdidaktik) 1973. 252 S.